国家2011计划司法文明协同创新中心研究成果
中国法学会2014年度重点委托课题【立项编号：CLS（2014）WT13】

检察官
相对独立性研究

JIANCHAGUAN
XIANGDUI DULIXING YANJIU

朱孝清　谢鹏程　邓思清　万毅　著

中国检察出版社

图书在版编目（CIP）数据

检察官相对独立性研究／朱孝清等著．—北京：中国检察出版社，2017.9
ISBN 978－7－5102－1948－1

Ⅰ．①检…　Ⅱ．①朱…　Ⅲ．①检察官－工作－研究－中国　Ⅳ．①D926.3

中国版本图书馆CIP数据核字(2017)第201948号

检察官相对独立性研究

朱孝清　谢鹏程　邓思清　万　毅　著

出版发行：中国检察出版社
社　　址：北京市石景山区香山南路109号（100144）
网　　址：中国检察出版社（www.zgjccbs.com）
编辑电话：(010)86423709
发行电话：(010)86423726　86423727　86423728
(010)86423730　68650016
经　　销：新华书店
印　　刷：河北省三河市燕山印刷有限公司
开　　本：710 mm×960 mm　16开
印　　张：14.25
字　　数：257千字
版　　次：2017年9月第一版　　2017年9月第一次印刷
书　　号：ISBN 978－7－5102－1948－1
定　　价：45.00元

目　录

绪　论

法学界一般认为，“人民检察院依法独立行使检察权”中的“独立”，是指人民检察院作为整体的独立，而非检察官独立。但实际上，检察官相对独立具有检察制度内在的必然性和现实的必要性：它是人民检察院整体独立的基础，是“检察一体”的前提和防止“检察一体”弊端的重要措施，是检察官法律地位、活动原则、司法规律和深化司法体制改革的必然要求。检察官相对独立是依法独立，是党的领导、人大监督和“检察一体”下的独立，是“独立”与“受制”的有机统一。

我国宪法、刑事诉讼法和人民检察院组织法都规定：“人民检察院依照法律规定独立行使检察权，不受行政机关、社会团体和个人的干涉。”根据刑事诉讼法规定，刑事诉讼中行使检察权的主体是“人民检察院”；只有在某些义务条款上，其主体才是“检察人员”。宪法及人民检察院组织法还规定，人民检察院实行上级领导下级的体制，在人民检察院内部实行检察长负责制和检察委员会民主集中制结合的领导体制①，据此，法学界主流观点认为，“人民检察院依法独立行使检察权”中的“独立”，指的是人民检察院作为整体的独立，而非检察官独立。② 虽然《检察官法》第9条第2项规定，检察官“依法履行检察职责不受行政机关、社会团体和个人干涉”，但该规定在其他法律和检察机关办案程序规范中都没有得到应有的体现，人们也大多未给予足够的重视。然而，经过深入研究就能发现，检察官应该具有相对独立性；特别是在深化司法体制改革、全面推进依法治国的新形势下，研究并明确检察官相对独立，已经成为绕不过去、亟待解决的问题；它对于明确检察官在执法办案中的

---

① 《宪法》第132条规定：“最高人民检察院领导地方各级人民检察院和专门人民检察院的工作，上级人民检察院领导下级人民检察院的工作。”《人民检察院组织法》第3条规定：“检察长统一领导检察院的工作”，“各级人民检察院设立检察委员会，检察委员会实行民主集中制，在检察长主持下讨论决定重大案件和其他重大问题”。

② 参见陈光中著：《论检察》，中国检察出版社2013年版，第150页；郎胜主编：《中华人民共和国刑事诉讼法的修改与适用》，新华出版社2012年版，第46页；王桂五主编：《中华人民共和国检察制度研究》，法律出版社1991年版，第144页；朱孝清、张智辉主编：《检察学》，中国检察出版社2010年版，第453页。

主体地位和责任，深化检察体制改革，完善中国特色社会主义检察制度，推进依法治国，都具有重要意义。

一、我国检察官相对独立的内在必然性和现实必要性

（一）检察官相对独立是检察机关依法整体独立的基础

首先，人民检察院整体独立必须以检察官个体相对独立为基础。根据马克思主义哲学原理，整体是由个体组成的，个体是整体的基础，离开了各个个体，整体就不存在。“检察官是依法行使国家检察权的检察人员”①，是检察职能的直接承担者，是构成检察机关整体的基本成员，只有检察官相对独立，排除一切非法干预，做到以事实为依据，以法律为准绳，客观公正地办好每一个案件，检察机关的整体独立才有坚实的基础；否则，检察机关整体独立就会成为空中楼阁。龙宗智教授认为，检察权依法独立行使的第一种形式是检察机关集体独立；检察权依法独立行使的第二种形式是确认检察官在检察机关内部的相对独立，从而以检察官为主体，独立地行使职权。② 这也说明，检察机关集体独立和检察官个体相对独立都是检察权依法独立行使不可或缺的形式，二者共同构成检察权依法独立行使的整体。

其次，检察机关对外整体独立必须以检察官对内相对独立为条件。一般认为，检察机关整体独立指的是对外的整体独立，即“不受行政机关、社会团体和个人的干涉”。但“外”和“内”是哲学中的一对范畴，它们都以对方的存在作为自己存在的条件，离开了“内”，就无所谓“外”；离开了“外”，同样也就无所谓“内”；它们各为对方的表里，共同构成了完整的整体。人民检察院对外的整体独立必须以检察官对内的相对独立为基础。检察机关以惩治犯罪、监督公权、维护国家法治和社会公平正义为职责，在检察权行使的过程中，经常会遇到权的压力、钱的诱惑、情的干扰和关系网的阻挠，这些干涉有些来自检察机关外部，有些来自检察机关内部，但无论是来自外部还是内部，都只有通过对具体办案的检察官进行说情或干扰，才能达到干预办案的目的。特别是外部少数握有权柄的人的以言代法、以权压法，往往要采取向人民检察院内部的领导人打招呼，然后再由内部领导人对办案检察官下指令的方式进行。对于这些由外而内的间接干预和来自内部的直接干预，都只有让检察官具有相对独立性，坚决地予以抵制，人民检察院对外整体独立才有可靠的保证。正像《日本检察讲义》所说：“检察官因为是独任制机关，本身具有独立的性

① 参见《检察官法》第 2 条。

② 参见龙宗智：《论依法独立行使检察权》，载《中国刑事法杂志》2002 年第 1 期，第 7 页。

质。这对保障检察权的行使及绝对公正，不受其他势力操纵，以及检察官的职务行为必须直接产生确定的效力，都是必不可少的。”①

（二）检察官相对独立既是“检察一体”的基础，又是防止“检察一体”弊端的重要措施

检察机关实行“检察一体”的体制，该体制是很多国家和地区特别是大陆法系国家和地区的检察机关用于规范内部权利义务关系，使整个检察系统成为协调统一整体的组织体制。其基本内容如下：一是“上命下从”。即下级检察院和检察官分别服从上级检察院和检察官，检察官服从检察长。二是职能协助。即全国检察机关是执行检察职能的统一整体，当某地检察院执行检察职能需要异地相关检察院协助时，相关检察院应当协助。三是职务收取、移转、承继和代理。职务收取就是上级检察院和检察长可以将下级检察院或下属检察官权限内的事务收归自己处理；职务移转就是上级检察院和检察长可以将下级检察院或下属检察官权限内的事务交所属的其他检察院或检察官处理；职务承继就是在执行职务中需要更换检察官时，原检察官所进行的活动与接任检察官的活动可以前后承继，而不必像法官更换那样必须由接任法官从头开始、亲力亲为；职务代理就是检察官执行职务时对外代表检察机关，在检察官不能履行职责或缺位时，下属检察官可以根据规定的顺序或首长的指令临时代行职务。“检察一体”有利于检察机关形成纵向指挥有力、横向协作紧密、反应快速灵敏、运转高效有序的工作机制，保证检察机关内部的协调统一；有利于排除各种阻力、干扰，形成同违法犯罪作斗争的强大力量；有利于统一法律适用，保证法律实施的统一和正确。

一般认为，“检察一体”是检察机关整体独立而不是检察官（相对）独立的重要原因，因为“检察一体”与检察官（相对）独立似乎是对立的。但实际上，“检察一体”以检察官相对独立为前提，只不过是对检察官独立作一定的限制，使其服从检察院统一意志。“检察一体”要排斥的是像法官那样的独立，因为“法官除了法律之外没有别的上司”，② 而检察官除了法律之外还有“上命下从”的上司。因此，“检察一体”是在承认检察官相对独立基础上的一体，检察官独立是“检察一体”下的有限独立。况且，“检察一体”的目的之一，是为了形成同违法犯罪和各种阻力干扰作斗争的强大的整体力量，以便更好地对外独立，即所谓“对内一体、对外独立”。其最终目的是实现司法公

---

① ［日］法务省刑事局编：《日本检察讲义》，杨磊、张仁等译，中国检察出版社1990年版，第18页。

② 《马克思恩格斯选集》（第1卷），人民出版社1972年版，第76页。

正，这与检察官相对独立的目的完全一致。因此，“检察一体”与检察官相对独立二者相辅相成，缺一不可，统一于检察制度之中。任何离开“检察一体”讲检察官独立或离开检察官相对独立讲“检察一体”的观点都是片面的。

“检察一体”有时也会产生某些弊端，因为上级是人而不是神，也有可能犯错误，出现恣意滥权、发违法或明显不当指令、利用职权不当干预下级检察院或检察官依法办案等情况。此外，“检察一体”制还会导致层层审批、文牍主义、效率低下，导致相互推诿、无人负责、发生错案时无法追究责任，还会抑制作为执法办案主体的检察官的主观能动性和责任心。[①] 赋予检察官相对独立性，有利于抵制上级违法或错误指令，增强检察官的责任心和主观能动性，提高检察工作的效能和质量，并使办案责任制落到实处。

（三）检察官相对独立是检察官法律地位、活动原则、司法特性和诉讼规律的必然要求

首先，检察官的法律地位决定了检察官的相对独立性。我国检察官虽然不像有的国家那样是官署，而仅是职务，法律规定的诉讼主体是人民检察院而非检察官，但检察官是国家检察权行使的具体主体；在诉讼活动中，检察官是检察诉讼职能的具体行使主体，他们在依法履行检察职能时对外代表人民检察院，这都是毋庸置疑的。[②] 这就决定了检察官应当相对独立，即有权在职责范围内自行处理有关事务而排除任何不当干涉，并对自己的职务行为承担责任。

其次，检察官的活动准则决定了检察官的相对独立性。我国检察机关是法律监督机关，维护法制是检察官的天职，忠实执行宪法和法律，以事实为依据、以法律为准绳，秉公执法、公正履职，既是检察官活动的准则，也是检察官必须履行的义务。这都决定了检察官必须相对独立。

再次，检察官作为司法官的特性决定了检察官的相对独立性。检察权兼具行政权和司法权的双重属性，决定了检察机关和检察官既要“上下一体”，又要依法独立。我国检察官是司法官，所从事的是司法工作；特别是审查批捕和审查起诉工作具备基本的诉讼构造，即以侦查机关和被害人为控方，以犯罪嫌疑人及其辩护律师为辩方，检察官在审阅案卷材料、核实主要证据、讯问犯罪嫌疑人和听取律师意见的基础上，居中依法作出是否批捕、起诉的决定；这既具有直接性和亲历性的司法特点，又具有判断性和法律适用性的司法特征。而依法独立既是司法规律的必然要求，也是司法官的重要特性，赋予检察官相对

---

① 参见陈卫东、李训虎：《检察一体与检察官独立》，载《法学研究》2006 年第 1 期，第 8 页。

② 人民检察院是检察权（职能）的主体，检察官是检察权（职能）的行使主体。

独立性，由其在亲身经历的基础上，在职责范围内依法自主地对检察事务作出处理，符合司法规律和司法官的特性。

最后，诉讼规律要求检察官相对独立。《人民检察院刑事诉讼规则（试行）》（以下简称《规则》）第4条规定："人民检察院办理刑事案件，由检察人员承办、办案部门负责人审核，检察长或检察委员会决定。"根据这一原则，《规则》规定检察机关履行职责时在程序或实体上作出的各种决定，几乎都需经检察长批准、决定或检察委员会讨论决定，如自行侦查中决定初查、立案，决定采取勘验、检查、搜查、查封、扣押、查询、冻结、鉴定、辨认、通缉等侦查措施，决定采取、变更、解除拘传、取保候审、监视居住、拘留、逮捕等强制措施，决定延长或重新计算侦查羁押期限，决定侦查终结、移送起诉或不起诉、撤销案件；审查批捕、审查起诉中批准逮捕，决定起诉、不起诉，决定变更、追加、补充或撤回起诉，建议适用简易程序，审查公安机关复议、复核后决定维持或者改变原决定，复查被不起诉人申诉后决定维持或变更原不起诉决定，最高人民检察院核准追诉；诉讼监督中要求公安机关说明不立案或立案理由，通知公安机关立案或撤案，决定发书面纠正违法通知或向法院提出纠正违法意见，向法院提出抗诉，对死刑复核案件提出检察意见，等等。办案检察官自由裁量、自行决定的权限十分有限，这不仅难以体现检察官在办案中的主体地位，影响检察官主观能动性的发挥，影响诉讼效率，而且不太符合诉讼规律。司法人员对案件的认识是随着诉讼程序的推进而不断深化的，所以，随着诉讼程序的推进，有时会因情况紧急或诉讼程序不便于中断等原因，来不及或不便于报请检察长决定，而需要一线检察官临场自行决策；有时会因事实、证据发生变化而需要立即对检察长原作出的决策加以修正。如在职务犯罪侦查中对正在转移赃款、赃物、毁灭证据的犯罪嫌疑人采取搜查、扣押措施；出庭支持公诉中因事实、证据发生变化需要变更或撤回起诉等，按照现行的规定，这都不属于一线检察官自由裁量权的范围，而属于检察长的权限，但根据诉讼规律，确需赋予检察官相对独立性，以便其根据诉讼中变化了的情况临场自行决定。

（四）检察官相对独立是深化司法体制改革的必然要求

当前，新一轮司法改革正在深入进行，某些改革已迫使我们对检察官是否具有相对独立性及其相关问题从理论上作出回答。例如，省以下人民检察院人财物由省级统一管理的改革。这一改革有利于防止检察权地方化，促进司法公正，也有利于"检察一体"进一步落实。但是，随着上级人民检察院特别是省级人民检察院协助省级组织、财政部门管理人财物权力的增大，上级院及其有关人员利用人财物协管权，不当干预下级院依法办案的可能性也增大了。特别是少数地方党政领导人在利用人财物管理权直接干预办案的管道被切断后，通过人民检察院内部领导人进行间接干预的可能性会加大。人财物由同级党政部门管理时，检察权如果遇到地方的不当干预，尚可通过检察机关内部的纵向机制即“检察一体”来抗衡，即下级检察院通过向上级检察院报告，由上级检察院对党政领导人不当干预进行抵制。人财物省级统一管理后，如果检察机关的纵向出了问题，即上级检察院及有关领导人利用人财物协管权恣意滥权，不当干预下级检察院或检察官依法办案，就必须对此另谋良策。其中的重要措施之一，就是赋予检察官以相对独立性，由检察官抵制来自上级的不当干预。

又如，检察官办案责任制改革要求突出检察官办案的主体地位，明确检察官办案的权力和责任，对所办案件终身负责，严格错案责任追究，形成权责明晰、权责统一、管理有序的司法权运行机制。① 党的十八届四中全会通过的《中共中央关于全面推进依法治国若干重大问题的决定》又要求完善主任检察官办案责任制，“实行办案质量终身负责和错案责任倒查问责制”。而现行的办案模式存在办案者无权定案、定案者不直接办案、办案与定案相分离的问题。根据权责统一原则，让无权定案的人承担办案责任显然有失公允。显然，只有使检察官相对独立，具有较大的自主决定案件的权力，才能让其承担办案责任，因为“独立性与责任直接关联，检察官的相对独立性正是确立办案责任制包括错案追究制的前提”②，也只有这样，办案责任制才能落到实处。否则，如果检察官不具有相对独立性，检察官办案责任制改革就失去其理论基础。

二、检察官相对独立的域外考察

我国检察制度跟域外检察制度相比，既有共性也有自己的特色。研究我国检察官的相对独立性，考察域外检察官相对独立的情况不无益处。

（一）域外检察官为什么不同于法官而实行“相对独立”

在西方国家和其他的三权分立国家，司法权（主要指审判权）是独立的。之所以要独立，是因为司法权作为与立法权、行政权相并列并对立法权和行政权进行制衡的权力，必须独立于立法权和行政权；其作为处理各种诉讼案件和纠纷的权力，必须独立于一切机关、团体和个人；西方国家实行多党制和政党轮流执政，各政党都只代表并维护本党和某一阶层或某一部分人的利益，因而

① 参见彭波：《中央司改办负责人解读——司法体制4项改革先行试点》，载《人民日报》2014年6月16日第11版。

② 龙宗智：《论依法独立行使检察权》，载《中国刑事法杂志》2002年第1期，第17页。

司法在表面上又必须独立于政党。只有这样，才能保证司法的中立性和公正性，免受政治操控和其他任何干涉。而司法独立主要指法院独立，法院独立实质上是法官独立。但是，检察院及检察官却与法院及法官存在一定的区别，只具有相对独立性，其原因主要有三：

1. 检察权兼具司法权和行政权的特性。一方面，检察机关所承担的维护国家法制统一的职责使命，审查起诉中依据案件事实适用法律对案件作出是否起诉的判断工作，以及一些国家检察机关所承担的监督司法的职能，具有明显的司法的特性。同时，检察权的独立关涉审判权的独立，"在司法机关（审判机关）的独立性成为各国基本的宪法原则的情况下，对检察权独立必要性的认识，往往是与审判权独立行使结合起来论述的。正如前日本检察总长伊藤荣树先生所称：'检察权的行使，如果受立法权或检察权以外的行政权的不当干涉所左右，那么，司法权的独立就将完全成为有名无实'。这是因为在审判权的被动性以及诉审分离的原则下，检察权是审判权发生的根据，审判权行使的范围受到检察权的严格限制。"① 另一方面，检察机关又具有行政权的特性。检察机关大多属于行政序列，是政府下属的一个部门，与政府是上下位关系，并实行科层式建制和"上下一体、上命下从"的组织原则。同时，检察机关的某些职能，特别是大陆法系国家和地区普遍拥有的侦查职能，具有主动性和进攻性；其需要统一指挥协调，使各级各地检察机关形成侦查合力。这与审判权的被动性和中立性存在区别。

正因为检察权兼具司法权与行政权的特性，因而检察机关被称为"准司法机关"。也正因为这一特性，使得司法属性所要求的"独立"与行政属性所要求的"上命下从"，在检察机关及检察官身上结合在一起，从而使检察机关及检察官的独立具有相对性。总之，检察官相对独立既是检察机关司法特性和行政特性交互作用的结果，也是独立性与服从性交互作用的结果，因而是"独立"与"受制"的统一。否则，"没有检察官独立的检察一体制是一种纯粹的行政体制，没有检察一体的检察官独立是一种纯粹的司法体制"。②

2. 检察官独立与法官独立存在层次上的区别。众所周知，法院是三权分立政治体制中的组成部分，因而法院和法官的独立首先是国家政治制衡体制的一项要素，同时也包括办理具体案件不受干涉。而检察官的独立由于检察机关

---

① 龙宗智：《论依法独立行使检察权》，载《中国刑事法杂志》2002 年第 1 期。其中伊藤荣树的话，龙宗智转引自《日本检察厅法逐条解释》，徐益初等译，中国检察出版社 1990 年版，第 57 页。

② 谢鹏程：《论检察官的独立与检察一体》，载《法学杂志》2003 年第 3 期，第 38 页。

附属于行政体系而与法院存在区别，其独立主要是办理具体案件中不受干涉，属于“技术性司法规则”，其目的是保证检察官活动的公正性。①

3. 有关国际性文件对检察官独立与法官独立作了不同的规定。许多国际性文件对检察官独立和法官独立作出了规定，例如《国际法曹协会司法独立最低标准》中规定：“法官应享有身份之独立及实质之独立。身份独立指法官职位之条件及任期之适当保障，以确保法官不受行政干涉。实质独立指法官执行其司法职务时，除受法律及其良知之拘束外，不受任何干涉”，“法官在作成裁判之过程中，应独立于其同僚及其监督者。”联合国《关于司法机关独立的基本原则》第 2 条规定：“司法机关应不偏不倚、以事实为根据并依法律规定来裁决其所受理的案件，而不应有任何约束，也不应为任何直接间接不当影响、怂恿、压力、威胁或干涉所左右，无论其来自何方或出于何种理由。”《司法独立世界宣言》第 2 条第 2.3 款规定：“每一法官均应自由地依据对于事实之判断及法律之了解，公平地决定所系属之事务，不受任何地方及任何理由限制、影响、诱导、压力、恐吓或干涉，此亦为其义务。法官在作成判决之过程中，应独立于其同僚及监督者，任何司法之体系或任何不同阶层之组织，均无权干涉法官自由地宣示其判决。”可见，法官独立应保证法官在裁判过程中不受一切权力包括法院系统内部的权力和外部的权力的干涉，其为不受任何指令约束的独立。而对检察官的独立，联合国《关于检察官作用的准则》第 4 条规定：“各国应确保检察官得以在没有任何恐吓、阻障、侵扰，不正当干预或不合理地承担民事、刑事或其他责任的情况下履行其专业职责。”其并未像《司法独立世界宣言》第 2 条第 4 款那样，规定检察机关或检察官独立于行政机关及立法机关。相反，在第 20 条关于检察官与其他政府机构或组织的关系方面则规定：“为了确保起诉公平而有效，检察官应尽力与警察局、法院、法律界、公共辩护人和政府其他机构进行合作。”国际检察官联合会《关于检察官的职业责任标准和基本义务与权利》（1999 年）第 2 条第 1 款至第 3 款，对检察官的独立性作了如下规定：“在承认检察官自由裁量权的国家里，检察自由裁量权应当独立地行使，不受政治干涉。如果检察机关以外的机关享有对检察官下达一般的或具体的指令权，那么，这种指令应当是透明的，与法律机构一致的，并需符合既定的保障检察独立现实与理念的准则。检察机关以外的任何机关指令启动诉讼程序或终止合法启动的诉讼程序的权力均应当按照类似的

① 参见龙宗智：《检察制度教程》，中国检察出版社 2002 年版，第 208 页。

方式行使。”可见，检察官独立是受有关指令有限约束的相对独立。①

（二）域外检察官相对独立的侧重点

这里指的是域外检察官是以独立为原则、以上级指令为例外，还是以上级指令为原则、以检察官独立为例外。总体上看，域外检察官是以独立为原则、以上级指令为例外。其主要原因如下：

1. 检察官被认为是“准司法官”。从世界各国来看，有的国家法律明确规定，检察官为司法官，在职务、身份保障上也与法官相同或相近，如法国、德国等国家，因而检察官具有与法官高度近似的独立性。②

2. 检察官是刑事诉讼的主体。检察官作为刑事诉讼中检察职能的直接承担者，被很多国家和地区的法律明确规定为刑事诉讼的主体，如意大利、法国、日本、韩国以及我国台湾地区均规定，刑事诉讼的主体是检察官而非检察院，因而检察官被认为不仅仅是职务，而是“司法官署”或“独任制官厅”。③ 在不以检察官而以检察院或检察长作为刑事诉讼主体的国家，也从检察官办理案件必须承担案件处理责任出发，根据权力和责任相一致的原理，肯定了检察官在上命下从的体系中具有较强的独立性。④ 在英美法系国家，由于当事人主义的诉讼理念和检察机关组织结构较为松散，因而检察职能的行使则以个体负责和自由裁量为基础。例如在英国，检察职能运作实行检察官负责制，检察官个人和检察机关之间没有严格的隶属关系，检察官履行职权时具有独立办案、独立对案件结果负责的权利，只有一些影响社会的重大案件才会受到首席检察官的宏观指导意见，但指导之下的具体处理意见还是由检察官独立作出。在美国，检察官履行职能时也是相互独立并由个人决定和个人负责的，只有在涉及国家安全案件和重大政府官员腐败案件等少部分案件中，才会寻求司法部的支持和帮助，而且必须得到联邦检察长或主管刑事工作的助理检察长的批准才能提起公诉；对于其他的大部分案件，检察官有权自行决定起诉，不受联邦检察长的领导和干涉；特别是占刑事案件总数90%以上以辩诉交易方

---

① 参见谢鹏程：《论检察官独立与检察一体》，载《法学杂志》2003年第3期，第38页。

② 参见林钰雄著：《检察官论》，法律出版社2008年版，第69页。

③ 参见林钰雄著：《检察官论》，法律出版社2008年版，第79页；龙宗智：《论依法独立行使检察权》，载《中国刑事法杂志》2002年第1期，第7页。［日］法务省刑事局编：《日本检察讲义》，杨磊等译，中国检察出版社1990年版，第18页。

④ 参见龙宗智：《论依法独立行使检察权》，载《中国刑事法杂志》2002年第1期，第8页。

式处理的案件，检察官更是具有独立的自由裁量权。[1]

3. 各国都对上级指令权作出了严格的限制。虽然检察官行使职权时要受到上级的指令，但是法律都对上级指令权作出了严格的限制，并且上级"主要是运用审查、劝告、承认的方法，行使指挥监督权"，即使检察长与承办检察官存在不同意见时，检察长也往往不会直接行使指令权，强行要求承办检察官服从检察长的决定，而是采取"沟通、劝告、说服"的方式，以使"上级的指挥监督权和检察官独立相协调"。[2]

当然，由于各国检察制度不尽相同，检察官的独立性在有些国家强些，在有些国家相对弱些。总体来看，英美法系国家检察官的独立性强于大陆法系国家；在检察官被法律规定为刑事诉讼主体的国家，检察官的独立性强于不以检察官为刑事诉讼主体的国家；在检察机关纵向组织结构松散的国家，检察官的独立性要强于组织结构严密的国家。但不管怎样，各国检察官在独立与上级指令的关系上，总体上侧重于独立，即以独立为原则，以上级指令为例外；除少数上级有指令的案件外，都由检察官独立自主地作出处理决定。

（三）域外对上级指令权的限制

为了寻求上级指令权与检察官独立之间的平衡，防止上级不适当地侵分检察官的权力，域外国家和地区一般会采取某些措施来限制上级的指令权。它们一般先将上级指令权分为外部指令权和内部指令权。[3] 然后，严格限制外部指令权，对内部指令权则作必要限制；并在某些情况下赋予检察官抗拒上级指令的权力（抗命权）。域外国家和地区在限制上级指令权方面，主要有以下具体措施：

1. 禁止外部指令或严格限制外部指令主体。前者如《俄罗斯联邦检察院组织法》第5条"检察监督不受干涉"项中规定："俄罗斯的联邦国家权力机关、俄罗斯联邦各主体国家权力机关、地方自治机关、社会团体、大众信息媒体、上述机关代表及其公职人员，以左右检察官或侦查官[4]采取决定或对其活动设置各种形式的阻碍为目的，对检察官或侦查官施加任何形式影响的，都应

① 参见冯中华：《检察制度独立性与一体化研究》，载《第二届国家高级检察官论坛文集》，第323页；何家弘：《论美国检察制度的特色》，载《外国法评论》1995年第4期。

② 参见龙宗智：《论依法独立行使检察权》，载《中国刑事法杂志》2002年第1期，第8页；裘索著：《日本检察制度》，商务印书馆2003年版，第29页。

③ 外部指令权是指检察机关外部对检察机关发指令的权力；内部指令权是指检察系统内部包括上级检察院对下级检察院或本院检察长对检察官发指令的权力。

④ 这里的侦查官指检察机关的侦查官。

承担法定责任”。[①] 后者如日本等国法律规定，只有主管检察机关的官员（一般为司法部长或法务部门）才享有对检察机关的指挥权，其他中央和地方官员都不具有这种权力。这就大大限制了有权发出指令的人员范围，有利于防止检察机关和检察官受到外部政治干预。[②]

2. 限制外部指令权的范围。有些国家将检察机关的事务分为检察行政事务和检察业务事务两大类，前者指人财物管理等行政性事务，后者指执法办案事务。并且法律明确规定，外部指令权只能对行政事务发出指令，而不得对业务事务发出指令。如我国台湾地区有关规定，法务部长仅能就检察行政事务监督检察总长，而无权就检察业务事务指挥、监督检察总长。[③]

3. 限制外部指令权的对象。如《日本检察厅法》第 14 条规定，法务大臣对检察官职务权限内的检察事务，可以对检察官行使一般指挥权；但是，对于个别案件的侦查或者处分，则仅仅有权指挥检事总长。[④] 这种规定有利于防止法务部门越过检察长就具体案件对检察官直接发号施令。

4. 规定内部指令权的案件范围或指令的实体要件和程序要件。如在英国和美国，只有少数重大或特殊的案件才会受到上级的宏观指导，或处理意见需报经检察长批准。在上级指令的实体要件上，指令权的行使不得违反法律和客观公正原则；这是因为检察机关以维护法制为使命，以客观公正为其活动的基本原则。在程序要件上，上级指令应以书面的形式下达并载明理由；情况紧急时也可先口头下达，但事后应补以附理由的书面指令，以便事后检查，明确责任。如《法国刑事诉讼法典》第 37 条所依据的第 36 条规定：“检察长得以书面指令或者以归入诉讼案卷的指令，命令共和国检察官提起追诉或者指派人员提起公诉，或者向有管辖权的法院提出检察长认为适当的意见要求。”[⑤] 之所以要采取书面形式，在于其具有透明性：“事前可求慎重，使下令者三思是否介入个案；事中可臻明确，避免受命者误解指令之内容及形式效力；事后则可厘清权责，防范双方推诿，各说其话。”[⑥]

5. 赋予检察官在特定条件下的抗命权，并在检察机关内部建立报告异议

---

① 《俄罗斯联邦检察机关法》，赵路译，载《中国刑事法杂志》2010 年第 5 期，第 113 页。

② 参见龙宗智著：《检察制度教程》，中国检察出版社 2002 年版，第 211 页。

③ 参见林钰雄著：《检察官论》，法律出版社 2008 年版，第 40 页。

④ 参见龙宗智著：《检察制度教程》，中国检察出版社 2002 年版，第 209 页。

⑤ 《法国刑事诉讼法典》，罗结珍译，中国法制出版社 2006 年版，第 33 页。

⑥ 参见林钰雄著：《检察官论》，台湾学林文化事业有限公司 1999 年版，第 262 页以下。

的渠道。检察官主要是对两种情形的上级指令有权拒绝执行：一是前述的违法的指令和违反客观公正原则的指令。这是因为法律高于上级指令，违反法律的指令任何人都不得执行，否则要追究责任；违反客观公正原则的指令也因其违反了检察活动原则，同样不得执行。二是违反检察官自己根据良知和理性而形成内心确信的指令。对此，上级不得对检察官施以强制；如果上级认为有贯彻己见之必要，则应当行使职务收取权或职务移转权，将案件收归自己直接办理或交由其他检察官办理。如在德国，“如果一位检察官，当其对一被告因事实或法律的原因，认为其无罪，但却受到上级指示，要对该被告提起公诉，或对之提出羁押命令之声请，或对之处以其他侦查措施时，该检察官不需服从之。”因为，虽然每一位检察官只是该“高级长官”的代理人，但是“其对真实性及公正性的判断确为不可代替性，而必须由各主其事的个人，以良知个别决定之。因此不得对检察官施以强制，命其违反自己的信念行事。”① 在法国，检察官对违反自己信念的指令，还拥有积极的抗命权。② 即当检察长禁止共和国检察官进行公诉时，共和国检察官仍然可以采取追诉行动，并可以有效地提请刑事法院受理案件；反之，如果检察长命令共和国检察官进行追诉而共和国检察官加以拒绝，检察长并无可能取代共和国检察官自行进行追诉。③

此外，域外检察官对违反自己信念的指令还有一种半抗命方式，就是按上级的指令提出书面意见（如起诉书），但在法庭上仍然可以发表自己不同于书面意见的口头意见。如《法国刑事诉讼法典》第 33 条规定：“检察官应当在符合刑事诉讼法第 36 条、第 37 条以及第 44 条规定的情况下，根据接到的上级指令提出书面起诉状。检察官还可以自由地发表自己认为有益于司法审判的口头意见。”这就是所谓“笔受拘束，口却自由。”④

除了赋予检察官在特定条件下的抗命权外，还在检察机关内部建立检察官提出异议之渠道，赋予抗命检察官向检察机关上级乃至越级就上级的违法或错误指令提出异议的权利，使违法、错误指令有可能得到纠正。如《俄罗斯刑事诉讼法典》第 38 条第 3 款规定：侦查员在不同意检察长关于对一个人作为刑事被告人进行追究、指控的范围、将刑事案件移送法院或终止刑事案件等七

---

① ［德］克劳思·罗科信著：《刑事诉讼法》，吴丽琪译，法律出版社 2003 年版，第 67 页。

② 积极的抗命权与消极的抗命权相对，它是指检察官对上级违反自己内心确信的指令不仅可以消极地不执行（消极抗命），而且可以按自己的确信对案件作出处理。

③ 参见龙宗智：《论依法独立行使检察权》，载《中国刑事法杂志》2002 年第 1 期，第 9 页。

④ 《法国刑事诉讼法典》，罗结珍译，中国法制出版社 2006 年版，第 32 页。

个方面决定或指示时，有权将刑事案件提交上级检察长，同时书面提出自己的异议；同条第4款规定："在本条第3款规定的情况下，检察长有权撤销下级检察长的指示或委托其他侦查员进行刑事案件的侦查。"①

三、我国检察官相对独立的特点和主要内容

由于我国检察机关的性质和地位与国外不同，因而我国检察官相对独立也具有自己的特点和主要内容。

（一）我国检察官相对独立的特点

我国检察官相对独立，是指检察官在行使检察权时，有权以事实为根据、以法律为准绳，在其职权范围内自主处理有关事务，而不受行政机关、社会团体和个人的干涉。可见，我国检察官相对独立具有以下特点：

1. 检察官独立是依照法律规定的独立。即检察官的独立是法律规定范围的独立。这里的法律规定，应当作广义理解，既指作为办案依据的法律规定，也包括有关检察官权限范围的司法解释等规定。

2. 检察官独立是党的领导和人大监督下的独立。中国共产党是执政党，党的领导是中国特色社会主义法治最根本的保证；中国共产党代表和维护的是全国各族人民的根本利益，坚持党对司法工作的领导，有利于实现司法的中立和公正。更何况，坚持中国共产党领导是历史的必然、人民的选择，并已载入宪法。在中国这样一个幅员辽阔、人口众多、深受封建主义传统影响的多民族大国，各项事业包括依法治国，都只有坚持中国共产党领导才能取得成功。因此，检察工作包括检察官的执法办案工作当然要接受党的领导。人民代表大会制度是我国根本的政治制度，检察工作包括检察官执法办案工作当然要接受人大监督。同时，党对司法工作的领导主要是政治领导、思想领导和组织领导，是"管方向、管政策、管原则、管干部，不是包办具体事务"。根据党的十八届四中全会精神，各级党政机关和领导干部要支持司法机关依法独立公正行使职权，而不得干预司法活动、插手具体案件的处理。人大对检察工作的监督也主要是对检察机关适用法律等情况的监督，而不监督个案。

3. 检察官独立是"检察一体、上命下从"体制下重要事项决定权归属于检察长的独立。检察官执法办案要接受上级检察院和本院检察长的领导，服从他们和检察委员会的决定。但是，如前所述，现行的大小事项决定权基本归属于检察长的制度存在诸多弊端，应当逐步改革。当前的改革应当以重要事项的决定权仍归属于检察长、其他事项决定权归属于检察官为目标，以后再进一步

① 参见《俄罗斯刑事诉讼法典》，黄道秀译，中国政法大学出版社2003年版，第33页。

增强检察官的独立性。至于“重要”的标准，则需根据不同职能加以区分和考量。

4. 检察官独立是不同于法官的独立。根据我国宪法和法律的规定，人民检察院和人民法院在依法独立行使职权上不存在任何区别，但在检察官和法官的相对独立性上却有明显区别。如在刑事诉讼中，检察权行使的主体是检察院，案件的决定权归于检察长和检察委员会；而审判权行使的主体却主要是法官，只有疑难复杂重大案件，合议庭认为难以作出决定的，才由合议庭提请院长决定提交审判委员会讨论决定。可见，检察官的独立性要比法官的独立性小得多。

（二）检察官相对独立的主要内容

目前，我国检察官的相对独立要从当前实际出发，根据需要和可能，本着循序渐进的原则，在“检察一体”与检察官独立之间寻找平衡点。当前，我国检察官的相对独立性，主要体现在检察官享有以下几个方面的权力：

1. 对所办案件享有提出独立意见权。即检察官有权对自己承办的案件提出独立意见，任何机关、团体和个人都无权干涉或要求改变。对承办案件提出自己的独立意见是检察官起码的权利，也是检察官相对独立中各项权力的基础，任何机关、团体和个人都无权采取施压、授意、劝说、诱导甚至下命令等方式予以干涉或者要求改变，除非检察官经过听取他人意见后真正接受了他人的意见。如果检察长作出不同于检察官意见的决定，检察官应当服从，但是检察官有权保留自己的意见。这里的“保留自己的意见”，既包括存在于自己内心的意见，也包括在办案报告（如侦查终结报告、审结报告等）中所提出的见之于书面的意见。即使检察官所提的意见后来被检察长否定了，但是检察官载于办案报告中的意见有权不被违心修改或不被他人修改，以便事后查验，分清责任。

2. 抵制干涉权。即检察官除服从本院检察长、检察委员会的决定外，有权不受任何干涉。检察官在依法履行职责时，有权抵制任何干涉，无论这种干涉是来自检察机关外部还是内部。这里需要特别说明的是，这里的“不受任何干涉”，绝不是说检察官可以不接受党的领导、人大监督和上级检察院的领导，而是说党委、人大和上级检察院关于个案的意见要通过本院检察长下达，而不能越过检察长直接通知检察官。检察长是检察院的领导人，负责“统一领导检察院工作”，上级指示通过检察长来传达贯彻，既是上级对检察长起码的尊重，也便于检察长知悉上级意图，并将其作为统一领导全院工作的重点内容加以贯彻落实。否则，如果上级指示越过检察长直接通知检察官，一线检察官都知道的事，检察长却一无所知，蒙在鼓里，那势必造成指挥系统的混乱。

同时，把检察院的上级领导与一线检察官作适当区隔，也有利于防止上级不当干预检察官办案。因此，在“服从本院检察长或检察委员会决定”当中，已经包含了党的领导、人大监督和上级检察院的领导。况且，根据党的十八届四中全会《中共中央关于全面推进依法治国若干重大问题的决定》，各级党政机关和领导干部都不得插手具体案件的处理，人大也不监督个案。随着十八届四中全会精神的贯彻落实和依法治国的全面推进，党和人大对检察工作的领导和监督会进一步加强和改进，党委领导办案工作的方式也会得到规范。

3. 抗命权。即检察官有权拒绝服从检察长和检察委员会的违法和错误指令。根据检察机关的领导体制和“上命下从”原则，检察长和检察委员会对案件的决定，检察官应当服从，但对于违法的指令，检察官有权拒绝执行。因为检察官以维护法制为使命，更不能违反法律；否则，就有违检察官的职责使命，并应对此承担责任，而不因执行上级指令而被免责。其实，这一内容在我国《公务员法》第 54 条中早有规定：“公务员执行公务时，认为上级的决定或者命令有错误的，可以向上级提出改正或者撤销该决定或者命令的意见；上级不改变该决定或命令，或者要求立即执行的，公务员应当执行该决定或者命令，执行的后果由上级负责，公务员不承担责任；但是，公务员执行明显违法的决定或者命令的，应当依法承担相应的责任。”由此可见，法律高于“上命下从”；只要越过法律底线，尽管是执行上级指令，也应当承担责任。我国检察官也属于公务员，也应当执行这一规定。这里需要说明的是，公务员法规定的底线是“明显违法”，但是，鉴于检察官既是司法者又是法律监督者，应当比一般公务员更自觉地遵守和维护法律，故把检察官的底线规定为“违法”这一更高要求。

对于错误的指令，检察官也有权拒绝服从。“错误的指令”是指违反检察官依据案件事实和法律对案件定性处理形成的内心确信，并会造成案件定性或适用法律错误的指令，特别是会造成冤假错案的指令。因为检察官违心执行违反自己内心确信的指令，那在该检察官看来，就不符合“以事实为依据、以法律为准绳”的办案原则，也是违反其职业良知和职业道德的。特别是冤假错案，会严重侵犯当事人人权，损害司法公信力，影响党和政府形象。因此，防止冤假错案是检察机关和每一位检察官必须坚守的底线；当检察官认为上级指令会造成冤假错案时，当然有权拒绝服从。如果检察长坚持错误的指令，检察官有权向检察长提出不继续承办该案的要求，而由检察长行使职务收取权或职务移转权，改由检察长自己办理或交由其他检察官办理。此外，检察官还有权对违法或错误指令一事，向发出指令的上一级检察机关领导人反映，以使违法或错误的指令得到纠正。

4. 一定的自主决定权。即检察官有权对一定范围内的事项，依法自主地作出决定。前已述及，现行的办案决策制度无法体现检察官在办案中的主体地位和检察官相对独立性，故要下一步对法律和《规则》作必要的修改。在修改前，根据改革要合法有据的原则，可由检察长通过授权的方式，赋予检察官对一定范围内的事项自主作出决定的权力，从而使检察官有职有权有责。

至于赋予检察官自主决定权的大小，除了体现检察官相对独立性的需要外，还要综合考虑以下三个方面的因素：一是检察院的领导体制。检察官相对独立是“检察一体、上命下从”体制下的独立。特别是法律关于“检察长统一领导检察院的工作”和检察委员会在检察长主持下按民主集中制原则讨论决定重大案件和其他重大问题的规定，赋予了检察长和检察委员会对所办案件负总责的责任。这就决定了办案中重要事项或重大案件的决定权，仍应归检察长或检察委员会行使。二是法院对案件的决策机制。根据法律规定，法院审判案件实行审判员或审判员和人民陪审员合议制，只有对简易案件，如刑事诉讼中适用简易程序的部分案件，才实行审判员独任制。此外，对于疑难复杂重大案件，合议庭认为难以作出决定的，由合议庭提请院长决定提交审判委员会讨论决定。在上述三种定案方式中，合议制和审委会讨论制都是民主决策的表现形式。这说明以公正作为主要价值追求的司法工作更主张民主决策，因为它更有利于集思广益，防止个人的主观片面和独断专行，也可以使审判人员互相监督，防止徇私舞弊，枉法裁判，从而实现司法公正。检察官的素质和办案水平并不比法官高，因而不宜赋予检察官个人过大的案件决定权。三是不同检察职能的不同特点。检察机关拥有批捕、公诉、职务犯罪侦查和诉讼监督等多项职能，这些职能都是法律监督的表现形式。按照各种职能行使的特点，可以把法律监督分为三类：第一类是制约型法律监督，即法律监督是诉讼的必经环节，非经检察机关审查不能进入下一个诉讼环节，如审查批捕、审查起诉。第二类是侦查型法律监督，即采取侦查的方法对公职人员履职中涉嫌犯罪的行为进行的法律监督，职务犯罪侦查即属此类。第三类是督察型法律监督，即法律监督并非诉讼的必经环节，检察机关对监督对象在诉讼中的履职情况进行督察，一旦发现违法，即启动监督程序，诉讼监督即属此类。

制约型法律监督的司法属性强，且要接受侦查机关、审判机关和当事人、辩护律师等诉讼参与人的制约，因而可把较多的权力授予检察官。除重大疑难复杂案件、认定的案件事实和性质与侦查机关有重大分歧的案件仍由检察长决定之外，其余案件的决定权可赋予检察官，从而使其具有较大的独立性。

对于侦查型法律监督，有观点认为，它具有积极主动的特点和较强的行政属性，是典型的纵向管理关系的行政行为；侦查人员应当坚决服从上级指令，而没有法律上的独立性；同时，侦查中的决策都事关重大，应当通过慎重研究甚至审批才能作出决定；鉴于此，各国检察机关的侦查官员一般不被列入检察官建制，故不应赋予负责职务犯罪侦查的检察官以相对独立性。① 笔者认为，该观点持之有据且在理，但是，也存在值得商榷的地方。第一，职务犯罪侦查除了较强的行政属性外，也具有司法属性。司法是国家专门机关根据法定职权，通过诉讼的方式处理案件的专门活动。而侦查是诉讼中的重要环节，它既要执行法律，运用侦查措施，收集证据、查明事实，也要适用法律，根据所查明的事实提出是否移送起诉或撤销案件的意见，故刑法明确规定侦查人员属于“司法工作人员”。第二，侦查的核心是收集证据、查明事实，而证据和事实是整个刑事诉讼的核心。尽管侦查的很多环节都需报检察长决定，但侦查人员始终要对证据和事实负全部责任。赋予负责侦查的检察官以相对独立性，有利于强化其对证据和事实的责任。第三，赋予负责侦查的检察官以相对独立性，有利于排除干扰，有利于抵制违法指令、防止“检察一体”的弊端，有利于紧急情况下临场决策，有利于强化侦查人员责任。因此，笔者倾向于把侦查型法律监督一并纳入检察官相对独立的范围。当然，由于其行政属性较强、司法属性较弱，且该权力的行使还关涉公职人员的政治生命和自由权利，故赋予检察官自主决定的权限可小一点，如对一般线索的初核、任意性侦查措施②的采取、紧急情况下非重大事项的临场决策等，一般不必报检察长；而对于侦查程序的启动和终结、强制性侦查措施的采取、案件的处理等，则必须报由检察长或检察委员会决定。

督察型法律监督即诉讼监督，它既具有被动、中立的特点，但其程序一旦启动，又具有主动性和进攻性，其受制约的程度不如制约型法律监督。但是，由于其所监督的行为的性质较轻，与职务犯罪侦查关涉的当事人权益有质的区别，故赋予诉讼监督检察官的独立性应大于侦查检察官而小于制约型法律监督检察官：除了重要违法线索调查的启动、发书面纠正违法通知或者检察建议的发出、对裁判的抗诉需经检察长批准之外，其余的可由一线检察官自行决定。

需要强调指出的是，对上述由检察官行使或授予检察官行使的职权，检察

---

① 参见龙宗智：《论依法独立行使检察权》，载《中国刑事法杂志》2002 年第 1 期，第 19 页。

② 任意性侦查措施是与后文的强制性侦查措施相对的侦查措施，它是指不采用强制手段，不对相对人的权益强制性地造成损害，而由相对人自愿配合而实施的侦查措施。强制性侦查措施则是采用强制手段并对相对人的权益强制性地造成损害的侦查措施，它包括对人的强制（如各种强制措施）、对物的强制（如搜查、扣押、冻结）和对隐私的强制（如技术侦查）。

长都有权监督检查。

四、检察官相对独立的相关问题

研究检察官的相对独立性，除了上述问题外，还应当研究与其相关的其他问题，如检察机关的办案模式、检察官独立与检察一体的协调、对检察官的监督制约等问题。

（一）检察机关的办案模式问题

检察机关的办案模式主要涉及办案组织、决策程序和责任主体等问题。多年来，检察机关办案实行检察人员承办、部门负责人审核、检察长或者检察委员会决定的模式。为什么实行这一办案模式而不实行法院那样的办案模式，对该模式应当如何评价，是否需要借鉴法院的办案模式以强化司法属性，这都是需要回答的问题。笔者认为，法院的办案模式无论是合议制还是独任制，都以办案人直接参加案件审理，亲身经历控辩双方举证、质证、辩论等庭审活动为前提。而根据我国法律规定，采取这种方式定案的只有法院审判环节，检察环节没有作这样的要求；法律也没有规定检察院办案要实行合议制或独任制。法律之所以没有要求检察院实行法院那样的办案模式，主要原因有二：一是客观条件不允许提出那样的要求。检察院对案件的决策是在诉讼程序推进的过程中进行的，案件的证据和法律事实都在变动当中，而不像法院判案处在诉讼的最后环节，调查取证活动都已结束，各方准备都已就绪。因而检察院不可能像法院庭审那样，要求所有证据都在检察院办案者、决策者面前展示一遍，而只能根据当时在案的事实和证据作出阶段性的决策。否则，如要采取直接言词、集中展示的办法，既不可能也无必要，国家的司法资源也难以承受。二是与检察机关兼具司法与行政双重属性有重要关系。检察机关的司法属性要求承办检察官尽可能直接亲历案件事实和证据；其行政属性（包括检察长负责制）又决定了不能要求所有参与案件办理和决策的人都像法院合议庭那样直接亲历案件的事实和证据，而应当允许在一线的检察官亲历案件事实和证据的基础上，其他人员（包括检察长）采取审阅书面报告和有重点地审阅案卷材料的方式参与决策。

根据以上分析，检察机关现行的办案模式有一定的合理性。它在承办检察官亲历的基础上，通过审核把关的方式让多人参与决策，有利于防止承办人个人决策所可能出现的偏差，提高办案质量。但是，该模式也存在检察长对决策权统得过死、办案与定案相分离、检察官主体地位体现不够、影响其主观能动性和积极性发挥、层层审批影响效率、办案责任不够清晰等问题，需要对其进行改革。改革的目标主要是：突出检察官在办案中的主体地位，体现其相对独立性；赋予承办检察官适当的定案权，使办案与定案适当结合、权利与责任基本统一；简化审批环节，实行扁平化管理，提高效率；进一步明确办案责任。

按照上述目标，检察机关办案模式的改革方向是实行检察官办案责任制，即在检察长或检察委员会的领导下，承办检察官对职责或授权范围内的事项依法独立行使决定权，并承担相应的责任。其具体做法是，给检察官配备若干检察辅助人员组成办案组织；当所办案件需要投入较多人员时（如侦查职务犯罪），则由若干检察官和检察辅助人员组成办案组织，由其中一名检察官为主负责办理；检察官直接向检察长负责，对职责范围内的事项和检察长授权的事项，检察官有权作出决定；法律规定应由检察长决定的事项，则报检察长决定。① 在责任主体上，检察官对所办案件负主要责任；检察长改变或部分改变检察官意见的，改变部分由检察长负责，检察官仅对事实和证据负责。

但在目前，一步到位实行检察官办案责任制，并由检察官直接向检察长负责，条件还不大成熟。一是因为实行检察官办案责任制，需要跟中央部署的司法人员分类管理、健全司法人员职业保障等改革同步进行，目前这几项改革尚未完全展开。二是目前有些检察官的素质和能力还不尽如人意，难以适应相对独立和承担主要办案责任的需要。为此，有以下两种办案模式，可作为以后实行检察官办案责任制的过渡，进行改革试点：

一种是主任检察官办案责任制，其做法是在检察业务部门选拔若干具备良好政治素质和职业道德、具有丰富检察实践经验、工作实绩突出的检察官为“主任检察官”，并以主任检察官为单位，配备其他检察官和检察辅助人员若干名，组成办案组织，在主任检察官主持下开展办案工作。同时，赋予主任检察官相应的决定权，主任检察官对其下辖检察官的办案活动负有领导、监督、审核之责，并直接对检察长负责。如果主任检察官不同意承办检察官的意见，对于主任检察官职权范围内的事项，主任检察官有权作出决定；对于不在其职权范围的事项，主任检察官应当将承办检察官的意见和自己的意见，一并报检察长决定。在责任主体上，承办检察官对案件的事实证据和提出的意见负责；主任检察官对自己职权范围内所作的决定负责；检察长改变或部分改变主任检察官意见的，改变部分由检察长负责，检察官和主任检察官仅对事实和证据负责。当然，主任检察官办案责任制可有多种方式，各试点单位完全可以根据本地实际大胆探索，积累经验，然后由上级检察院在分析各种方式利弊的基础上，择其善者而推行之。

① 一般先报分管副检察长，副检察长有权在分工负责或检察长授权的范围内决定案件；分管副检察长因案件重大复杂疑难敏感等原因认为需要报告检察长的，则报检察长决定；检察长认为需提交检察委员会讨论的，由其提交检察委员会讨论决定。

另一种是检察官办案责任制加审核制，即在检察官素质普遍较高，都能独立承办案件的地方，直接实行检察官办案责任制，但在过渡期内增加一个由主任检察官审核的环节。需要说明的是，这里的审核不是审批，而是审查核实之意。如果主任检察官不同意承办检察官的意见，主任检察官不能直接否定承办检察官的意见，而应当将自己的审核意见和承办检察官的意见一并报检察长决定。采取这种审核方式的理由是：(1)“检察一体、上命下从”主要是指检察院的下级在工作中应当服从上级的领导，但是，关于对案件的决策，并不意味着任何一个层级的个人都可以直接否定下级的意见。根据法律规定的精神，决定案件的权力在检察长，故采取这种审核方式并不违反“检察一体、上命下从”的原则。(2)采取这种审核方式，让检察长全面审阅办案报告和承办人、审核人不同意见后，斟酌权衡作出决定，丝毫不影响审核作用的发挥，却有利于尊重检察官在办案中的主体地位，培养检察官负责任地提出并坚持自己意见的勇气，树立检察官的职业自信心。在这种办案模式中，由承办检察官负主要责任；如果审核的主任检察官和检察长不同意其意见，且检察长和主任检察官意见一致的，检察长和主任检察官对改变部分负责，检察官仅对事实、证据负责；如果检察长既不同意承办人的意见又不同意主任检察官的意见，则检察长对自己作出的决定负责，承办检察官对事实、证据负责，主任检察官对自己的审核意见负责。

无论采取上述何种办案模式，办案部门都可以设立由该部门全体主任检察官参加的主任检察官会议，在该部门负责人或首席主任检察官的主持下，讨论由主任检察官提请的案件。如果讨论意见与办案组织及（后一种办案模式中）负责审核的主任检察官意见不一致的，则讨论意见也一并报检察长决定。

此外，还有一个问题需要研究，就是检察长负责制或主任检察官办案责任制下检察长或主任检察官在职权范围内否定下属意见的方式问题。借鉴一些国家及地区的做法，应当采取先沟通后决定的方式，即检察长或主任检察官先当面与下属沟通，双方都充分听取对方的意见及其理由。增设沟通程序，有利于体现检察长或主任检察官对检察官主体地位和相对独立性的尊重，营造民主和谐氛围；有利于双方兼听则明，更全面、准确地分析判断案件。沟通后如果意见达成一致，就按一致的意见办；沟通后如果下属仍坚持己见，检察长或主任检察官认为有执行自己意见的必要，就作出决定。下属如果认为检察长或主任检察官的意见违法，则应当拒绝执行；如果认为检察长或主任检察官的意见错误甚至会造成冤假错案，而自己不愿违心继续承办此案的，则可以报请检察长或主任检察官行使职务收取权或职务移转权，改由检察长或主任检察官自己办理或交由其他检察官办理。下属检察官还有权将此情况报告上一级检察院检察长或本院检察长，以使违法和确有错误的决定得到纠正。

（二）检察官相对独立与“检察一体”的协调问题

“检察一体”与检察官相对独立是相辅相成的：“检察一体”是检察官相对独立基础之上的一体，检察官独立是“检察一体”下的相对独立；二者互为条件，缺一不可。但是，二者关系如果处理不好，也会造成一方对另一方不适当的侵分。为此，有必要协调二者之间的关系。就检察官相对独立这一方面来说，一是上级的指令除违法和错误外，检察官必须服从，不得以“相对独立”为由抗命不遵；二是凡法律或《规则》规定应由检察长行使之权，除检察长授权外，检察官不得行使。由于长期以来对检察官相对独立未予重视，故需要重点研究的是，如何规范“检察一体”制，防止其不当侵分检察官的相对独立性。

根据我国的政治制度和检察制度，借鉴域外的有益做法，我们可以对“检察一体”作如下规范：

首先，应当规定上级指令权在内容上的底线。即上级的指令不得违反法律规定和产生冤假错案等错误。对此，本书在前文中已作阐述，这里不再赘述。

其次，应当规定职务收取、职务移转的条件。各级检察院和各检察官原则上应当根据法定管辖范围和规定的分工行使职能，上级一般不得随意干预。只有当由该级检察院或检察官行使职能不利于或难以依法客观公正办案时，上级始得行使职务收取、职务移转权。如有证据证明由该检察院或检察官办理难以排除阻力干扰或难以秉持客观公正；由该检察院或检察官办理不利于在较大范围调集人力、物力，从而影响对案件依法及时查证、处理；下级检察院或承办检察官对上级的决定有异议，不收取、移转职务不利于依法办案；下级检察院或承办检察官主动提出职务收取、移转的要求，上级认为理由成立且正当。至于检察长对本院检察官行使职务收取、移转权的条件，也可以参照上述精神，以是否有利于依法客观公正办理案件为标准作出规定。

再次，应当规定上级指令的形式要件。即上级下达指令应当以书面的形式并附理由，以便促使上级三思而后行，慎重行使指令权，准确表述指令的内容；也有利于下级准确理解和执行；有利于事后检视，明确责任。

最后，应当规定提出异议的渠道和程序。如果受指令的下级（含检察官）认为上级指令违法或者会造成冤假错案等错误，则有权向上级提出改正或撤销指令的意见；如果意见不被接受，下级有权越级报告。接受报告的上级如果认为指令违法或会造成冤假错案等错误，应当撤销指令；如果认为指令并无不当，则可以由发出指令者行使职务收取、移转权。

（三）强化对检察官相对独立的监督制约问题

检察官拥有相对独立性后，监督制约必须跟上。除了充分发挥“检察一体”制对检察官相对独立的监督制约作用外，还要从以下几个方面入手：（1）切实保障律师的诉讼权利，高度重视律师的意见。律师对于完善检察机关外部监督制约，督促、协助检察官严格依法办案，提高检察官的工作水平和办案质量，加强检察队伍建设，都具有重要意义。因此，要切实保障律师在诉讼中的阅卷权、会见通信权、调查取证权、申请调取证据材料权、接受诉讼文书送达权、参加法庭调查和辩论权、申诉控告权等诉讼权利；及时纠正检察官阻碍律师依法行使诉讼权利的行为；认真听取并高度重视律师对检察工作特别是检察官执法办案的意见和建议。对律师提出的关于检察工作和队伍建设方面的意见，要虚心听取；对律师提出的证明犯罪嫌疑人无罪、罪轻或者减轻、免除处罚的意见，要认真审查，依法采纳，不予采纳的，要阐明理由。对律师反映或投诉检察人员违法办案的，要及时认真调查，确属违法违纪的，要依法依纪追究有关人员的法律和纪律责任。要把律师对案件的意见及承办检察官对律师意见的意见，作为办案报告的一个部分来写，并具体阐明采纳或不采纳律师意见的理由，以促使承办检察官认真对待，也利于其上级包括检察长审查监督。（2）深化检务公开。采取公开执法办案信息、加强终结性法律文书说理、推动终结性法律文书上网、上访老案听证、深化人民监督员制度改革等方式，把检察权的行使置于“阳光”之下和人民群众监督之下。（3）加强案件管理。对检察官办案情况实行动态管理和过程监控，加强法律文书的备案审查和办案评查，做到案件办到哪里，监督就跟进到哪里。（4）加强控告申诉处理工作。对控告检察人员的，要及时受理，认真审查。属于违法违纪的，坚决依法依纪处理；控告失实的，实事求是地予以澄清；诬告陷害的，对有关人员依法严肃处理。通过这些措施，促使检察官强化自我约束，依法履职，公正办案。（5）实行办案质量终身负责制和错案责任倒查问责制，对故意或重大过失造成冤假错案的，严肃追究责任。

（四）完善相关立法问题

检察官相对独立只有在法律及相关程序规则上固定下来，才能在检察活动和具体的执法办案工作中得到落实。为此，要把“检察官依法履行检察职责不受行政机关、社会团体和个人的干涉”作为一项原则，在有关法律中加以规定①，使之成为“人民检察院依照法律规定独立行使检察权、不受行政机关、社会团体和个人的干涉”这一宪法原则的一项子原则，并使之与“检察

① 现行检察官法仅将它作为检察官权利加以规定。

一体”原则一并作为检察活动的原则；要把《中共中央关于全面推进依法治国若干重大问题的决定》中关于“建立领导干部干预司法活动、插手具体案件处理的记录、通报和责任追究制度，任何党政机关和领导干部都不得让司法机关做违反法定职责、有碍司法公正的事情，任何司法机关都不得执行党政机关和领导干部违法干预司法活动的要求”，“司法机关内部人员不得违反规定干预其他人员正在办理的案件，建立司法机关内部人员过问案件的记录制度和责任追究制度”的规定转化为法律规范，以便为检察官相对独立行使职权、不受干涉提供政治和法制保障；要把检察官在依法行使检察权中的法律地位、检察官相对独立的内容、“检察一体”与检察官相对独立的协调等内容，分别在刑事诉讼法、人民检察院组织法、检察官法以及人民检察院有关办案规则中加以体现；要通过本次司法体制改革，完善检察官保障方面的法律制度，从而使检察官相对独立真正成为中国检察制度中的一项重要制度。

第一章　我国检察官主体地位的历史反思

检察官相对独立是检察官主体地位的一种状态，也是世界各国检察官主体地位的基本特征。然而，在不同的国家和不同历史时期，检察官的主体地位可能有所不同。这种差异主要反映在检察官的办案决策权、在办案组织中的角色、办案责任的承担等方面。近代以来，我国检察官的主体地位几经变迁，至今尚在变革之中。

第一节　我国检察官地位的历史变迁

从清末到当前，我国检察官的地位经过了曲折的发展过程，走上了两条不同的发展道路。一条道路是，从清末检察制度创立到民国政府时期资产阶级检察制度的发展道路，虽然发生过检察机关被配置于法院之内，检察职能被部分替代和弱化，但是检察官一直是独立的办案主体；另一条道路是，从革命根据地到新中国的政权建设过程中，即中国共产党领导下的人民检察制度的发展道路，先后经历了委员会制、检察官制、检察长制、检察长与检察委员会相结合制、检察官办案责任制改革等几个阶段的探索和发展。

一、清末检察官的地位

清末检察制度的设立是我国司法迈上现代化道路的重要标志，有力地推进了控审分离和纠问式诉讼向弹劾式诉讼的转型。检察制度不是中国政治制度和司法制度内生的制度，而是站在大陆法系国家的司法制度和检察制度的平台上，移植日本检察制度并加以适当修剪而形成的①，是清末中央官制改革的一部分。

（一）检察官制度的设置

1906 年的《大理院审判编制法》是中国第一部现代意义上的法院和检察院组织法。将检察院组织法纳入法院组织法之中是大陆法系保持至今的一个立法传统。譬如，我国台湾地区现行的“法院组织法”是 1932 年制定的，后经 18 次修订，最近一次修订是在 2000 年，其中第五章即“检察机关”，对检察

---

① 谢如程认为：“清末检察制度几乎是日本明治时期检察制度的翻版。”参见谢如程：《清末检察制度及其实践》，上海人民出版社 2008 年版，内容提要，第 4 页。

制度作了规定。虽然《大理院审判编制法》没有专章集中规定检察制度，但是关于检察制度的规定有六个条款。

检察机关附设于各级审判厅，分为四级，即大理院总检察厅、京师高等审判厅检察局、地方审判厅检察局和城谳局检察局。在总检察厅内部，设厅丞1人，统管总检察厅内各项检察事务，调度司法警察官吏，监督地方各级检察局；设检察官6人，分别执行检察事务，接受厅丞命令；设主簿1人，管理行政事务；录事4人，缮写文件，承办行政事务。[①] 各级检察局设检察长1人，若干名检察官和辅助人员。

虽然检察机关“附设”于审判机关，但是并不隶属于审判机关，而是隶属于法部（司法行政机关），而且对审判机关具有监督的职能。这种“附设”实际上是“对应设置”，主要表明在地域管辖上的重合。虽然在检察局缺员时，由大理院与法部会商确定，但检察局对审判厅不具有业务和行政管理上的从属性。当时已经实行了“审检分离”，一方面要求“其（检察官）对于审判事项有补助而无干预”[②]；另一方面，“检察官统属于法部大臣、受节制于其长官，对于审判厅独立行其职务”[③]。

在《大理院审判编制法》中，检察权的主体有三种，即检察局、检察长和检察官，但是对这三者之间的关系未作规定。在该法中，有关检察制度的规定只有如下六条：

第七条　【证据调查】大理院及直辖各审判厅局关于证据事件须调查者，可随时径由本院会商民政部所辖巡警厅使巡警单独或协同本院以下直辖检察官调查一切案件，平时亦可由本院会同该厅委派警察官为司法警察官以备侦探之用。

第十二条　【检察局设置及检察官职掌】凡大理院以下审判厅局均须设有检察官，其检察局附属该衙署之内。检察官于刑事有提起公诉之责，检察官可请求用正当之法律，检察官监视判决后正当施行。

第十三条　【检察官人员配置】各检察局亦须置有一定之员数。

第三十一条　【高等审判厅检察局及检察长】高等审判厅内附设检察局，置检察长一员。

第三十九条　【地方审判厅检察局及检察长】各地方审判厅各检察局附设于该厅之内，检察局须置检察长一人。

---

① 《大理院官制清单》。

② 《大理院官制清单》。

③ 《高等以下各级审判厅试办章程》第97条。

第四十五条 【城谳局检察局】各城谳局内附设检察局，城谳局内之检察局其管辖地段内警察须听其指挥。

这六个条款是我国立法史上首次有关检察制度的法律规定，内容比较简陋。对于检察官的主体地位，我们可以作出如下推断：第一，检察官是办案主体，负责侦查一切刑事案件。第二，检察官在办案中有权调遣和指挥本辖区的巡警。第三，在基层检察局（如城谳局检察局）里，辖区内的警察均须听从检察局指挥。这说明检察局也是办案主体。第四，检察官、基层检察局和检察长都是检察权的法定主体。但是，相比检察局和检察长，检察官更多地被作为检察权的主体来规定，因而检察官的地位相对突出。第五，检察权主要有三项，即侦查权、刑事公诉权和裁判执行监督权。

1907 年的《高等以下各级审判厅试办章程》对检察制度作了专章规定即第四章“各级检察厅通则”。该章程是在《大理院审判编制法》颁布一年后颁布的，是其实施细则，同时也补充和完善了许多内容（譬如，把“检察局”改为“检察厅”），使清末检察制度基本确立。现代检察制度的基本原则得到了体现，譬如，检察一体原则（第 97 条、第 99 条、第 102 条），检察官独立行使职权原则（第 97 条、第 98 条、第 99 条、第 105 条）。虽然这个试办章程规定了多重限制检察官独立的制度和措施，譬如，检察官统属于法部大臣，受节制于其长官，厅丞和检察长对检察官有直接或间接监督权，长官可以委任代理检察官之职务等，但是，它的重心仍然在于确立检察官的主体地位和以检察官为核心的办案组织，譬如，除了个别情况外，检察机关的职权都直接赋予检察官，所有的检察权均以检察官的名义行使；检察官有权指挥警察搜索逮捕，有权酌定是否起诉，有权随时调阅审判厅一切审判案卷。《高等以下各级审判厅试办章程》比《大理院审判编制法》更进一步规定了检察机关和检察官的隶属关系以及检察长对检察官的监督和职务替代关系，使检察一体原则和检察官独立原则的主要内容实现了制度化，但是，它还没有具体规定检察官的工作机制。

1909 年的《法院编制法》比 1907 年的《高等以下各级审判厅试办章程》又有了许多进步和完善：第一，除专章规定检察制度之外，将推事（法官）和检察官的选任制度和司法行政制度分别用两章加以规定。推事和检察官虽然职务和地位不同，但是任职资格和选任程序基本相同，这对于保障检察官的职业素质和地位具有重要的意义。第二，进一步完善选任程序，限制职务代理，明确执业禁止。对任职的学历、资历、考试、实习、候补都作了具体规定，而且首次规定了执业禁止，即第 121 条规定：“推事及检察官在职中不得为下列事宜：一、于职务外干预政事；二、为政党员、政社员及中央议会或地方议会之议员；三、为报馆主笔及律师；四、兼任非本法所许之公职；五、经营商业及官吏不应为之业务。”第三，明确规定了各级检察厅的检察官员额。即第86条规定：“检察厅分别置检察官如下：一、初级检察厅置检察官一员或二员以上；二、地方检察厅置检察长一员、检察官二员以上；三、高等检察厅置检察长一员、检察官二员以上；四、总检察厅置厅丞一员、检察官二员以上。”虽然这些规定比较简略，但是有了最低限度的员额规定，基层检察机关设置一名或两名检察官；有两名以上的，由资深者任“监督检察官”（第87条），这就在检察官之间有了一定的身份区别。第四，规定了检察机关内部的监督制度。第185条对上下级检察机关之间的监督关系和检察机关内部的监督都作了规定，由于“检察官均应从长官之命令”（第98条），这里的“监督”实际上相当于“领导”。第五，各级检察机关的名称体现了检察机关的实际地位。《大理院审判编制法》借用了法国的检察机关的名称，在各级检察机关之前冠以同级法院之名，给人的印象是检察院附属于法院，其实从一开始就不是这样。《高等以下各级审判厅试办章程》开始从名称上作了一些改变，称“各级检察厅”“地方检察长”“高等检察长”和“总检察厅丞”。在《法院编制法》中才正式确立了检察机关的独立称谓，即“初级检察厅”“地方检察厅”“高等检察厅”“总检察厅”。

1910年的《检察厅调度司法警察章程》对检警关系作了比较详细的规定，形成了检警一体化的制度框架。从章程名称和一些条款可以看出，检察厅和检察官都是调度司法警察的主体，两者的大致区别是，检察厅是调度司法警察的权力主体，检察官是调度司法警察的执行主体。其中，有两个方面的制度强化了检察官的办案主体地位：其一，司法警察在执行检察事务时必须听任检察官办理。如第4条规定：“凡巡警长官于执行检察事务时，应与检察厅长官有同一之职权，但其事如系检察厅所及办者，务必听任检察官办理。”其二，检察官对执行职务不力者可以惩戒。如第77条规定：“司法警察执行职务不尽力或处分不当之际，检察官可戒饬之或予记过，其所为有犯惩戒处分者，则详查事实，报告警署长官，以资督励。”这为检察官调度和指挥司法警察提供了制度上的保障措施。

（二）各地对检察官制度的探索和实践

1906年的《大理院审判编制法》只对京师地方的审判厅和检察局作出了概括性规定，未对其他地方作出相应的规定。这不但没有阻碍改革的推广，反而引起了许多地方参照其进行改革探索的热情。正如闵钐等人所言，“清末京外机构的设置，经历了两个阶段。第一个阶段是先在省城商埠试行新型审判检察制度，把检察机构设置于省城商埠的审判厅内。第二个阶段是在全国范围内，普遍推广新型的审判检察制度，于京外各级审判厅内设置检察机构。”①

在1909年底的《法院编制法》出台之前，清政府颁布了两个关于地方检察机关设置的规范性文件，即《拟定各省城商埠各级审判厅检察厅编制大纲（十二条）》（1909年7月10日）和《各省城商埠各级审判厅筹办事宜（四款）》（1909年7月20日）。这两个规范性文件都是应急性的暂行办法，是1909年底的《法院编制法》和1911年的《法部奏定京外各级审判厅及检察厅办事章程》颁布以前的规范性文件。这些中央政府颁布的规范性文件都比较简略，与此同时，一些地方，譬如，天津、上海、四川、直隶等地先后出台了本地的规则或者章程。

1. 天津

在清政府颁布《大理院审判编制法》之后，地方实力派代表人物袁世凯积极策划和实行一种比较保守的改革路线，试图把现代司法制度与封建专制制度结合起来，互有取舍，基本上是在旧的体制框架中添加了一些新的制度。代表性的规范性文件就是1907年的《天津府属试办审判章程》。其保守性主要表现在两个方面：一是司法独立原则未确立。袁世凯在奏折中说：“惟司法独立，未易一蹴而就。便既办有端倪，则此后之进行改良尚非难事。”②这就给司法独立打了很大的折扣，使其徒有虚名而已。殊不知，没有司法独立，整个现代司法制度就无从建立，即使建立了，也不可能发挥其应有的功能。二是司法与行政未分离。地方行政长官暂时兼理司法审判，美其名曰“不能使府县不任责成”③。在这种根本性的问题上，不但没有受到清政府的批评，而且受到表扬：“调和新旧，最称允协”。④ 这实质上代表了清朝保守派的立场和策略，他们搞宪政和司法改制非出于本意，不愿意放弃重要的专制特权，只是要“挂羊头卖狗肉”，掩人耳目，以便对内维持太平，对外收回治外法权。

2. 上海

1910年7月，清政府令江苏成立上海县地方审判检察厅和初级审检厅。

---

① 张培田著：《中国检察制度考论》，中国检察出版社1997年版，第64页。亦见于闵钐、谢如程、薛宏伟编著：《中国检察制度法令规范解读》，中国检察出版社2011年版，第40页。

② 《清实录》德宗朝卷81。转引自张培田著：《中国检察制度考论》，中国检察出版社1997年版，第44页。

③ 《清实录》德宗朝卷81。转引自张培田著：《中国检察制度考论》，中国检察出版社1997年版，第44页。

④ 《清实录》德宗朝卷81。转引自张培田著：《中国检察制度考论》，中国检察出版社1997年版，第44页。

同年10月，江苏巡抚依据《法院编制法》有关设立高等检察厅分厅的规定，上折清政府，拟在上海设立“江苏高等检察厅分厅”，次年3月获准。不过，直到1911年10月武昌起义，上海县地方审检厅、初级审检厅和江苏高等检察厅分厅均未建立。1911年11月，上海军政府设立上海司法署。1912年1月，上海司法署改组为上海地方审判厅，配置检察厅，直隶江苏高等检察厅，管辖南市、浦东、东沟、曹家渡、三林塘、闵行、闸北等地。①

《上海地方检察厅专则》以《法院编制法》为依据，同时也有许多补充和完善。这主要表现在两个方面：一是员额制度的健全。地方检察厅内配置检察长1人、检察官2人、帮办检察官2人、典簿1人、主簿1人、录事2人、帮办录事1人、司法警官16人以上。这就使检察官配备的辅助人员更加明确和具有可操作性，为办案工作提供了组织保障。二是进一步明确了检察长与检察官的关系。检察长的职责主要是监督本厅事务，代表本厅发布厅令和签署文件，委任代理检察官，代位处理检察官的事务，指定管辖，分派检察官应办事务。检察官的职责主要是提起刑事公诉，收受诉状，指挥司法警察逮捕犯罪者，调查事实和收集证据，参与民事公益诉讼，监察审判并纠正其违误，监察判决的执行，查核审判统计表。

《上海地方检察厅专则》与《天津府属试办审判章程》的改革思路迥然不同，它遵循了《法院编制法》的原则和规定，体现了司法的文明和进步，因而具有显著的积极意义。不过，在检察官的职权方面，它增设了两项：一是“监察审判并纠正其违误”（第22条第6项），二是“查核审判统计表”（第22条第8项）。这两项权力都使检察权介入了审判权运行，加强了检察权对审判权的监督。不过，对这种强化检察监督的立法倾向，当时就有不同的看法。沈家本说，它是“徒拥层层监督之虚名而或易滋专断之流弊”②。有人说，它体现了封建主义权力监督观，有违审判与检察互相独立行使职权的原则。尽管从西方分权制衡理论看，这种权力监督观有一定的局限性，但是它适合当时中国国情，也是各种思想和势力的妥协。

3. 直隶

《直隶省各级检察厅办事规则》内容比较全面，被称为地方检察厅的“名

---

① 参见《上海检察志》第一章。载上海检察网·检察历史，http://www.shjcy.gov.cn/gzbg/jcz/1888.jhtml。

② 沈家本语，转引自《宪政编查馆奏核订法院编制法并另拟各项暂行章程折》。

副其实的全面的办事规则”“关于清末各级地方检察厅具体动作法令的代表”①。换言之，这是我们现在能够找到的有关检察权运行机制的最具体、最可靠的文献。从检察官的角度来观察，我们可以发现如下制度安排：

其一，高等检察厅分厅、地方检察厅分厅和初级检察厅设“监督检察官”，履行类似于检察长的职责，但仅限于本厅事务。这种“准检察长”职务的设立说明，在检察官与检察长之间可能需要中间性、管理性和过渡性职务，为后来设立“主任检察官”开辟了道路。

其二，检察官在处理未宣布的检察事务时，接受上级的命令后应当保密，譬如，第13条的规定。这与日本检察制度有所不同，相对而言，强调了检察一体，削弱了检察官的独立性。

其三，“检察官”与“检察厅”均为检察权主体，譬如，第26条和第31条的规定，但是，检察厅接受的事务需要由检察厅长官委派检察官办理，检察官接受的事务则可直接办理，均以检察厅的名义并盖检察厅印章后才有法律效力。这与后来民国时期检察官以自己名义起诉还有所不同。

其四，在检察官与检察长的关系中，办案决定权属于检察官，而办案监督权属于检察长和“监督检察官”。在上诉抗告和预审程序中，决定权均由检察官行使，譬如第46—50条，但是最后都要以检察厅的名义发出。在再审程序中，检察官要请求再审，“须将证据理由备载于请求书，呈送上级检察厅转移同级审判厅”（第62条）。再如，第120条规定：“警长受检察长检察官命令，其去留由各厅长官主之。”这意味着构建了一种检察官行使办案决定权而检察长和监督检察官行使办案监督权，同时检察长和监督检察官对自己主办的案件行使办案决定权的权力分配机制。

二、民国政府时期检察官的地位

民国（中华民国）时期（1912年1月至1949年9月）是中国经济从小农经济向资本主义经济过渡时期，也是中国社会从封建社会向民主社会转型以及中国政治从集权政治向分权政治转轨时期，先后和同时出现过多种政治制度和政权组织形式，由于抗日战争和解放战争爆发等因素，使得这些转变都没有完成，因而可以称为“半封建、半殖民”时代。史学上通常把民国时期分为三个阶段，即南京临时政府时期（1912年1月至3月）、北洋政府时期（1912年4月至1928年6月）和南京国民政府时期（1928年2月至1949年9月）。在这38年里，清末改制中制定的法律得到了沿用、承继和改进。在前期，检

① 闵钐、谢如程、薛宏伟编著：《中国检察制度法令规范解读》，中国检察出版社2011年版，第127页、第138页。

察制度的发展仍然是远师法德、近仿日本；在后期，一方面受到英美法系检察文化因素（职能较少、组织分散等）的影响，另一方面受到中国传统政治文化因素（重集权和监督而不重分权和制衡等）的左右，检察制度的发展不仅出现过存废之争，而且在体制上也发生过重大调整。

（一）北洋政府时期的检察官制度

1915 年的《京师地方检察厅暂行处务规则》《京师高等检察厅暂行处务规则》和《检察执务应行注意事项规则》不仅对检察业务管理和检察事务管理都进行了比较详细的规定，而且对检察官的职业道德、职业形象提出了要求。

《京师地方检察厅暂行处务规则》（1915 年 10 月 20 日）是北洋政府制定的一部最为详细的内部管理规则。从办案组织的角度来看，它在如下几个方面有创新或者发展：

其一，创设“主任检察官”一职作为业务部门即总务处、侦查处和执行处的负责人。即第 30 条规定：“检察官职务分为下列三处：（一）总务处；（二）侦查处；（三）执行处。各处设主任检察官一员，承检察长之命，总理各该处事务。但各该处除主任外，检察长察其事务之繁简，得派分任若干员协同办理。”我国台湾地区的主任检察官与这个“主任检察官”是一脉相承的，但是与当前我国检察改革中推行的主任检察官是有所不同的。这个“主任检察官”与我国大陆地区检察机关内业务部门负责人有几分相近，也不尽相同。新中国成立以来，直到检察官办案责任制改革全面实行之前，我国大陆地区业务部门的负责人对各检察官（承办人）有业务领导权和办案指挥权，而北洋政府时期的“主任检察官”的职责主要是落实检察长的指示和要求，处理部门的行政事务，监督和协调本部门各检察官的业务工作，对检察官从事的业务并无领导权和决定权，这更像是一位二线的检察官。这种兼有监督和指导作用的主任检察官的设置，并不妨碍检察官的主体地位和一线办案功能的充分发挥。

其二，起诉等业务以地方检察厅检察官名义进行，其他事务则以地方检察厅检察长名义进行。这与《直隶省各级检察厅办事规则》相比，是一个进步，突出了检察官的地位和责任，也开辟了一个很好的先例，即行政事务由检察长负责，业务由检察官负责，使检察官与检察长的分工合理化。虽然检察长保留了一定的办案指导权和决定权，但是通常是备而不用的。这样就可以防止检察长的权力无限扩张以致剥夺检察官的办案决定权甚至使检察官丧失独立地位。

其三，检察长监督检察官的业务范围是限定的。第 9 条规定：“检察官办理诉讼案件，如文件中有下列情事，检察长应指正之：（一）文字有错误或体裁失当；（二）引用条文有错误或抵触；（三）理由欠缺。”检察长对检察官的监督必须以尊重检察官为前提，以业务不当为限度。对于检察官的独立判断应当尊重和维护。

其四，总务处的设置减轻了主任检察官和检察长的行政事务负担，强化了业务管理的规范化和技术化。总务处负责案件收发、案件分配、证据保存、赃物处理、收押取保、登记统计等案件管理工作，相当于2011年以来我国实行的“案件管理办公室”。这种业务管理的专业化、专门化促进了检察长与检察官之间关系的简化，并使其间保持一定的距离，对于保障检察官独立具有积极的功能。

其五，设立简易起诉处和书记室，将文牍科、记录科、统计科和会计科统摄于书记室之下。这种四个业务部门（侦查处、执行处和简易起诉处）加一个行政部门的内设机构模式，反映了重业务、轻行政的导向，也是精简机构设置，突出业务工作和强化检察官地位的一种制度安排。当然，当时的“侦查处”检察官不仅要负责指挥侦查，而且要审查起诉和出庭支持公诉，相当于我们现在的反贪局、反渎局和公诉处。当时的“执行处”的主要职能是指挥刑事裁判的执行，类似于但不同于我国现在的刑事执行检察处。由此看来，当时的检察业务工作格局与我们现在有近似之处，侦查、公诉和监督裁判执行是基本检察业务，分别由三个处负责，业务管理职能由总务处负责，行政事务由书记室负责。这种分工和管理机制是比较合理的。

在宗旨、体制和机制上，略晚几天颁布的《京师高等检察厅暂行处务规则》与《京师地方检察厅暂行处务规则》是一致的，但是，某些方面规定得相对简略一些，譬如，有一些条款涉及“主任检察官”的职责，但是未专门规定其职务和定位；某些方面规定得详细一些，譬如，关于处理控诉、抗告、侦查处分、复判、提起再审都作了具体的程序性规定，适应了高等检察厅工作的特点和需要。

北洋政府统治的时间短（大约16年）、政权更迭得快，但是检察制度在立法上得到了很好的发展，不仅克服了清末地方探索的一些偏离（如强调检察厅而削弱检察官），而且形成了既符合中国国情又符合大陆法系检察制度原理的体制和机制。这是中国检察制度现代化的一座历史丰碑。虽居乱世，却取得了值得后人景仰和效法的成就。

（二）南京政府时期检察官制度的探索和实践

国民党在南京临时政府时期（1912年1—3月）通过《中华民国临时约法》建立了分权政体，确立了司法独立和法律面前人人平等的原则，但是由于时间短等原因，没有来得及制定有关司法制度的法律。从其司法部关于组建地方审判机关和检察机关的批复看，它主张援引了清末制定的法院编制法、刑事诉讼法和民事诉讼法，实行审检分离。

1. 中央政府的相关立法和规章制度

1927 年，国民党重新掌握全国政权后，成立了南京国民政府。在执政之初，对检察制度采取的第一项措施就是“裁撤检察机关”。1927 年的《裁撤各级检察厅并改定检察长名称令》（民国 16 年 8 月 16 日国民政府训令第 148 号）称：“司法事务经纬万端，近值刷新时期，亟应实行改进即如检察制度。体察现在国情参酌各国法制，实无专设机关之必要，应自本年十月一日起将各级检察厅一律裁撤，所有原日之检察官暂行配置于各该级法院之内，暂时仍旧行使检察职权。其原设之检察长及监督检察官一并改为各级法院之首席检察官。着司法部迅即遵照筹办此令。”这一裁撤令改变了审检分离的体制，将检察机关合并于审判机关之中，但是检察职能仍然保留。在形式上这是机构和称呼的改变，在实质上这是功能的弱化和地位的降低。

将检察机关并入审判机关涉及一系列体制安排，特别是司法行政事务和检察业务的管理。为此，1927 年 12 月国民政府颁布了《各省高等法院检察官办事权限暂行条例》。该条例第 1 条规定：“高等法院配置首席检察官一员，检察官若干员，依法令之规定独立行其职务。”这就在检法关系上确立了检察独立原则，法院院长只在未规定由首席检察官管理的司法行使事务上对检察工作有管理权。第 5 条至第 8 条规定：“检察官外行文件由首席检察官核定署名盖印，但呈文、批文并应盖小官印。高等法院首席检察官归最高法院首席检察官指挥监督。高等法院首席检察官对于所属检察官或行使检察职权之县长及办理检察事务之书记官有指挥监督权。检察官及办理检察事务之书记官之任免由高等法院首席检察官呈部核办，其考绩奖惩叙级等事亦同。”这就在检察系统内确立了检察一体原则，检察官独立行使职权，同时，首席检察官对其他检察官有任免、考核、晋级和奖惩的提请权以及对检察业务的指挥监督权。该条例虽然没有直接规定检察官办案组织，但是在第 13 条中规定：“俸薪之给领除依法令规定外应依下列各款行之：（一）法院各职员与检察官及其所属职员同时给领；（二）法院雇员、庭丁与服务检察之雇员及司法警察、公丁等同时给领；临时费应视事务之缓急提前给领。”这表明检察官是配备有若干属员的，但是对所属人员的数量、结构和相互关系未作规定。同年颁布的《地方法院检察官办事权限暂行条例》与《各省高等法院检察官办事权限暂行条例》的内容基本一致。

1928 年颁布的《刑事诉讼法》规定，检察官虽属于当事人范畴，但是司法主体，依法行使检察权。根据第 44 条、第 50 条、第 67 条、第 138 条、第 142 条和第 156 条的规定，提拘、通缉、羁押、扣押、搜索、勘验的决定权，在侦查期间由检察官行使，在审判期间由法院或受命推事行使。其中，侦查阶段的羁押决定权虽由检察官行使，但事后检察官要向首席检察官陈明理由。这些规定表明，检察官在刑事诉讼中是独立行使检察权的主体，只在个别情况下受到检察长的制约。

1929 年 5 月颁布的《最高法院检察署处务规程》对检察机关内部的工作机制作了比较详细的规定，体现了检察官独立和检察一体的统一。例如第 2 条和第 3 条规定："最高法院检察署检察长指挥监督本署及各级检察事务。检察长对于所属各机关职员得考核其办事情形及行检，分别呈请奖励或惩戒。"检察长不仅可以领导本署的检察官，而且可以领导下级法院检察署的检察官。检察长的领导既有业务上的指挥监督，也有司法行政事务上的管理包括考核等。检察官对下级法院检察官领导要受制于检察长，须经检察长同意后才能依法实行领导。该规程虽然没有专门规定"主任检察官"的职位和权力，但在有关书记室的工作机制中有三处涉及主任检察官的职能：一是书记官长在检察长领导下指挥、监督、分配各书记室各科事务，而记录科书记官应受主任检察官指挥；二是记录科承办的文件应先送主任检察官核阅和盖章；三是检察长分配案件后，记录科应迅速将案卷送主任检察官。从这几个方面发现，主任检察官在行政事务和业务工作上都有一定的指挥监督权，大致兼有行政事务管理和业务监督双重职责。

1929 年 8 月颁布的《最高法院组织法》确认了刑事诉讼法规定的以自诉为原则、以公诉为补充的刑事起诉制度。在检察制度方面，该法相比以往的法规有两个进步：一是进一步规定了检察长与其他检察官的关系，即检察官"处理关于检察之一切事务"，检察长"指挥监督并分配该管检察事务"。二是进一步明确了检察官办案组织的组成人员，即检察官、书记官长、书记官、庭丁、司法警察等，检察官是其领导者和决定者。

2. 地方的相关规章制度

安徽省县级法院内的检察官设置。1929 年颁布的《安徽省县法院组织暂行章程》第 8 条规定："县法院配置首席检察官一员，候补或学习检察官一员至三员。"第 10 条规定："县法院置承发吏六人至十人，庭丁、公丁各若干人，检察处置检验吏一人或二人，司法警察、庭丁各若干人。"第 13 条和第 14 条规定："县法院检察官及办理检察处司法行政事务之书记官等人员，应于县法院内另置办公室。""检察官办公处，设主任书记官一人，书记官一人或二人，掌理检察处司法行政事务，并酌用雇员若干人。"从这些条款可以看出，检察机关虽然设置于法院之内，但是独立行使职权，有独立的办公场所，人员配备齐全。检察官办案组织大致是由首席检察官领导，由候补或学习检察官一员至三员和检验吏一人或二人，司法警察、庭丁各若干人作为辅助人员，由主任书记官一人，书记官一人或二人作为行政人员，层次和分类都比较清晰。

浙江省高等法院的检察处设置。1929 年经南京国民政府司法行政部核准的《浙江高等法院检察处暂行处务规程》和《浙江省地方法院检察处暂行处务规则》继承了北洋政府时期的《京师高等法院检察厅暂行处务规则》和《京师地方检察厅暂行处务规则》，体例相近，检察权运行机制没有变化，但是检察体制由独立的检察署改为配置于法院内部的检察处，检察长的称谓也改为首席检察官。与 1927 年 12 月国民政府颁布的《各省高等法院检察官办事权限暂行条例》相比，在体制上是一致的，但是补充和创设了一些工作机制：一是首席检察官对下级的指挥监督方式有所限定，对本处人员可以指令或者口谕进行，对下级院则应依公文程式令进行。二是首席检察官对下属检察业务，可以要求其报告工作，检查其工作方法，发现不当，随时可以指正。三是创设全体检察官及书记官会议，对特别事务进行讨论和征求意见，但不用多数表决。

三、革命根据地政权中检察官的地位

检察官地位的发展和演变既是经济、政治、社会和文化背景的反映，也是检察机关办案工作机制发展的内在要求；既是政治体制的产物，也是司法观念的结果；既是人民群众的期待，也是检察工作规律和特点的要求。检察官作为检察业务工作的主体，是检察队伍精英化、专业化和职业化发展的载体，对检察工作质量和检察机关公信力的提升具有重大影响。

在第一次国内革命战争时期（1924—1927 年），中国共产党领导革命的主要方式是组织开展工农运动，虽然建立了一些具有政权性质的组织，但是还没有专门从事指控犯罪的检察机关和检察制度。

人民检察制度是革命根据地政权建设发展到一定阶段的产物。在第二次国内革命战争时期（1927—1937 年），中国共产党领导建立了井冈山革命根据地、鄂豫皖革命根据地等一系列地方性政权。在革命根据地内，一方面推翻了国民政府的政权组织和政治制度，包括检察机关和检察制度；另一方面着手建设新型的人民政权组织和政治制度，包括检察机关和检察制度。从可考证的文献来看，1931 年 7 月鄂豫皖革命根据地颁布的《鄂豫皖区苏维埃临时组织大纲》是第一部规定人民检察制度的法规，是人民检察制度诞生的标志。

革命根据地检察制度的产生和发展大致可以分为三个阶段，第一阶段是第二次国内革命战争时期，人民检察制度产生。第二阶段是抗日战争时期，大体上适用国民政府检察制度，有些根据地有一些创新和特色，如山东抗日根据地建立了检察委员会。① 第三阶段是解放战争时期，即第三次国内革命战争时期，在沿用前期检察制度的基础上，参照苏联检察制度，进行了人民检察制度的探索和创新。第一阶段的人民检察制度与苏联检察制度相近，第二阶段的人民检察制度与国民政府的检察制度相近，第三阶段的人民检察制度则立足于国民政府检察制度和战争形势，参照苏联检察制度，开始探索中国特色的人民检察制度，为新中国检察制度建设积累了经验。因此，解放战争时期革命根据地检察制度建设是人民检察制度发展的一个非常重要的阶段，具有承上启下的历史地位。这里，将着力探讨解放战争时期革命根据地检察制度中有关办案组织的制度安排和实践做法。

（一）陕甘宁边区办案组织的制度设置

1946 年 4 月召开的陕甘宁边区第三届参议会第一次会议决定恢复检察机关。边区主席林伯渠在政府工作报告中明确提出："健全司法机关和检察机关，司法机关对法律负责、进行独立审判，不受任何地方行政的干涉。""检察机关执行检察人民和公务人员违法行为之职权。"② 同年 7 月，陕甘宁边区高等法院检察处召开首届检察业务研究会，历时 14 天，会议总结了此前的检察工作，讨论研究了此后检察职权的范围、组织机构的设置和名称以及相关检察制度，为此后边区检察制度的改革和创新创造了条件。同年 10 月颁布了《陕甘宁边区暂行检察条例》，11 月以陕甘宁边区政府命令发布了《各级检察机关之职务、组织、领导关系》，对各级检察机关的职权范围、行使职权的程序、组织体系和领导关系作出了明确规定。由此，解放战争时期的新型检察制度初步建立，但是由于次年初国民党军队占领延安，这一新型的检察制度尚未全面实施。

1946 年的《陕甘宁边区暂行检察条例》是人民检察史上第一部专门规定检察制度的单行法规，也可以说是中国人民检察制度史上的第一部检察院组织法。它吸收了苏联检察制度的一些内容，在检察权范围的拓展、检察机关垂直领导体制、检法关系、党的政治领导等方面的规定都具有开创性，不仅对各解放区的检察制度建设和探索具有指导和规范意义，而且对新中国检察立法都具有奠基和借鉴意义。

从检察官的设置来看，1946 年的《陕甘宁边区暂行检察条例》比较简略，只规定了各级检察机关的检察长、检察员和书记员的员额，没有具体规定检察

① 参见王桂五主编：《中华人民共和国检察制度研究》，中国检察出版社 2008 年版，第 37 页。

② 转引自曾宪义主编：《检察制度史略》，中国检察出版社 2008 年版，第 215 页。

机关的内部机构设置。一方面，由于在抗日战争时期各根据地大体上适用国民政府检察制度，受其影响，当时的检察员具有独任官厅的性质①；另一方面，仍然实行“配置制”即各级检察机关设置于法院之内，人员很少②，检察行政事务仍然由法院管理，实际的办案组织就是检察员加书记员，受检察长或者首席检察官领导。

（二）其他革命根据地检察官制度的探索和实践

在抗日战争中，中国共产党领导建立了陕甘宁、晋察冀、晋绥、晋冀豫、晋冀鲁豫、山东等19个抗日根据地。从抗日战争到解放战争，除了陕甘宁外，晋察冀、晋冀鲁豫、山东、东北等都建立了检察机构，开始了人民检察制度的地方探索。

晋察冀边区在抗日战争后期就开始了大众化的司法改革。1944年5月的《晋察冀边区行政委员会关于执行改进司法制度的决定应注意事项的命令》和《晋察冀边区行政委员会关于改进司法制度的决定》要求：“建立与加强司法干部的群众观点，彻底打破‘民不举、官不究’，‘明公断案’等统治思想，树立司法工作的调查研究、实事求是的大众化的民主作风……”马锡五审判方式应运而生。1948年1月晋察冀边区行政委员会发布的《关于人民法庭工作的指示》把司法工作的大众化推向顶峰。该指示对检察官及其办案方式进行了革命性的探索：“由农民团体推选之检察员或由政府派的检察员到被告所在村召开群众控诉会，搜集被告犯罪事实及证人、证物，并加以调查、对证，整理起草控诉书，代表受害人民要求对被告人处刑。此项控诉书须经农民群众审查、修改通过后，然后递交人民法庭，并在开庭时口头起诉。这一步骤至关重要，起诉书作得好的，可以集中群众要求，鼓励群众情绪，提高群众觉悟，并在充分而确实的人证、物证之前使罪犯无法狡辩。”③ 这种群众性检察工作模式过分地强化了司法的大众化，而忽视了司法的专业化和职业化。在“文化大革命”中，这种群体司法或者群众运动式司法得到了进一步发展，走向了极端，才使其片面性得到了充分的暴露。

---

① 《陕甘宁边区暂行检察条例》（1946年）第1条最后一款规定：“以上各款职务之执行，各检察员应互相协助。”这意味着“检察员”是检察权的执行主体。这与新中国的“检察员”作为一种法律职务和身份或执法资格是不同的。参见孙谦主编：《人民检察制度的历史变迁》，中国检察出版社2009年版，第99页。

② 根据《陕甘宁边区暂行检察条例》（1946年）第2条至第5条的规定，高等法院的高等检察处设检察长一人，检察员若干人，书记员若干人；高等法院分庭设检察员一人，书记员一人；地方法院设检察员、书记员各若干人；县司法处设检察员、书记员各一人。

③ 闵钐编：《中国检察史资料选编》，中国检察出版社2008年版，第245页。

在解放战争中晋冀鲁豫边区和山东革命根据地实行公安机关代行检察机关职权。① 山东革命根据地在检察制度上有一项重大创新，即建立各级检察委员会，在检察权运行机制中形成了一种集体决策机制，解决了一些检察长和检察官的法律专业知识缺乏和司法判断能力不足等问题。1941 年的《山东省改进司法工作纲要》第 11 条规定："为发扬检察制度，贯彻法律保障人权之精神，各级司法机关设置检察官若干人。为便于领导及加强检察工作起见，建立各级检察委员会，为领导、计划、推动各级检察官及一切检察工作。各级检察委员会由各级参议会选举之，检察官由检察委员会推选之。检察委员会组织条例另立之。"② 同年颁布的《山东省各级检察委员会组织条例》对检察委员会的内外部关系和职权都作了初步的规定，如第 4 条规定："各检察委员会依管辖区域之大小及事务繁简，推选有法律知识或有司法经验者为同级法院首席检察官及检察官（不限定检察委员会委员）若干，受该检察委员会之领导执行职务。"检察委员会的产生，使首席检察官和检察官都要受到集体领导，也使检察权的运行多了一层领导机制。这是检察官办案机制的结构性变化。在抗日战争结束后，为适应形势的需要，才把审判权从公安机关分离出来，由审判机关来行使，剥夺了公安机关自行判决的权力。如 1946 年的《晋冀鲁豫边区关于公安司法关系及城市管理分工的指示》指出："1. 公安局代行司法部门的检察权，因此公安机关得执行其看管询问之职权，不限于二十四小时拘留权，预审清楚，以检察机关资格向司法机关起诉。2. 公安局除依照违警罚法处理违警范围以内的案件外，无判决权，判决权属于司法机关。"同年的《山东省政府关于公安、司法处理案件关系的决定》除了有与上述相近的规定外，直接规定"公安局为检察机关"。这些做法在新中国成立后还出现过两次（1951 年底和 1961 年初），在 1975 年宪法中还得到了确认。

东北解放区除与其他解放区一样由公安机关代行检察权、公安局长任检察员之外，在检察制度创新方面也有不少举措，譬如，检察官由人民代表大会选举产生，创立了监所检察制度，检察机关内部的集体讨论案件等。从办案组织来看，东北解放区有两项创举：一是检察业务工作的领导方式的创新，即集体讨论。1947 年 6 月发布的《关东高等法院关于领导关系、分工负责及会议制度的决定》中要求："决定组织原则为民主集权制；领导和工作方式为集体讨论，首长总结，按级负责，计划布置，分工进行，检查汇报，互相督促，密切配合；在工作内容与形式方面，举凡司法行政民刑诉讼诸端，必须贯彻为人民

① 在抗日战争期间，一些抗日根据地的公安机关不仅代行检察权，而且代行审判权。

② 闵钐编：《中国检察史资料选编》，中国检察出版社 2008 年版，第 255 页。

服务精神，采纳群众意见，集思广益，竭智尽能，按照一定组织系统，由院长检察官总揽全局，完成任务。”① 二是地方法院首席检察官的权力和地位得到提升，即对内领导检察工作，对外代表检察机关。同年7月发布的《关东高等法院各部门（庭、处、室）工作条例》第3条规定：“本院首席检察官，由关东各界人民代表选举，对外代表本院之检察机关，对内领导并综理本院之检察事宜。”② 首席检察官即基层检察长取得对外代表检察机关和对内领导本院的权力和地位后，检察官（员）代表检察机关的权力和独立行使检察权的资格就基本被取消了。这不仅是检察机关的一元化，而且是办案主体的一元化。原来，检察院里有几个检察官就有几个办案主体。至此，一个检察院就是一个办案主体了。

四、新中国成立初期检察官的地位

1949年9月通过的《中国人民政治协商会议共同纲领》第17条宣告：“废除国民党反动政府一切压迫人民的法律、法令和司法制度，制定保护人民的法律、法令，建立人民司法制度。”1949年12月颁布了《最高人民检察署试行组织条例》，1951年颁布了《最高人民检察署暂行组织条例》和《地方各级人民检察署组织通则》。这些组织条例规定，人民检察署是国家的法律监督机关，最高人民检察署是国家的最高检察机关，受中央人民政府直接管辖，并领导下级人民检察署，对各级政府机关、政府工作人员和全国人民严格遵守法律负有检察监督的责任，对司法机关的违法判决提出抗诉，对刑事案件提出公诉，对监狱、监所的违法行为进行监督，代表国家参与有关社会和人民利益的重要民事案件和行政案件。在全国检察系统的组织体系上，与法院对应设置。

1954年9月全国人大颁布了《中华人民共和国人民检察院组织法》。该法规定，国家设立最高人民检察院、省级人民检察院及其分院、县级人民检察院，同时设立专门人民检察院。检察长领导本院的工作，检察委员会在检察长领导下处理有关检察工作的重大问题。人民检察院行使一般监督权、公诉权、侦查监督权、审判监督权、刑罚执行监督权以及提起或者参与民事诉讼的权力。在领导体制上，地方各级人民检察院和专门检察院在上级人民检察院的领导下，并一律在最高人民检察院的统一领导下进行工作。

从1957年夏季在全国开展的“反右派斗争”到1966年发动的“文化大革命”直至其结束，我们党在指导思想上发生了严重的失误，崇尚人治，轻

① 闵钐编：《中国检察史资料选编》，中国检察出版社2008年版，第290页。

② 闵钐编：《中国检察史资料选编》，中国检察出版社2008年版，第291页。

视法治，新中国初步建立的司法制度遭到否定和破坏。1968 年，人民检察院被撤销，铁路运输法院和水上运输法院被撤销。在“彻底砸烂公检法”的口号下，国家司法制度遭受极大的破坏。

从 1949 年新中国成立到 1966 年“文化大革命”的发生，这 17 年间即新中国成立初期是人民检察事业发展比较顺利的时期，虽然几经思想、政策和工作上的挫折，如搞“三机关联合办案”等，但是，通过国家立法和各项业务规则的建设，检察制度基本得到建立，检察工作大体上开展起来了。

（一）检察官制度的设置

新中国的国体是人民民主专政，政体是人民代表大会，国家权力运行的基本原则是议行合一和民主集中制，同时，在司法观念上强调司法为民和为政治服务的价值取向，对国民政府的法律和司法制度采取了全盘否定的态度，要求以大众化的司法模式取代精英化的司法模式。这是新中国成立初期检察制度孕育和成长的制度框架和历史背景，也决定了检察官的地位及其发展变化。

1949 年 12 月经毛泽东主席批准试行的《中央人民政府最高人民检察署试行组织条例》是新中国第一部关于检察制度的单行法规。按照该条例，最高人民检察署和各级检察署是行使检察权的主体。如第 3 条规定：“最高人民检察署受中央人民政府委员会之直辖，直接行使并领导下级检察署行使下列职权……”第 11 条规定：“最高人民检察署行使检察权时……”检察长主持全署事宜，副检察长和秘书长协助检察长执行职务。检察署委员会议由检察长、副检察长、秘书长和委员组成，检察长为主席，议决有关检察政策方针、重大案件及其他重要事项并总结经验，意见不一致时由检察长决定。这就形成了以检察长为主、以检察署委员会议为辅的检察决策机制。最高人民检察署下设一厅三处，即办公厅，受秘书长领导，设主任一人，秘书若干人，负责检察行政事务；一处主要负责一般监督和业务管理；二处主要负责侦查和公诉；三处主要负责民事诉讼和行政诉讼的法律监督；三个处各设秘书、检察员若干人，可分设若干科。厅、处、室、科分别设主任、处长、科长各一人，可以分别设副职。在成立之初，最高人民检察署编制 254 人，在干部编制中，院领导 3 人，检察委员 11 人，办公厅有 75 人，三个业务处共有 90 人。每个处人员配备的总量和结构都是一样的，即正副处长 2 人、检察员 5 人、秘书 3 人、书记科正副科长 2 人、科员 5 人、办事员 7 人、执行员 6 人。① 从内设机构的框架来看，最高人民检察署的一体化和行政化色彩比较深厚，但是，各业务处内的检察员

① 参见孙谦主编：《人民检察制度的历史变迁》，中国检察出版社 2009 年版，第 160—161 页。

如何开展工作？检察员是否与其他辅助人员结合形成相对稳定的办案组织？该条例上未作规定，实际情况有待考证。根据1951年最高人民检察署制订的编制计划，各级检察署的人员编制如下：大行政区最高人民检察署分署的编制是30—70人（含勤杂人员），省级检察署的编制是15—42人（不含勤杂人员），专区分署和省辖市检察署的编制为13—16人（含勤杂人员），县级检察署为5—9人（含勤杂人员）。①

在镇反运动、“三反”“五反”运动（1950年10月至1953年上半年）中，虽然基层检察署大部分还没有建立起来，但是检察机关边建设、边投入到运动，依法审查起诉，纠正“宽大无边”，防治错捕错判，保障人权，发挥了积极的职能作用。1951年9月，在总结《中央人民政府最高人民检察署试行组织条例》实施一年多的经验的基础上，制定并颁布了《中央人民政府最高人民检察署暂行组织条例》和《各级地方人民检察署组织通则》，除了文字表述上的一些完善之外，主要变化有三个方面：一是改垂直领导体制为双重领导体制；二是最高人民检察署在一厅三处之外增设研究室；三是地方各级人民检察署的业务机构设置有所不同，省级检察署设两个业务处，各处设检察员、助理检察员和书记员等，专区分署和县级检察署不设业务处，直接设检察员、助理检察员、书记员等。在各级检察署内部都实行检察长与检察委员会相结合的集体领导。从最高人民检察署到县级检察署的检察员，都是检察署内的案件承办人，而不是独立的办案主体，没有办案决定权。

1954年宪法和人民检察院组织法颁布后，检察机关的组织建设和业务建设进入了“黄金时期”，一般监督、侦查、侦查监督、审判监督、监所劳改监督、民事检察（公诉或者参加诉讼）等各项业务都初步建立了规章制度。1954年宪法颁布时，全国检察机关只有1199个，检察人员6963人；到1955年底，全国检察人员达到23000余人。1956年确定的全国检察人员总编制是43271人。最高人民检察院内设业务部门调整为一般监督厅、侦查厅、侦查监督厅、审判监督厅和劳改监督厅五个，而且从1955年到1958年这些厅先后制定了本部门的业务工作细则，1959年3月最高人民检察院制定《各级人民检察院办案程序试行规定（草）》。可惜这些规范性文件都只是规定了各业务部门之间的工作流程和操作规则，而没有规定检察官的办案职责及其内外部关系。通过这些规章制度，人们很清晰地感觉到各项检察业务是由各业务部门来完成的，检察官作为承办人的作用和地位都是比较微弱的。

---

① 上述编制数据，转引自孙谦主编：《人民检察史丛书：人民检察制度的历史变迁》，中国检察出版社2014年版，第165页。

（二）办案主体的异化

1949年至1954年是新中国检察制度的探索期，1954年至1957年是新中国检察制度定型期和检察工作的黄金时期，1957年至1967年则是新中国检察制度和检察工作发展的挫折时期。

1957年6月“反右派斗争”发起后，一股强大的左倾机会主义浪潮冲击了法学界、司法界和检察系统，依法办事成为形式主义、教条主义，垂直领导和独立行使职权成为向党闹独立、不听党的话的表现，监督制约束缚了打击犯罪的手脚。在1957年12月召开的全国检察长会议，以左倾思想为指导，否定了人民检察院组织法规定的一般监督职能和垂直领导体制，确立了各级党委审批案件的制度。各级人民检察院的办案决定权由同级党委来行使，不仅否定了检察员独立行使检察权，而且否定了人民检察院独立行使检察权。这大概是人类检察史上少有的办案主体异化现象。

1958年发起了“大跃进”运动，“共产风”、浮夸风甚嚣尘上，受政社合一体制的影响，在各级政法部门也刮起了消灭犯罪的“大跃进”，兴起了“一长代三长、一员顶三员、下乡一把抓，回来再分家”① 的合署办案模式。这种办案模式具体表现为如下五种形式：（1）同一辖区的公安局长、检察长和法院院长不是按照宪法和法律规定的分工负责、互相配合、互相制约的原则办案，而是把辖区分为三片，由“三长”分片包干，一长代行其他两长的权力。（2）预审员、检察员和审判员也都可以相互代行职权。（3）结案文书、起诉书和判决书由“一员”代笔，但是仍以三机关的名义制作。（4）公检法三机关各抽调1人至2人组成“公检法联合办公室”，三机关合署办公，统一组织和安排工作。（5）公检法三机关合并为“政法办公室”或“政法公安部”，由“三长”共同负责，下设秘书、侦查、保卫、预审、劳改、检察、审判等8个股。初看起来，这种办案模式是“依靠了党的领导，依靠了群众，发挥了集体的智慧”② 的好模式。其实，这种办案模式从根本上否定了公检法三机关之间的分工制约关系，也否定了检察官的办案主体地位。

我国检察官地位的发展和演变既是复杂的、漫长的过程，也是清晰的、简单的二重奏。这些看似奇怪的现象实质上都是传统社会对现代检察制度的种种

---

① 所谓“三长”，是指公安局长、检察长和法院院长；所谓“三员”，是指公安机关的预审员、检察院的检察员和法院的审判员。参见孙谦主编：《人民检察史丛书：人民检察制度的历史变迁》，中国检察出版社2014年版，第298页。

② 转引自孙谦主编：《人民检察史丛书：人民检察制度的历史变迁》，中国检察出版社2014年版，第363页。

反应和抗争，是我国政治现代化进程的一个侧面。

第二节　当代中国检察官地位的现状与问题

2013 年 1 月 7 日，中央政法委员会孟建柱书记在全国政法工作电视电话会议上的讲话中提出了“落实法官、检察官、人民警察办案责任制”的要求，并将其纳入司法权力运行机制改革的范畴。[①] 2013 年 5 月 29 日，最高人民检察院曹建明检察长在全国检察机关电视电话会议上强调：“改革和完善执法办案指导决策机制，完善办案组织形式，深化检察官办案责任制改革”。[②] 长期以来，我国检察机关实行“三级审批制”，即“检察人员承办、办案部门负责人审核、检察长或者检察委员会决定”。[③]

一、检察长负责制下的检察官

我国实行检察长负责制，检察长是人民检察院内唯一具有完整检察权的检察官。虽然检察委员会的民主决策机制对检察长具有一定的制约作用，但是，检察长掌握着检察委员会议事决策程序的启动权，他不仅决定是否召开检察委员会，而且决定将什么内容列入检察委员会的议程；同时，检察长在不同意检察委员会的多数意见时还可以提请同级人大常委会或者上级院决定。[④] 在检察长负责制之下，检察官只是案件的承办人，负责对案件进行审查并提出处理意见，由部门负责人审核，报检察长（通常是其委托的副检察长）或者检察委员会决定后执行。检察官有办案建议权和执行权，没有办案决定权。在各级人民检察院内，检察官都处于从属于检察长的地位，只有检察长是真正的办案主体和责任主体。然而，检察长实际上是不办案的，只是参与一些重大复杂疑难案件的决策，办案的是检察官、部门负责人和分管业务的副检察长。这样就出现了一种现象，办案的没有决定权，有决定权的不办案。办案权与决定权相分离，办案责任就比较模糊了。从理论上说，谁决定谁负责，但是实际上参与办

---

① 就检察制度改革方面，龙宗智教授提出了“检察机关办案方式的适度司法化改革”，建议该项改革主要体现于组织性措施和程序性措施两个方面。包括确认骨干检察官的相对独立性；塑造一线责任主体；由不同业务方向的办案组群，形成“多点式办案单元”和“扁平化”管理模式；建立主任检察官制度；引进对审听证程序要素，建构审前程序的弹劾制构造。参见龙宗智：《检察机关办案方式的适度司法化改革》，载《法学研究》2013 年第 1 期。

② 《检察日报》2013 年 5 月 30 日。

③ 参见最高人民检察院发布的《检察机关执法工作基本规范》（2010 年版）第 1 · 9 条及《人民检察院刑事诉讼规则（试行）》第 4 条。

④ 参见《检察机关执法工作基本规范》（2010 年版），第 1 · 57 条。

案的人员都要负责，由此稀释了办案责任，也模糊和减轻了办案责任。

（一）第一轮司法责任制改革

自2000年开始，我国在全国检察机关开始实行主诉（办）检察官制度，到新一轮司法责任制改革已经有13年了。最高人民检察院先后制定并下发了《关于在审查起诉部门全面推行主诉检察官办案责任制的工作方案》《关于在民事行政检察部门推行主诉检察官办案责任制的意见》《关于在检察机关侦查部门开展主办检察官办案责任制试点工作的意见》等规范性文件，省级院及其以下各级院也都制定了相应的规范性文件。实行主诉检察官办案责任制改革的核心是“放权”，即针对传统办案机制层层负责、层层把关导致的效率低下、责任不明以及错案责任无人承担的问题，赋予主诉检察官一定的独立办案权。虽然改革取得一定成效，但应当说预期目标尚未有效达成。从目前情况看，检察机关的办案机制从总体上看似未发生实质性变化。即使是公诉部门，主诉检察官制度的推进亦步履艰难。主要的问题是：（1）主诉检察官权力受限，名不副实；（2）主诉检察官在作用有限的情况下，责任心减弱，不能发挥主诉作用；（3）行政职级仍为检察官地位、待遇的依据，主诉检察官的待遇问题无法解决，岗位缺乏吸引力；等等。有些地方搞“全员主诉”“换汤不换药”，主诉制名存实亡，有些地方则完全退回原位，恢复传统办案机制。有的学者认为主诉检察官制度是失败的，这种制度没有什么用，因为受到现行警检关系的牵制。我国现行的侦查活动90%都是由公安机关负责，公安机关的侦查活动游离于公诉之外，不能服务于公诉的需要。主诉检察官本事再大，再有经验，却对警察无力指挥、监督和制约，甚至检察官要求警察出庭作证都普遍遭到了拒绝。所以，这只是内部工作管理方式的微调，没有涉及体制层面的改革。①

主诉检察官办案责任制改革是我国第一次对检察长负责制的改革和突破尝试。这次改革的真正动力来自一些案件数量较大的检察院，其检察长（主要是副检察长）难以应付案件审批工作，只好下放权力给一部分业务素质较高的检察官，承担起原来由部门负责人和副检察长承担的审批任务，这就是主诉检察官。主诉检察官办案责任制改革是任务导向的，它的根源在于案件量大（不一定是案多人少）对办案审批制的冲击。经过宣传和理论解读，它成为通过加强检察官权力配置来提高办案效率和办案质量的一剂良方，被推广到全国。在实践中人们逐步发现，主诉检察官的办案决定权的逐步扩大，对传统的

① 参见陈瑞华：《中国司法改革的主要课题》，载《华东刑事司法评论》2003年第3期，第185页。

检察长负责制构成了威胁，特别是部门负责人和副检察长的权力受到削弱。在案件数量不大的情况下，部门负责人和副检察长成了改革的实际受损者，而这些人在检察院内具有话语霸权。他们以办案质量风险或者主诉检察官办案津贴发放困难等理由，使大部分检察院的主诉检察官办案责任制改革名存实亡。与此同时，在那些每年刑事案件有1000件以上的检察院，部门负责人和副检察长仍然具有改革的动力，宁可放弃一些权力，也不愿意承担难以预料和控制的办案风险。在这些检察院（譬如北京的海淀区人民检察院和上海的浦东新区人民检察院）不仅一直坚持实行了主诉检察官办案责任制，而且借鉴我国台湾地区主任检察官制度的经验，探索实行主任检察官制。

（二）第二轮司法责任制改革

主任检察官办案责任制是自2013年起在全国推行检察官办案责任制的重要契机。正如有的学者所言，在改革方案中设立的主任检察官这个职务在一定程度上存在对我国台湾地区主任检察官的误读、误解和误用①，也确实有个别检察院在改革探索中把主任检察官作为管理机构而非办案机构来设置。虽然现在我国大陆地区与台湾地区都有主任检察官这个概念，但两地在其设置上存在显著差别。

第一，设置的背景和目的不同。前者是在检察院内已有内设业务机构的背景下设置的，目的是要建设办案组织，加强一线办案力量，下放办案权力，确立检察官的主体地位，明晰办案责任。而后者是在检察院内没有内设业务机构而享有独立办案权的检察官数量大增的背景下设置的，目的是在检察长与众多检察官之间建立中间管理环节②，以延伸和强化检察长的管理职能；且主任检察官办公室是业务管理部门，而非办案组织（常规办案组织是检察官加书记员）。

第二，主任检察官职责和任务不同。前者的主任检察官是办案组织负责人，可领导1—5名辅助人员（包括检察官助理和书记员）办案，并享有一定的办案决定权；但其领导下的辅助人员即使有检察官身份，也无办案决定权，只协助其从事特定工作，完成指定任务。而后者的主任检察官是指导和监督若干检察官，但其辖下的检察官都具有独立的办案决定权；且其仍要亲自办案，只是作为资深检察官，兼有指导和监督其他检察官的职责。因此，前者的主任检察官是直接办案人和办案决定者，不是办案审批者或管理者；而后者的主任

① 参见万毅：《主任检察官制度改革质疑》，载《甘肃社会科学》2014年第4期。

② 我国台湾地区“法院组织法”第5章第59条第2款规定：“各级法院及分院检察署检察官员额在六人以上者，得分组办事，每组以一人为主任检察官，监督各组事务。”

检察官既是本人办理案件的决定者，也是其辖下检察官办案的指导和监督者。即前者的主任检察官只是办案机构而不是管理机构，后者的主任检察官首先是管理机构，其次是办案机构。

第三，主任检察官法律地位不同。前者的检察官具有依法行使检察权的资格和身份，但非独立行使检察权的主体，也非独立的机构，非经检察长指派或授权并以人民检察院的名义对外进行的活动不具有法律效力。后者的每个检察官都是独立的官署或检察机构，是行使检察权的主体，以本人名义进行的职务行为对外都具有法律效力。即前者的主任检察官尚不具有后者检察官独立的法律地位和完整的办案主体资格。

第四，检察官总体素质尚有差异。前者检察官资格的取得（特别是在2002年之前）比较容易，且获得资格者不一定具有独立的办案能力。后者获得检察官职务者都具有独立办案的能力。

实行员额制之前，大陆地区大多数检察院具有检察官资格或称谓的约占70%，但是能够独立办案的仅占30%左右。此次检察官办案责任制改革的主要任务，就是选拔素质好且具备独立办案能力的检察官来相对独立地担负办案责任，授予其一定的办案决定权。同时，淡化副检察长和内设机构负责人的领导职责，将其行政性管理职能转化为对其他检察官办案的指导和监督职能，将其办案审批职能转变为一线的办案职能，并将其转变为主任检察官。经此改革，副检察长和内设机构负责人虽然保留了原有职务和称呼，但是身份和职位已相当于我国台湾地区的主任检察官，即既是一线办案检察官，也兼有指导和监督职责；而主任检察官也相当于我国台湾地区的主任检察官，是办案组织的负责人，也是一线办案力量，不以审批案件为主要职能。

在改革探索中，把办案组织的负责人称为“主任检察官”，既是从现有检察官中选优择能的结果，也是现行体制下便于检察长授权的需要。即在相关法律修改之前，应当给具有相对独立办案资格且经授权的检察官以特别的称谓，以区别以前的“主诉检察官”或“主办检察官”，并体现这轮司法改革的特点和意义，而不是简单模仿我国台湾地区主任检察官的称谓或制度。

实践证明，照搬我国台湾地区主任检察官制度并不可取。有的检察长认为，此次改革学习我国台湾地区主任检察官制度不到位，故在本院直接套用相关制度，或废除内设机构，设立主任检察官以代之，或保留内设机构，在其下增设主任检察官来审批案件。这种做法既不科学，也与此次改革的大方向背道而驰。学习和借鉴必须切合实际。如前文所述，此次改革是要淡化内设机构的管理职能，取消其审批职能，加强检察官的办案权力和责任，因而主任检察官是办案组织的负责人，是一线办案机构。如果不顾现实条件，照搬照套我国台湾地区主任检察官制度，在内设业务部门之下再设一个管理层级，则增加了检察权运行的审批环节，加剧了检察机关内部管理的行政化；如果废除内设机构，改成主任检察官审批案件，这只是增加几个内设机构而已，对原有行政化业务管理机制并无实质性改革。因此，这两种情况都与增强司法独立性、亲历性和责任性的改革大方向不相符。

到目前为止，两轮司法责任制改革都遇到较大的障碍。相比第一轮司法责任制改革，第二轮司法责任制改革在方案设计上更加全面，配套措施（如员额制、职业保障等）更加有力，但是在实施中并不顺利，而且反对的声音来得更快更多，甚至得到了学术界的呼应。主要原因还是两个方面：一是办案压力不大；二是检察长、副检察长和部门负责人的权力受到削弱。在一些每年只有 100—200 件刑事案件的检察院，设 20—30 名检察官员额仍然过多，这样的案件量在民国政府时期或者国外境外一般只需要 1—3 名检察官就足够了。我们要用 10 倍的人力物力去完成基本相同的任务，本身就需要人力物力资源的重叠配置。因此，归根结底，司法责任制改革的核心障碍是“人多案少”。然而，具有讽刺意味的是，许多地方的检察院都声称本院存在严重的“案多人少”的困难。

二、行政化业务工作机制中的检察官

经过两轮中央统一部署的司法改革（2003—2012 年）以后，司法权优化配置、队伍建设和检务保障等方面都取得了长足的进展，经费问题基本解决，影响队伍建设和执法办案质量的主要障碍是，在业务工作机制和相应的职业保障机制中存在一些不符合检察工作规律和特点的制度设置和实际做法，集中表现为办案工作机制的行政化。在业务工作机制上的突出表现是，办案只见机构不见人、决定者不办案，办案人无决定权、层层审批、集体决策、主体模糊、责任分散。具体而言，主要有如下三个方面的问题：

一是办案主体与决定主体相分离。只有亲自参加办案的人员才能全面了解案件的证据情况、当事人和诉讼参与人的意见和主张，才能正确适用法律，作出合法的、理性的判断。只靠听取汇报、审阅书面材料和选编的证据材料，很难了解案件全貌，把握案件事实，难以正确适用法律。特别是对于案件事实的认定，如果不亲自参与诉讼过程，听取各方的意见，经过充分的质证和辩论，检察官很难对案件事实作出合理的推断和认定。因此，长期以来，检察机关实行的审批制使办案主体与决定主体分离，办案主体无决定权，有决定权的人不亲自办案。这种现象直接违背了司法的亲历性原则，而亲历性原则是体现司法工作规律和特点的基本原则，是司法工作不同于行政工作的重要特征。

二是权力与责任相分离。“有权必有责，用权受监督，违法受追究”是

《关于实行党政领导干部问责的暂行规定》确立的重要原则。长期以来，特别是在检察人员业务素质不高的历史条件下，检察机关的办案审批制和检察委员会集体决策机制发挥了重要的把关作用。然而，审批制是一种行政决策机制，少数服从多数的集体决策是一种适合于在多项选择中择其一的决策机制。对于审判庭的合议制，其裁决必须以亲自聆听各方的质证和辩论为前提。然而，检察委员会的合议制没有法庭合议的前提条件即不具有亲历性，因而难以对案件事实作出理性的判断，只能就有争议的法律适用问题作出理性的判断。在检察业务工作机制中，将审批制和间接合议制作为辅助性检察决策机制尚可，以其为主导性决策机制则不符合检察权的运行规律。近年来，审批制和集体决策制在检察业务工作机制中造成的弊端日益暴露出来，突出的表现是，层层审批难以杜绝层层舞弊，集体决策难以避免无人负责。权力的链条越长、环节越多，寻租的机会就越多，防治权力滥用的成本就越高。检察官办案责任制的核心制度安排，就是要逐步实现由集体负责向检察官个人负责的转变，使违法办案者责无旁贷、无可推脱。

三是办案能力与办案权力相分离。滥竽充数的业务工作机制对办案质量和队伍素质的影响是根本性的。这些年来，我们通过政治思想工作、教育培训、内部监督制约、纪律监察、检务督查等措施和专项教育活动，努力加强检察队伍建设，着力提高办案质量和水平，虽然取得了很大的成效，但是总是难以达到预期的目标。其中一个重要的原因是，业务工作机制中缺乏内在的动力机制和责任机制。政治素质或者业务水平差的人容易滥竽充数，甚至还可能得到提拔重用；领导决策层的专业素质不但难以提升，反而有退化的危险。只有建立健全检察官办案责任制，让素质和能力不适应岗位职责的人不敢、不能担任相关职务，才能有效地激发检察人员钻研业务、提高素质的活力，才能培养大批政治和业务过硬的检察队伍，才能保证办案质量和办案效果，提升检察机关的执法公信力。

检察官办案责任制是克服办案工作行政化的有效措施，也是其他国家和地区检察官办案工作机制的基本做法。所谓检察官办案责任制，就是以检察官为主体的办案组织享有一定范围的办案决定权，独立承担相应的责任，并受到监督制约和职业保障的检察业务工作机制。它是在现行内设业务机构的基础上，突出检察官的办案主体地位，建立健全办案组织，下放办案权力，明晰权责对应关系，强化监督制约与职业保障。因此，司法责任制是树立检察官主体地位的基石。相反地，行政化的检察业务工作机制是淹没检察官地位的洪水。

三、树立检察官主体地位的三重障碍

树立检察官的主体地位，有赖于突破检察长负责制，有赖于检察业务工作机制从行政化管理转变为司法化管理，从层层审批和集体决策转变为检察官负责。这是一次检察业务管理方式的革命。要完成这场革命，我们面临多方面的障碍和制约因素。

一是观念上的制约。有人说，现在层层审查和多方监督制约尚且难以防止检察权的滥用，如果把检察权交给检察官个人，岂不更加危险？这种担忧恰恰是法治的逻辑起点，也是树立检察官主体地位的逻辑起点。将检察权授予检察官不是基于对检察官的绝对信任，相反地，是基于不信任，是为了防止检察官推脱责任。只有赋予其完整的权力，才能让其承担完全的责任。还有人担心，现在我们检察官的素质和能力足以承担完整的检察责任吗？回答是肯定的。正如我们不用担心农民不会种地一样，我们也不用担心检察官不会办案。近三十年来，法学教育空前发展，培养了大批法律专业人才，择优录用，优中选优，亦取之不尽；况且这些年从通过司法考试的人中已经录取了相当规模的优秀法律专业人才，检察队伍的整体专业水平是比较高的，只有局部地区需要适当的调剂。问题不在于有没有专业人才，而在于现在的检察业务工作机制是否需要和能否容纳高素质的专业人才。

二是法律上的制约。从不利于树立检察官主体地位的法律条款来看，《宪法》第 3 条规定："中华人民共和国的国家机构实行民主集中制的原则。"《人民检察院组织法》第 3 条规定："各级人民检察院设检察长一人，副检察长和检察员若干人。检察长统一领导检察院的工作。各级人民检察院设立检察委员会。检察委员会实行民主集中制，在检察长的主持下，讨论决定重大案件和其他重大问题。如果检察长在重大问题上不同意多数人的决定，可以报请本级人民代表大会常务委员会决定。"第 4 条、第 5 条等条款还规定，人民检察院是行使检察权的主体。这种"检察长统一领导""检察委员会民主决策"和"人民检察院行使检察权"的检察体制和业务管理机制给我们树立检察官的主体地位留下的空间是有限的，但不构成实质性障碍，因为检察长可以授权检察官代表人民检察院行使检察权，实际上，人民检察院行使检察权都是通过检察官来进行的，而且法律没有限制授权的范围。从有利于树立检察官主体地位的法律条款来看，《检察官法》第 2 条规定："检察官是依法行使国家检察权的检察人员，包括最高人民检察院、地方各级人民检察院和军事检察院等专门人民检察院的检察长、副检察长、检察委员会委员、检察员和助理检察员。"第 6 条还规定："检察官的职责：（一）依法进行法律监督工作；（二）代表国家进行公诉；（三）对法律规定由人民检察院直接受理的犯罪案件进行侦查；（四）法律规定的其他职责。"这些规定给树立检察官的主体地位提供了一定的法律基础。在现行的法律制度下，检察官可以经检察长的授权，代表国家行使各项检察权。不过，检察长授予检察官多大范围的权力和如何领导检察官，这在其中仍然有巨大的空间或者弹性，离真正从法律上树立检察官的主体地位还有相当大的差距。

二是动力上的制约。树立检察官主体地位，首先是检察长和主管业务的副检察长的自我革命。下放给检察官的权力越多，检察长和副检察长的权力就越小，其影响力就会降低。当然，在现行体制下，检察长可能更担心的是权力失控，政治责任难以承担。这些因素归根结底是利益上的考量，有其客观基础，但合理性不足。通过调查研究，我们发现只有在"人少案多"、办案压力大的检察院，才坚持实行主诉（办）检察官制度，才有探索试行司法责任制的积极性，其他检察院则采取限制或者减少下放权力等暗度陈仓的做法，消极应付，名义上实行主诉（办）或者主任检察官办案责任制，实际上仍然实行原来的层层审批制度。要解决这个问题，要么通过渐进式改革逐步推进，要么通过国家立法或者司法政策来强制推行。

第三节　逐步树立检察官的主体地位

在当代中国，无论在法律上还是在实践中，检察官的主体地位都是比较弱的。这与我国全面推进依法治国的进程是不相适应的，与检察工作的进一步法治化、司法化的发展趋势也是不相符的。我们要推行司法责任制，首先就需要树立和强化检察官的主体地位。司法责任制改革实质上就是要实现从检察长负责制向检察官负责制的转型。检察官立不起来，司法责任制就推行不下去。然而，由于观念和体制上的障碍，树立检察官的主体地位不可能一蹴而就，可能需要随着我国政治体制改革的深化而逐步实施。

一、树立检察官主体地位的过渡性制度安排：主任检察官

检察官办案责任制的最终目标是实现每个检察官独立办案、独立负责。但是，在现行司法体制和干部人事管理体制下，在大部分检察院办案压力不大的情况下，推行检察官办案责任制必须经过若干过渡形态，分阶段实施。从一开始，我国大陆地区建立"主任检察官"制度的背景和目的，都不同于我国台湾地区，我们试图建立相对稳定的办案组织，逐步把检察长的办案决定权下放给主任检察官。主任检察官制度就成了检察长负责制向检察官负责制过渡的一种制度安排。

（一）制度定位

主任检察官是依法行使检察权的、相对稳定的办案组织，也是一种相对独立的检察院内设机构，而不仅仅是一种身份、职务，也不是一种临时的办案小组。相关部门负责人对主任检察官具有业务监督权，分管检察长对主任检察官

具有业务监督和业务指导的权力，但是部门负责人和分管副检察长都没有指挥主任检察官的权力，除非分管副检察长直接担任主任检察官。主任检察官只对检察长和检察委员会负责，对其报告工作，受其领导。依照《公务员法》第54条的规定和检察一体原则，如果主任检察官认为检察长或者检察委员会的决定明显违法的，可以拒绝按照其指示办案，并请求检察长移转案件，检察长有权将案件移交由其他主任检察官办理。由此，主任检察官就可以获得相对独立的办案决定权，可以在一定范围和程度上抵抗“领导权”或者“检察一体”的整合作用，作为检察官的相对独立性得到了体现和保障。从近年（2013—2016年）各地试点的情况来看，有的地方检察院直接把检察长的一部分办案决定权下放给检察官了，主任检察官与检察官的办案决定权基本相当，他们只是在不同领域的办案组织形式而已。主任检察官主要承办侦查业务等方面的案件，检察官主要承办公诉等业务方面的案件，这就越过了主任检察官作为过渡性制度安排的设置，直接进入检察官相对独立办案的目标性阶段。只要能够克服相关的阻力，保证检察官相对独立办案，这也是值得肯定的。

（二）主体资格

主任检察官必须具备检察员资格，并具有必要的检察业务工作经验，能够胜任独立办案工作。主任检察官应当从符合条件的本院检察官中择优选拔，人员数量一般应为现有业务部门数量的两倍到三倍，大致是原来业务部门的正副职负责人的人数，其中，有少量不能独立办案的正副职，可以由有能力独立办案且可能晋升副职的检察官来替补。选拔程序的设置应当包括如下四个因素：一是本人自愿；二是业务考试；三是考核和评议；四是党管干部。在选拔过程中，我们应当坚持宁缺勿滥的原则，条件成熟一个选拔一个，甚至可以先在某一个或者几个业务部门试行，等待时机成熟时，再向全院推开。对于已经退居二线的院领导，本人自愿和工作需要的，应当允许甚至鼓励其担任主任检察官，并享受主任检察官的全部待遇。目前，有的基层检察院的副检察长年过50岁后，就退居二线，对业务出身的领导干部来说，这是一种很大的人力资源浪费。主任检察官制度正是调动其积极性、发挥其业务专长的良好途径。但是，他们做了主任检察官，就必须亲自办案和审核案件，不能空有其名而不履行其职。

（三）职责范围

主任检察官既要办案，也要领导、组织、协调和监督办案组的办案活动。其监督主要是对办案活动的合法性、合规性和合理性进行审查和纠正；组织和协调主要是安排重大问题调查研究、重大专项活动策划、办理等。主任检察官要办案，但要以承办新型案件、疑难案件、社会关注案件、重信重访案件为主，没有这些类型的案件时，也可以办理普通的案件，以减轻其他检察官的办案压力。主任检察官承办案件数量应当比普通检察官要少30%左右，以便其腾出时间和精力进行组织、协调工作。对主任检察官办案决定权的下放，也可以分阶段进行。在起步阶段，检察长或者分管副检察长保留立案、撤案、适用强制性侦查措施和强制措施、不批准逮捕、撤销逮捕、不起诉、变更起诉、撤回起诉、提出纠正违法意见或者检察建议、抗诉、回复下级人民检察院请示等决定权，主任检察官行使这些办案权，应当报请审查批准。在第二阶段，可以进一步放权，检察长或者分管副检察长仅保留消极性检察权，即关于停止诉讼活动或者撤销诉讼行为的决定权，将积极性检察权，即有关诉讼活动向前推进的决定权，全部下放给主任检察官，因为这些权力将受到内部考核、当事人和法院等方面的监督制约。从各地改革探索的实践来看，逐步下放办案决定权是大势所趋。

（四）办案组织

主任检察官由1名检察员担任，配备辅助人员2—4人，包括1—3名检察员、助理检察员，1名书记员，形成相对稳定的办案组织，合称“主任检察官办案组”。主任检察官由检察长经检察委员会或者院党组决定任命，辅助人员实行双向选择。对于特别重大复杂的案件，检察长可以决定临时合并若干主任检察官办案组，形成临时性办案组，任命1名副检察长或者资深主任检察官担任主任检察官。主任检察官及其辅助人员相对固定，必要时可以临时调整辅助人员。临时抽调部分辅助人员的，必须保留至少1名检察官。

（五）工作机制

对于主任检察官，分派案件和日常业务监督由案件管理部门负责，违纪违法行为的处理由纪检监察部门负责，业务指导由分管副检察长负责，业务领导和人员配备由检察长和检察委员会负责，任免、考评、奖惩和晋升由政治部协助院党组和检察委员会进行。主任检察官全权负责主任检察官办案组的工作，辅助人员必须服从主任检察官领导，对主任检察官负责。辅助人员不服从主任检察官的工作安排，或由于不负责任使工作出现重大失误的，主任检察官可以向分管副检察长、检察长建议更换或者依照相关程序予以惩戒。辅助人员认为主任检察官的指令违法或者违纪的，可以提出不同意见，主任检察官不接受意见的，可以向相关部门、分管副检察长、检察长书面反映情况；对于完全按照主任检察官指令执行的行为，由主任检察官承担责任；对于超出主任检察官指令范围或者不按照主任检察官指令执行的行为，由本人承担责任。

（六）保障机制

建立检察官等级、办案决定权、职级待遇三合一的保障机制。在各级检察院，按照检察官法律职务的等级，设置主任检察官办公室，配置相应的办案决定权，享有相应的工资津贴等福利。打破以行政职级替代法律职务的格局，解决检察官法律职务空转的问题，打通业务检察官的晋升通道，避免实际存在的行政职务决定法律职务晋升的现象，使从事业务的检察官在法律职务上可以晋升到相当于副检察长的职级，从而调动和激发检察官从事业务工作的积极性，使办案一线留得住优秀的检察官。

检察官办案责任制对于检察改革，犹如联产承包责任制对于农村经济改革，可以解决一些基本问题（前者如司法腐败、司法不公，后者如粮食短缺、出工不出力），但不可能解决所有问题（前者如检察职能的整体效能，后者如集约经营）；它的实施会导致检察院内部权力结构和利益格局的调整，但不会动摇现行的检察体制；它是一面旗帜、一个方向，只要把普通检察官都动员起来，他们会创造出我们意想不到的完美制度。因此，我们所提供的《实施规则》是一个开放的体制、弹性的制度，有待广大检察官的创新和实践去充实和完善。

二、司法责任制改革的推进与检察官主体地位的提升

2015 年 9 月 28 日，最高人民检察院公布了《关于完善人民检察院司法责任制的若干意见》，为全国检察系统的司法体制改革提供了前进方向与行动指南。在本轮司法改革中，既已开展的检察改革相继呈现了很多亮点，体现了“顶层设计”的政治智慧。同时，各地在制定具体的改革方案过程中，如何保证其符合司法规律和改革方向，选择理性、务实的改革路径，有效地树立检察官的主体地位，仍然有很大的选择空间，值得深入研究。

（一）配置员额内检察官的职权

检察官职权配置是关系检察官主体地位的根本性制度安排。重庆市渝中区人民检察院先后制定了《检察官职权（试行）》及其补充规定、该院《院领导和部门负责人直接办理案件管理办法》和《检察官办案责任制暨人员分类管理绩效考核办法》等。这些规定对检察权的分类、行使检察权的主体分类和行使检察权的效果等，都进行了比较清晰的界定。这不是一种简单的权力清单，而是蕴含着检察权运行机制及其责任的清单，是一个真正的“权责清单”；它是比较符合《最高人民检察院关于完善人民检察院司法责任制的若干意见》的。有的地方称为“责权清单”，表面上更加强调“责任”，实质上涉及一个理论问题，即先定权力再定责任，还是先定责任再定权力？以往总是先定责任再定权力，导致权力不清，权力因人因时因事而异，结果责任也无法确定；这轮改革不能再走那种由责任到权力的模糊路线了，应当走由权力到责任的清晰路线。一方面，权力清单要把原来由检察长统一行使的检察权划拨出一大部分来清晰地授予检察官；另一方面，权力清单就是要把从检察长、副检察长、部门负责人到主任检察官、独立检察官各种岗位的权力具体化、界定清晰，让权力范围由岗位决定而不是由具体案件决定，特别重大复杂疑难案件，可以选择岗位，但不能跨岗位行使权力。从比较法的意义上看，我们应当注意如下几点：

第一，西方国家检察官的权力是同质同量的，与我国检察官“因岗定权”的权力结构是不同的，各有其历史必然性和合理性。在我国现行法律中，检察权是属于人民检察院的权力。在实际运行中，检察长具有广泛的决定权。检察长是完整掌握检察权的唯一主体。长期以来，我国检察权运行机制的最大特点是什么呢？笔者把它概括为“检察长办案责任制”，检察长把这个权力委托给副检察长、部门负责人和案件承办人，通过这个三层结构的审查把关，来保障检察权的依法运行。本轮检察改革就是要把“检察长办案责任制”转变为“检察官办案责任制”，如同把集体生产责任制转变为家庭联产承包责任制，要逐步地把检察长的权力下放给检察官，让检察官成为检察权的行使主体而不是检察长行使检察权的工具。只有赋予检察官一定的办案决定权，才能让检察官独立地负起责任来。检察官立起来了，办案责任制才能立起来。这是本轮改革的一个基本的框架和方向。简单地说，我国的司法责任制改革实际上就是要实现由检察长办案责任制向检察官办案责任制转变。

第二，西方国家的检察权主要是公诉权，比较单一，而我国的检察权是复合型的，有职务犯罪侦查权、批捕权、公诉权、诉讼监督权，还有党的十八届四中全会决定要求检察机关探索实行的行政执法的检察监督权。这一系列权力各有特点，其行使方式也不一样。各类权力的配置和行使方式，要根据权力的性质来确定，不能简单化，搞一个模式。在权力配置上，主要是大胆放权；思想再解放一点，原则上说，没有什么权力是不可以下放给检察官的。对于职务犯罪侦查案件和特别重大复杂疑难的案件，可以规定由检察长或者检察长指派副检察长、主任检察官直接办理。解决检察机关选择性执法问题，要靠分权，而不是集权。如果将来从法律上确认检察官和检察长具有同样的权力，在职务犯罪侦查工作中存在的选择性执法问题，就基本上可以克服了。一般来说，检察长、副检察长和部门负责人的职责主要是监督和协调，不要像过去那样层层审批，把住办案决定权不放手。有的地方在权力清单上，把办案决定权基本保留给检察长、副检察长了，只把办案的执行权赋予检察官。这种做法与改革前实质上没有什么差别，等于不改革。

第三，由于我国不同级别检察院的职能是不同的，行使的权力也是不同的。例如，最高人民检察院行使的是最完整的检察权，包括作出司法解释等专有权力，主要职能是领导全国各级人民检察院的工作；省级人民检察院指导职能重于办案职能；市、县两级基层人民检察院的职能则主要是办案。这一轮司法改革主要是针对基层院设计的，责任制及其配套的员额制、职业保障和人财物省级统管等改革，都是围绕办案工作展开的。最高人民检察院和省级人民检察院的改革需要根据其职能特点来设计，不能简单地套用基层人民检察院的改革方案，更不能搞上下同构、一杆子插到底。目前，对于最高人民检察院和省级人民检察院改革要解决的问题是什么、关键点在哪里，还有待深入研究；只有把问题厘清了，再设计改革方案，才是坚持问题导向、科学地推进改革。笔者不赞成一些地方把司法责任制改革变成一次福利分配，把扩大领导职数和提高工薪待遇作为改革的主要目标，把提高办案质量、办案效率和检察公信力作为次要目标甚至从属目标，这是本末倒置。譬如，有的地方提倡领导干部讲风格、不入额，不以办案素质为入额标准。这是把入额当作福利，不仅不符合改革本意，而且会产生很多后遗症。

第四，西方国家不需要检察官权力清单，因为检察官是独立的官署和法定的主体；而我国不仅需要制定权力清单，而且还要逐步扩大检察官的权力。《最高人民检察院关于完善人民检察院司法责任制的若干意见》第 21 条授权省级人民检察院制定检察官权力清单。事实上，省级人民检察院一下子难以拿出完整的权力清单，试点的各级人民检察院都在制定自己的检察官权力清单。总体上说，目前检察官权力清单的制定还处于探索阶段，哪一种清单更合适，我们现在很难判断；一是有待实践检验，二是有待汇总比较研究。据了解重庆市渝中区人民检察院的情况就有一个发展的过程，短短几年时间内检察官的权力清单不断扩大，也就是说，赋予检察官的权力在增加。这反映了整个检察改革的一个趋势，即检察长的权力越来越多地向检察官下放。这是因为检察官的能力素质不断地提高，主体性越来越强，可以承担更多的责任。以往过于相信检察长而不够相信检察官的局面，将会逐步改观。

（二）检察官办案组的功能和地位

龙宗智教授在《法学研究》2013 年第 1 期发表的论文《检察机关办案方式的适度司法化改革》，对检察改革产生了很大影响。他在这篇文章中对加强检察工作的司法化，提出了两方面的措施：一个是从组织建设的角度来加强司法化，即加强办案组织建设；另一个是从程序改革方面来加强司法化。检察机关加强办案组织建设，这个方向是正确的，但是在试点中产生了一些消极影响或者在实践中出现了一些偏差；主要问题是办案组织的概念、结构和类型以及办案组织与检察官的关系。我们可以从以下四个方面深化对办案组织的认识：

第一，通过研究国外和我国台湾地区检察机关的办案组织，我们发现不管是英美法系还是大陆法系，常设的办案机构就是检察官，没有固定的办案组织，也没有一个检察官配几人这样固定的办案组织。从有关理论研究文献来看，除我国台湾地区学者提出这个概念外，其他国家和地区基本上没有办案组织概念。这可能与它们的检察官本身就是独立的官署有关，而我国法律尚未确立检察官为独立官署。从这个意义上来说，办案组织建设可能是一种过渡性制度安排，而不是我国检察改革的目标和方向。

第二，从有关社会学的组织理论来看，组织与个人在决策中各有优势。组织的决策优势主要在于在多项选择中作出合理选择，比较适合对法律适用问题作出决策；个人的决策优势主要在于进行多环节的、长链条的逻辑推理，比较适合对事实认定问题作出决策。由此我们推断，作为办案决策组织的检察委员会长于法律适用的决策，并不长于事实认定的决策。在侦查活动中，组织力量具有重要作用，个人决策具有相对优势；在批捕和公诉等具有法律适用性质的活动中，个人判断可以发挥重要作用，组织决策具有相对优势。当然，个人决策并不排斥听取各方面的意见，组织决策也不排斥个人发挥重要作用。这样，我们对于不同检察职能的行使可以采取不同的组织形式，职务犯罪侦查可以采取权力集中型的主任检察官办案组，批捕、公诉和诉讼监督则可以采取独任检察官，辅之以检察官会议。

第三，通过观察分析两年来我国司法改革试点单位的办案组织建设的情况，可以发现，有的地方偏离了办案组织建设的正确方向，把办案组织建设作为业务部门的次层级的常设机构，这种“叠床架屋”加强了检察机关内部的行政化，弱化了检察官的主体地位。因此，我们有必要反思和完善有关办案组织建设的理论和主张。长期以来，检察机关不是没有办案组织，而是办案组织过于固定、过于强化。检察机关的办案组织对外来说就是检察院，对内来说是由检察长、检察委员会、各内设业务机构和检察官构成的科层结构。问题恰恰在于，办案组织太强大、太固定，检察官几乎消失在这些强大的办案组织当中，沦为案件的具体承办人，这种办案组织恰恰是改革的对象而不是目标。这轮检察改革的方向应该是通过适当地去组织化、去行政化，逐步加强检察官的独立性和主体性地位。如果不是以检察官为中心、突出检察官办案主体性的办案组织，那就不是这轮改革所要建设的办案组织。在一定意义上可以说，所有行政化的、固定化的办案组织，都可能削弱检察官的独立性和主体性。因此，改革就是要从原来固化的、行政化的办案组织变成以检察官为中心的办案组织，从原来科层化的、多层次的办案组织变成以检察官为主体的单一办案组织。

第四，办案组织的理论基础不是司法性而是办案工作的需要。笔者认为，办案组织的必要性和合理性不是来自其司法属性，因为组织性是许多国家职能和社会活动的共同需要，办案组织也不是司法机关独有的组织形式。办案组织作为司法组织形式，其存在的基础来自两个方面：一是办理重大复杂案件，检察官需要辅助人员。不管是公诉还是职务犯罪侦查，有些案件一个检察官是办不了的；也有些诉讼监督案件复杂多样，需要两个或者更多检察官构成一个办案组织。二是办案活动需要监督制约。譬如，在讯问等调查取证活动中，需要有两个以上的人员在场。这是一种司法活动中比较强调的微观监督机制，通常的做法就是给检察官配备一两个助手，一起工作，相互监督，相互制约；当然他们主要是协助检察官的工作。检察官助理、书记员主要是协助检察官工作，同时也有监督制约检察官的责任。从这两个意义上讲，办案组织还是有一定的存在必要性。但是，这两种需要决定了办案组织适用于特定案件、特定职能活动，而没有普遍设置的必要，更没有固定化、常态化乃至作为一种科层机构设置的必要。独任检察官应当是一种常态的办案组织，而且辅助人员未必要固定。主任检察官办案组可以有两种权力结构：一种是权力集中型办案组织，由主任检察官负责组织、指挥、协调和监督，主要适用于职务犯罪侦查工作；另一种是协同型办案组织，主任检察官主要发挥组织协调作用，各检察官独立判断，主要适用于批捕、起诉等办案活动。协同型办案组织肯定不必形成固定的组织；集中型办案组织是否需要形成相对固定的组织，可以探索和实践。在这种意义上说，未来的办案组织主要是一种临时性的组织，是检察官职能的延伸。有一点是肯定的，即办案组织和检察机关的内设机构一样，它们的前途和命运是：作用逐步淡化、地位日益降低；相反地，检察官的主体地位逐步树立和强化。

法院有独任法官，检察院有独任检察官，这两个办案主体是对应的，都是强化办案主体地位的制度安排，但是它们之间有很大的差别。这个差别主要表现在：检察院和法院的办案组织在组织方式和职权配置等方面是不同的。检察院有主任检察官办案组，法院有主审法官合议庭。这种称谓上的差别，实际上反映了两种办案组织的权力结构的差异，因而有其合理性和必要性。在法院，合议庭的权力结构是审判人员平等，一人一票，不管他是法官还是陪审员，都有与主审法官同样的一票，裁决时少数服从多数；在检察院，主任检察官办案组的权力结构是不同的，有集中型和协同型两种办案组织，在办理职务犯罪侦查案件中，检察权的运行强调检察一体化，主任检察官具有办案决定权，其他检察官处于从属的、协助的地位。在办理批捕、起诉案件过程中，主任检察官的作用主要是组织和协调，其他检察官具有独立的办案决定权，也不需要一人一票和多数决定，而是检察官个人决定。因此，对于检察机关的办案组织，其负责人称为“主任检察官”更为合适。十年前检察改革中就有“主办检察官”“主诉检察官”的称谓，现在我们的认识深化了、前进了，应当反映到称谓上来。根本的进步是，我们更加清晰地认识到检察官的相对独立，而且这种独立性与法官的独立是略有不同的。笔者想强调的是，主任检察官办案组不是检察机关办案组织的常态和主要形式，或者说主任检察官办案组只是在特定领域、特定情况下发挥作用的，检察机关的主要组织形态应该是独任检察官。独任检察官更能体现检察工作的司法性，主任检察官更多地体现了检察一体化的要求，应当限定在一定范围内。

（三）检察机关内设机构的改革

检察机关内设机构的改革是2016年中央政法委要求全面推进的一项辅助性的重要改革，是服务于司法责任制改革的措施。主要目的是弱化办案业务的科层式、行政化管理，加强检察官的权力和责任，把办案能力强、职业素质高的检察官吸引到办案一线，以提高办案质量、办案效率和检察公信力。

第一，检察机关内设机构的改革要体现精简机构、下放权力的原则要求。检察机关内设机构设置的基本依据是职能划分，不同的职能由不同的业务部门来行使。从目前来看，检察职能主要是职务犯罪侦查、公诉和诉讼监督三大职能。将来随着党的十八届四中全会决定的法律化，检察职能可能发生变化，主要有职务犯罪侦查、刑事检察、行政检察和民事检察四类；还有案件管理、法律政策研究等综合性业务职能。从目前各地检察机关来看，最小的基层人民检察院只有5个人，最大的基层人民检察院有500多人，如果按照一个模式来设置，显然是不合理的。我们可以探索小型院、中型院和大型院等不同的内设机构模式，还要考虑各级人民检察院职能和任务的不同，内设机构也应当不同。各个检察院内部是否实行“大部制”、设几个机构，不必要求同构或者上下对应，可以根据本院的主要任务包括案件数量、业务发展、人员情况来具体确定。近期，最高人民检察院会出台内设机构改革的指导意见。

第二，检察机关内设机构的改革要坚持相关检察职能适当分离的原则。无论检察机关内设机构如何改革，侦、捕、诉三项权力应当保持一定的相互制约关系，不能由一个部门或者一个检察官来实行，这个原则应该坚持。除非在未成年人案件中，出于保护未成年人的特殊需要，我们可以加强未成年人检察工作的一体化。对于其他案件，诸如毒品犯罪、金融犯罪、网络犯罪等特殊类型的犯罪案件，是否需要实行侦、捕、诉合一，是否真正是专业化的发展方向，我们还要深入研究，目前要慎重实行。捕诉合一是检察机关的内在冲动，特别是某种程度上存在“案多人少”矛盾的检察院，这种倾向往往比较强烈；因为同一个人办了批捕，再办起诉，可以节约很多时间和精力。笔者一直反对侦捕诉合一，理由是它弱化了批捕的功能，不利于保障犯罪嫌疑人的人权，不符合检察权的运行规律，也不符合诉讼规律。

第三，检察机关内设机构改革的实质不在于设置几个机构，而在于改革检察业务管理方式。以司法责任制度改革为核心的检察机关内设机构改革是检察业务管理方式的一场革命。它意味着从根本上改变行政审批式和行政命令式的管理方式，检察长、副检察长和内设机构负责人由以审批、指挥和决定办案为主的领导方式转变为组织、协调、监督、建议、职务替代等为主的领导方式。实现了这种转变，检察工作的司法属性就会得到极大的加强。

（四）入额的院领导干部必须亲自办案

在推行司法责任制改革的过程中，入额的院领导干部要不要亲自办案，从一开始就有三个方面的争议：

第一，入额的院领导要不要直接办案？有的检察长说，审批案件、在检察委员会讨论决定案件，都是办案。严格地说，审批案件、在检察委员会讨论决定案件，只是办案的一个环节，不是完整的、亲历的、司法意义上的办案。亲历性的办案应该经过承办人所必经的完整流程，这才是中央所说的办案的本意。其实，出自业务部门的副检察长都是检察机关的办案能手或办案高手。过去，这部分人不直接办案，那不仅仅是检察机关的办案效率的极大损失，而且造成了检察权运行机制的一个弊端，即一线最能办案的检察官大部分会晋升到领导岗位，就不办案了，因而形成了一种从一线抽血的人才机制。回过头来看，过去一些年的全国十佳公诉人现在还有多少在一线办案？这不符合检察职业化的发展方向，形成了一大批不办案的超级检察官。

第二，入额的院领导应该办什么案子？在 2016 年 7 月全国司法体制改革推进会议上，曹建明检察长明确提出，入额的检察长、副检察长应当带头办理重大复杂疑难案件，也要办理一定数量的普通案件，要防止领导干部专办简易案件、挂名办案、不办案。解决这个问题的基本办法就是，实行以随机分案为主、以重大复杂疑难案件专办为辅的分案机制。在案件列入随机分案程序之前，案管部门可以挑出重大复杂疑难案件来，把这些案件分给院领导来办，普通案件完全按部门实行随机分案即可。一个检察院一年到头也可能没有一件重大复杂疑难案件，那么院领导就按照随机分案来承办就可以了。当然，检察长可以考虑重点承办职务犯罪侦查案件，同时兼顾侦监、公诉和诉讼监督案件等。

第三，入额的院领导办案的数量怎么定？对此重庆市的指导意见按照一定的比例来确定。渝中区的做法大致是：每年检察长要办 6 件，副检察长办 12 件，部门正职办 35 件，部门副职办 80 件。这个框架有一定的合理性，值得探讨，也有待实践检验。

（五）建立科学完备的检察人员分类管理体系

检察人员分类管理是检察队伍专业化、正规化和职业化建设的必然要求，是在检察工作中确立司法办案的中心地位和在检察机关确立检察官的主体地位的客观需要，是司法责任制改革的前提条件。

第一，检察人员分为检察官、检察辅助人员和司法行政人员三类是符合我国国情和司法规律的，有利于检察人员管理的科学化。分类管理是克服以往检察人员分工模糊、职业界线不清，享有检察官身份而不办案、藐视业务工作等弊端的重要措施。

第二，我们要旗帜鲜明地加强检察官的主体地位，把办案能力强、职业道德素质高的人才吸引到办案一线，进一步提升检察公信力。在检察机关就要以当检察官为荣，以司法办案为中心，其他人员和其他工作都要服务和服从于中心工作。这样才能在检察机关和检察系统形成正确的职业导向。

第三，检察辅助人员和司法行政人员是检察工作不可缺少的重要力量，是检察人员的重要组成部分。检察辅助人员不仅是检察官开展司法办案工作的协助人员，而且是检察官队伍的后备力量。司法行政人员是检察机关的党务、政务工作的承担者，是检察工作的保障和检察机关正常运行的支撑。这两类人员都有特定的岗位职责、职务系列和薪酬待遇以及职业发展空间。只有他们认同自己的职业选择和发展途径，才能保障检察官的职业化发展和检察工作的协调进行。

（六）检察官行使职权的监督机制

首先，监督制约是检察权依法公正行使的保障。任何权力都必须接受监督制约，检察官的司法办案权当然不能例外。这是原则，必须充分肯定。

其次，对检察官的监督制约必须以配置办案决定权、确立检察官的主体地位为前提。如果检察官立不起来，任何监督制约都是没有意义的。有的试点地区授权之前先考虑如何防止检察官滥权，这是正确的。但是，如果放权机制不做扎实，甚至做表面文章、开空头支票，而在监督制约机制建设上下功夫，那是毫无意义的。当前的突出问题不是监督制约机制不健全，而是权力下放不够充分。

最后，关于检察官的监督制约机制建设要实现两个转变：一是由以微观监督为主转变为以宏观监督为主；二是由事前监督和事中监督为主转变为以事后监督为主。

（七）科学设计司法责任的追究程序

明确责任并严格追究责任是司法责任制题中应有之义。有权必有责，权责必须相适应。既没有无权力的责任，也没有无责任的权力。首先，司法责任的认定和追究具有较强的司法性和专业化，必须有专业知识和司法经验，同时也要保持一定的中立性。正如医疗事故的鉴定，如果没有医疗专业知识和经验，是难以作出科学的判断的。因此，认定和追究司法人员的责任，应当组成专业的机构或者委托专业的机构来进行；同时，要使这个机构在组成人员的身份等方面，不能与被追究责任人员有过多的关联或者利益关系，防止利益冲突。其次，司法责任豁免是一种具有悠久历史和国际上基本达成共识的制度，主要内容有两个方面：一是检察官和检察辅助人员在履行职责中尽到必要注意义务，没有故意或重大过失的，或者有关法律、纪律规定免予追究或不予追究的，虽有错案发生，不应当追究检察官和检察辅助人员的司法责任；二是司法人员不因职务行为而承担民事赔偿责任。最后，责任追究与绩效考核是两个不同的制度，前者主要是对违法违纪行为的惩戒，后者主要是对工作绩效的评价和激励。一个是奖，另一个是惩，都有必要，都需要建立健全具体明确的标准和程序。据笔者了解的情况，其他国家和地区的司法机关都是选拔精英分子当司法官，且待遇优厚，工作业绩良好是自然的、正常的现象，有考核和鉴定，少有评比和奖励，惩戒的情况就更是罕见。然而，我国的国情不同，发展阶段不一样，当前建立健全绩效考核标准和程序与建立健全责任追究标准和程序同等重要，而且必须抓紧、抓好。至于将来的发展，如果也像西方国家那样能够做到备而不用，那当然最好了。

三、确立检察官主体地位的三项措施

主任检察官制度是树立检察官主体地位的一种过渡性制度安排，也是从检察长负责制向检察官负责制的过渡环节；司法责任制的改革与检察官主体地位具有内在的必然的联系，改革的推进程度与主体地位的树立息息相关，检察官的主体地位直接反映了司法责任制改革的进展。

在我国现行政治体制和司法体制下，检察官的地位将如何提升和提升到什么程度，判断的标准有三条：一是检察委员会决策在多大程度上转变为检察官独立判断？二是检察官在多大范围内可以直接代表人民检察院？三是检察机关内设业务部门还能发挥什么样的和多大的作用？我们要确立检察官的主体地位，就要从这三个方面来采取措施。

（一）从检察委员会集体决策过渡到检察官独立判断

检察委员会集体决策的重要性和必要性是不容否定的，而且在以往检察队伍素质整体不高的历史时期，发挥了特别重要的决策保障作用。但是，检察委员会发挥作用的范围和方式是有限的，过度地夸大检察委员会的作用，在一定程度上违背了司法的亲历性原则和集体决策的合理界限。首先，司法决策必须

强调亲历性。司法决策与行政决策的重要差别是，行政决策处理的大多数是关于现实和未来的事实认定和适用方案，是所有的人都可以感受和理解的；而司法决策处理的都是关于过去的事实认定和法律适用，只有当事人和证人才有感受和认识。司法决策强调决策者作出裁定必须基于亲自聆听了诉讼双方的陈述和辩解（古人云，须听两造之词），对各项证据的采信必须经过举证、质证等环节；否则，难以认定案件事实和正确适用法律。其次，集体决策的范围是有界限的。根据国外社会学和社会组织理论的研究成果，集体决策的优势主要在于从多个选项中择其一；个人决策的优势在于长链条、多环节的逻辑推理。对于司法决策来说，检察委员会比较擅长于对适用法律问题作出判断，而不擅长于对案件事实的认定。如果案件事实存在疑问，提交检察委员会决策是难以作出正确决策的。合议庭决策的合理性在于它具有亲历性，它听取了各方的主张和理由，经历了举证和质证的过程。检察委员会就不可能具有这样的亲历性，因而其决策范围应当受到限制。

检察官作为司法官具有独立判断的职业特权。检察官是法律的卫士，是公平正义的守护者，既要对违法犯罪行为疾恶如仇、依法追究法律责任，也要本着客观公正的立场，注意收集有罪证据和无罪证据，对案件事实作出审查和判断，对法律适用提出具体的意见和建议。这些判断和意见必须是检察官根据法律、证据和良心作出的，不应当受到任何外在的影响或者干扰。根据检察一体原则，上级检察院和本院的检察长、副检察长、主任检察官有权改变检察官的决定，但是必须征得检察官本人同意，如果检察官坚持自己的判断和意见，检察长可以决定更换办案人。在检察一体原则与检察官相对独立发生冲突时，必须在尊重检察官的判断和意见的基础上，通过正当程序改变检察官的决定。对于这个正当程序，各国有不同的设置和要求，大致来说，如果改变的决定来自检察院外部，它应当向社会公开，或者检察官有权向社会公开；如果改变的决定来自检察院内部，有的允许公开，有的不允许公开。我们认为，凡是改变原检察官决定的指令，一要以书面形式提出；二要公开透明。这样，才能杜绝来自检察系统内外的干扰，保证检察官依法独立办案。

从检察委员会决策过渡到检察官独立判断，是我国政治体制和司法体制中特有的现象，它的过渡形态和时间跨度都取决于政治体制和司法体制改革的深度。

（二）从检察长代表检察院过渡到检察官代表检察院

在现行法律中，检察长是人民检察院的法定代表，公诉人出庭支持公诉都是受检察长的指派。2015—2016 年，在一些公益诉讼试点地区，曾经发生过这样的现象，法庭开庭时，检察官未带检察长的授权委托书，法庭坚持要休庭，并认为检察官无授权委托书则不属于人民检察院的行为。这种做法看起来具有法律根据，因为我国法律规定，起诉是人民检察院的行为，而只有检察长才是人民检察院的代表，其他检察官必须经检察长的授权。实际上，这忽视了检察一体原则，在检察机关内部，检察官的行为是受检察长安排或者按照内部工作机制进行的，如果违反了上述规则，则会受到纠正或者惩戒。因此，检察官出庭当然是代表人民检察院的职务行为，无须特别授权和委托。这种现象的发生恰恰说明，我国检察长地位畸高而检察官地位畸低已经发展到比较极端的程度，确实到了应当提升检察官地位的历史时期。

检察官作为人民检察院的代表是检察一体原则的应有之义。检察官的职务活动包括执行各种法定职能，都是国家检察职能活动的有机组成部分，检察系统内各级人民检察院和本检察院内部各部门都应当给予积极的支持、协助和配合，这是检察一体原则的基本要求之一。检察官不仅是人民检察院的代表，而且是国家利益和社会公共利益的代表。从检察官诞生之日起，他就是国家的代表，不管是作为皇帝的代表，还是作为社会公共利益的代表，其立足点都是国家，其职能活动都是国家职能活动。检察官的主体地位最集中的表现就是他是不是国家的天然代表，是不是人民检察院的法定代表。

在现代国家里，检察官不是一个官职而是一个官厅，他本身就是检察机关，他的言行就是代表国家作出的言行。我国检察官要达到这样的地位，还有很长的路要走，跨越这一段历史长河，有待于国家立法的发展。在《人民检察院组织法》和《检察官法》中，检察官的主体地位应当逐步得到确认和提升。

（三）从业务部门办案过渡到检察官办案

长期以来，各级人民检察院内设的各个业务部门是检察机关的基本办案组织。检察官只是这些办案组织中的案件“承办人”，只有提出办案的意见和建议的权利，没有办案决定权。显然，检察官地位不彰，最直接掩蔽其主体性的组织形式就是各业务部门。因此，要树立检察官的主体地位，首要的就是突破业务部门的局限，改革业务部门这一基本的、传统的办案组织形式。从这个意义上来说，在当前和今后一个时期，我们要做的不是加强办案组织的建设，而是要加强办案组织的改革，让检察官从业务部门中解放出来，让检察官成为常规的办案组织。

主任检察官制度作为一项改革成果具有双重意义，一是作为从检察长负责制向检察官负责制的过渡形式，承担检察长下放的办案决定权，这种过渡形式不是必经的阶段，有条件的地方可以直接跨越。二是作为检察侦查活动的组织形式和办理重大复杂公诉案件的组织形式以及检察官的日常监督者，具有长期的存在价值和需要。譬如，我国台湾地区的主任检察官就是一种替代内设业务机构的、宽松的监督和指导机制。从这个意义上来说，主任检察官可能成为现有业务部门的替代者或者过渡性组织形式。

从清朝末期到现在，检察官一路走来，经历了曲折的发展道路，但是方向和目标是明确的，那就是获得相对独立的法律地位，成为检察权的行使主体。

第二章 检察官相对独立的比较考察

从历史上看，现代检察官制度首先在法国出现，是法国大革命的产物，被誉为“革命之子”，嗣后随着拿破仑对欧洲的征服而传播到其他欧洲大陆国家。而英美法系国家的检察官制度则出现较晚，先是美国在独立战争后，部分继受了法、德等大陆法系国家前殖民地州的检察官制度，之后英国等国受美国的影响，也陆续创设了自己的检察官制度。但与大陆法系国家的检察官制度比较而言，英美法系国家的检察官制度仍未臻完善，我国台湾地区学者黄东熊先生径直称之为：“乃在尚未成熟之阶段。”① 具体而言，两大法系的检察官虽然都称为“检察官”，且在刑事诉讼中都承载起诉职能，但由于司法传统和文化观念方面的差异，英美法系国家的检察官制度与大陆系国家的检察官制度之间存在较大区别，尤其是在检察官的基本角色和功能上，两者更是大相径庭。

大陆法系国家奉行成文法，其检察官的基本角色是“法宪看守人”，承担着“国家权力之双重控制功能”，即一方面监督法官，防止审判专横；另一方面控制警察，防范违法侦查。因而，大陆法系国家的检察官在地位上与法官平行同格，同为司法官，而非一方诉讼当事人。而英美法系国家奉行判例法，法官具有造法功能，因而观念上“法官优位”，检察官不具有监督审判的功能，而仅仅只是“政府代理人”，在诉讼中也居于一方当事人的地位。同时，在检察权运行机制上，两大法系也存在重要区别，大陆法系国家的检察官在组织上是金字塔型的阶层化结构，实行上命下从、上下一体的所谓检察一体制，但在个案运作中又强调检察官作为办案主体的独立性，即实行检察独立制，由此形成检察一体制与检察独立制并行的格局，所谓检察官的相对独立性，实际上就是指的检察一体制与检察独立制如何取得平衡的问题，即在检察一体制下，检察官的办案活动在多大程度上具有独立性；而英美法系国家的检察官在组织上并不存在一个高度统一和一体化的阶层化结构，虽然检察官之间也存在层级，但不同层级的检察官之间并没有严格的等级制和上、下级领导关系，而是相互

---

① 黄东熊著：《中外检察制度之比较》，台北“中央”文物供应社 1986 年版，第 131 页。

独立并各负其责，总体上表现为个人负责制，因而，英美法系国家检察官的独立性是毋庸置疑的，不存在大陆法系国家检察官所谓的相对独立性问题。对于英美法系国家的检察官而言，更突出的问题并非检察官的独立性，而是在检察官个人负责制的前提下，如何防止检察官恣意行使起诉裁量权。基于此，本章虽然也拟对美国和英国这两个典型的英美法系国家的检察官的独立性问题进行介绍和评析，但其结论的参考和借鉴意义有限。本章的论述重点是法、德等大陆法系国家以及深受其影响的日本以及我国台湾地区检察官的相对独立性问题。

在展开本章的比较研究之前，关于其他国家和地区检察官相对独立性问题的研究，有几个前提性问题需要一一交代：

第一，研究检察官的相对独立性问题，必先考察该国检察官的法律定位问题，即在该国宪法及法律体系中，检察官究竟处于行政官还是司法官的地位，这是因为只有司法官才享有职务独立性保障，亦只有司法权才存在独立行使的问题。因此，唯有清晰地解决了检察官的法律定位问题，才能厘清检察官相对独立的理论基础和本源问题。

第二，研究检察官的相对独立性问题，必先考察该国检察官与法官的关系问题，即该国司法体制究竟是奉行审检分立制还是审检合署制，以及在两种体制下，检察官相对于法官的职务独立性问题。这是因为检察官与法官虽然同属于广义上的司法权，但角色和功能完全不同。无论是实行审检分立制，还是审检合署制，前提上都必须确保检察官在职务行使上独立于法官；否则，将导致检察官法官化，也就无所谓检察官的相对独立性问题了。

第三，研究检察官的相对独立性问题，必先考察该国检察官与其上级首长（包括外部行政首长与内部检察首长）的关系问题，即检察一体与检察独立的分际问题。这是因为所谓检察官的相对独立性问题，本质上就是指检察官在外部指令权和内部指令权的作用下如何独立办案的问题，因此，研究检察官的相对独立性问题，重点是如何界分检察一体与检察独立，如何通过合理限制外部指令权和内部指令权的行使，来确保检察官独立办案。

第一节　英美法系国家检察官相对独立制度

英美法系国家主要包括美国、英国、加拿大、澳大利亚等国家，其主要代表国家是美国和英国，因而研究英美法系国家检察官相对独立制度，就主要研究美国和英国检察官相对独立制度。

一、美国检察官相对独立制度

美国是一个联邦制国家，因而其检察制度分为联邦检察制度及地方检察制度，不论联邦检察制度或州检察制度，其检察机关的设立均采扁平式，并不受法院审级影响。[①] 美国联邦司法系统共划分为94个司法区域，每个司法区设1位联邦检察官，负责追诉违反联邦法律的犯罪。在任命机制上，联邦检察官由美国总统提名，经参议院表决通过后任命，任期4年。联邦检察系统的行政首长是作为内阁成员的司法部长，司法部长本身并非检察官，且系内阁成员，与总统共进退，因此不享有身份保障。每位联邦检察官下设若干助理检察官，助理检察官从具有律师资格者中选任雇用，实践中绝大多数案件都是由助理检察官负责，但起诉以联邦检察官的名义提起，因而，助理检察官实际上是联邦检察官的代理人，其工作受联邦检察官的指挥、监督。

美国地方的检察官制度与联邦不同，彼此之间差别也很大。美国的地方检察制度又分为州检察制度和市检察制度。美国所有的州都设有州检察机构，由州检察总长和州检察官组成，州检察总长是州检察机构名义上的检察首长，但实际上一般都未行使检察职权，州检察总长与州检察官之间更多是一种咨询顾问关系。[②] 美国各个州在检察总长和检察官的产生方式上也各不相同，其中有42个州是由公民投票方式选举州检察总长和州检察官的，有少数州则由州长、州议会或州最高法院任命。州检察系统下还设有市检察系统，市检察机构设在市，但并非所有的市都设有检察机关，在有些州，根本就不设市检察机构，全部检察职权均由州检察官行使。在产生方式上，美国全国有95%的市检察官由公民投票产生。市检察系统与州检察系统之间是相互独立的，州检察总长极少过问市检察官的办案。州、市检察官的任期通常为4年，其下设有若干助理检察官，绝大多数案件都由助理检察官处理，并以州、市检察官的名义起诉。

美国检察官制度的突出特点是个人负责制，即检察官个人负责，助理检察官仅仅只是检察官的助手或者说代理人，后者虽然承办绝大多数案件，但只能以检察官的名义起诉，结果也由检察官负责。因而，对于美国检察官而言，其职务的独立性毋庸置疑，实践中更关注的问题是如何防止检察官这种近乎独断的起诉裁量权演变为“专横的权力”。[③]

此外，在美国，还有所谓特别检察官制度。美国的特别检察官制度，历史

---

① 参见吴巡龙著：《刑事诉讼法与证据法全集》，台北新学林出版股份有限公司2008年版，第52页。

② 参见何家弘主编：《检察制度比较研究》，中国检察出版社2008年版，第9页。

③ 有关观点和论述，请参见［美］安吉娜·J. 戴维斯著：《专横的正义——美国检察官的权力》，李昌林、陈川陵译，中国法制出版社2012年版。

上包括“独立检察官”（independent counsel）和“特别检察官”（special counsel）两种模式，两者的法源依据不完全相同。所谓独立检察官，是指依据美国1978年10月20日制定的《独立检察官法》（The Independent Counsel）由“特别法庭”（division of the court）所任命的检察官；而“特别检察官”则是指依据1999年7月1日制定的《特别检察官办公室规则》（Office of Special Counsel Regulations）由美国司法部长任命的检察官。美国的独立检察官制度因为独立检察官史塔尔调查美国总统克林顿性丑闻案而蜚声海外，但也因此案而导致美国国民对独立检察官制度的有效性产生高度质疑。因此，在1999年6月30日《独立检察官法》到期后，美国国会未同意对其效力予以延展而自动地落日失效，其后则由《特别检察官办公室规则》及特别检察官取而代之。① 美国的特别检察官是检察体系外的独立组织，系在传统检察机关之外创设的特别侦查组织代行检察官职权，也因此才称为“特别检察官”。美国的特别检察官则采独任办案制，一旦特别检察官的任命获得通过，特别检察官即可任命调查员、律师及顾问，并指派其工作，组成“特别检察官办公室”。特别检察官一经任命即享有调查其管辖权范围内事项的“充分与独立权力”，在其权限范围内，对侦查及起诉等一切事项独自决定并承担责任。② 美国的特别检察官制度，其制度设计上的最大特点在于任命外部人代行检察官职权，完全在现行侦查、起诉机构体系之外进行运作，其优势在于特别检察官的地位具有充分的独立性、办案具有完全的自主性，但也可能造成特别检察官裁量权过大、缺乏监督、制约乏力等问题。例如，美国的独立检察官系直接向国会及特别法庭负责，虽然理论上司法部长仍保留有解除独立检察官职务的权限，但实践中几乎不受其他任何机关包括司法部长的节制，这种不受节制的权力遭到美国国民的质疑和抨击③，包括：第一，成效不彰。自有独立检察官制度以来，花费成本与效果不成比例。第二，欠缺监督的机制。独立检察官于选任后，毫无监督机制（包括内控与外控机制均缺乏）。第三，其定位不明，有第四种权力之

① 参见黄谋信：《美国特别侦查组织——独立检察官与特别检察官》，载《检察新论》2009年第5期。

② ［美］纽约市律师公会联邦法委员会：《美国〈独立检察官法〉的起源、发展和目前的争论》，刘星红译，载《外国法译评》1999年第1期。

③ 参见黄谋信：《美国特别侦查组织——独立检察官与特别检察官》，载《检察新论》2009年第5期。

讯。第四，侦查裁量权过大①，等等。

二、英国检察官相对独立制度

1985 年，英国颁布的《犯罪起诉法》（Prosecution of Offence Act 1985），设立了皇家检察署（Crown Prosecution Service，CPS），这标志着英国检察制度的正式确立。根据其后制定的《皇家检察官规则》的规定，皇家检察署是英格兰和威尔士的公共事业单位，是根据《1998 年人权法案》建立的公共权威机构，负责起诉由警察局侦查终结的所有刑事案件。

根据规定，皇家检察署设检察长一人，担任最高行政首长，并具体领导皇家检察总署的工作；总署下设若干个地区检察署，每一个地区检察署设一名地区检察官，负责该地区的起诉事务，因而，皇家检察署实际上就分为中央和地区两级。

《1985 年犯罪起诉法》第 1 条明确规定："每个检察官对自己所分到的职责都不能有任何偏见，在机构和程序上都享有检察长的所有权力，但是要在检察长的指挥下工作。"这意味着英国检察官的权力来自于法律的直接授权，而非检察长的授权，检察官系自主、独立的办案主体，而非检察长的代理人，检察长对检察官拥有指挥监督权。

第二节　大陆法系国家检察官相对独立制度

大陆法系国家主要包括法国、德国、意大利、比利时、西班牙等国家，其主要代表国家是法国和德国，因而研究大陆法系国家检察官相对独立制度，就主要研究法国和德国检察官相对独立制度。

一、法国检察官相对独立制度

法国是现代检察官制度的诞生国度，并奠定了现代检察官制度的基本框架，例如，行政官与司法官的双重定位，上命下从、检察一体的组织体系、检察独立的权力运行机制等。

（一）站席法官

虽然法国检察官在法律文献中一直被称为"司法官"，但在组织上，法国检察官却归属于行政机关。1958 年法国《司法组织法典》第 5 条明确规定，检察机关隶属于司法部长。这意味着，法国检察官被置于以司法部长为顶点的

---

① 例如，独立检察官可以动用联邦调查局的探员，还可以雇用民间侦探。只要出于调查需要，几乎可以传讯任何人，上至总统和议员，下至贩夫走卒。如果有人拒绝作证的话，就有可能以藐视法庭罪被投入监狱。克林顿总统的几位故旧好友就因为拒绝作证而饱受牢狱之苦。参见余辉胜：《认识美国独立检察官》，载《中国检察官》2006 年第 1 期。

上命下从的阶层监督之中，具备典型的行政官属性。

此外，在任命方式上，法国检察官亦与法官相去甚远，法国法官系经由最高司法官委员会决议任命，而法国检察官中驻最高法院检察长和驻上诉法院检察长均由司法部长提名，由总统在内阁会议上通过法令任命；而其他检察官，则由司法部长提名，由总统直接任命。虽然司法部长在提出检察官的任命建议前，需要征求最高司法官委员会的意见，但该意见对于司法部长并无约束力。显然，法国检察官的任命方式更具行政色彩。不仅如此，法国检察官区别于法官之处还在于，检察官的职位并非终身制，缺乏职业保障，他可能随时因为司法部长无须附具理由的呈报而转任或免职。①

然而，法国检察官的任用资格及其应具备之学识和技能要求，与法官完全相同，并独立于法院行使刑事司法职能，尤其是传统上法国检察官在审判中享有自由陈述的权利，遵守“笔受拘束，口却自由”的独立行事原则。《关于司法官地位之组织法之 1958 年 12 月 22 日第 58—1270 号条例》第 5 条规定：“检察院的司法官由其等级上级领导和监督，并被置于护玺大臣即司法部长的权威下。在庭审中，检察院司法官自由陈述。”因而，法国检察官又被视作与法官具有同质性的司法官，人们习惯性地称检察官为“站席法官”，而称法官为“坐席法官”。

（二）审检合署

法国实行审检合署制，即将检察机关设置在各级法院内部，法官和检察官在同一个机构内办公。在法国的法院大楼里，有一些房间由检察官使用，是为检察院。② 从表面上看，法国检察院似乎是法院的一部分，但实际上两者是平行同格的，互不隶属，检察机关在行使职权时并不依赖于法院。

检察官与法官之间严守控审分离和不告不理的原则，法官不能自行采取诉讼行动对犯罪进行追诉；法官也不能向检察官发布指令、拒绝接受检察官的起诉书或者要求检察官提起公诉。③ 另外，法官也不享有对检察官的惩戒权。

法国是欧洲大陆为数不多至今仍保留预审法官角色的国家，预审法官集侦查权与裁判权于一身，与检察官的职能多有交集，但预审法官在性质上仍属“坐席法官”，与检察官之间仍须严守职能分离原则。例如，预审法官自行受

---

① 参见黄东熊：《美、法、德检察制度之比较观察》，载黄东熊编著：《刑事诉讼法研究》，台湾“中央”警察大学 1996 年版，第 437—498 页。

② 参见李永君：《法国检察官：站着的法官》，载《检察日报》2003 年 5 月 27 日。

③ 参见魏武著：《法德检察制度》，中国检察出版社 2008 年版，第 31 页。

理刑事案件将导致程序无效。①

（三）上级指令权及其限制

法国检察官恪守等级制传统，形成以司法部长为顶点的上命下从的阶层化组织体系。法国的司法部长虽然并不是检察官，但却是法国检察机关的最高行政首长，对全体检察官享有外部指令权，包括一般指令权和个案指令权。但在法国检察机关内部，享有内部指令权的检察首长是驻上诉法院检察长，而非驻最高法院的检察长。这是因为，法国驻最高法院的检察院，并不享有刑事案件的公诉权，而主要是在检察机关或当事人向法国最高法院提起的上诉中作为“从当事人”出庭发表意见。因此，法国驻最高法院的检察长与驻上诉法院的检察长之间并无领导与隶属关系存在，驻最高法院的检察长亦非检察机关上命下从组织体系中的一环。② 相反，驻上诉法院的检察长才是法国检察体系的检察首长，有权对法国整个检察体系行使内部指令权。

但是，上级指令权的恣意行使，必将干预检察官的职务独立性，造成检察独立原则的落空，因而法国立法上和实务中主要从三个方面限制上级指令权的行使：

第一，起诉裁量权系法律保留由各级检察机关首长行使的固有权限。因而，各级检察机关的首长所作出的起诉与不起诉决定，即使违背上级的指令，仍然有效。例如，司法部长指令驻大审法院的检察长就某案不起诉，但驻大审法院的检察长坚持起诉的，该起诉在法律上仍然有效。但该固有权限唯有检察首长方可行使，一般检察官则不享有该权限。

第二，审判阶段贯彻“笔受拘束，口却自由”的原则，即检察官作出的书面结论，必须服从上级的指令，但在庭审中，却有权自由陈述。例如，上级指令检察官就某案提起公诉，但检察官在庭审中却可以提出意见，认为该案并不构成犯罪。

第三，程序上的制约。1993 年 1 月 4 日法律规定，司法部长的指令应当是书面的，并归入诉讼案卷。在根据 1993 年 8 月 24 日法律所修改的《法国刑事诉讼法典》第 30 条的规定，允许司法部长“向检察长揭露其知悉的违反刑法的犯罪行为，并以附于诉讼案卷的书面指令，命令检察长提起或指派检察官提起公诉或者向有管辖权的法院提起部长认为适当的书面请求。”③ 这意味着，

---

①　参见魏武著：《法德检察制度》，中国检察出版社 2008 年版，第 31 页。

②　参见黄东熊：《美、法、德检察制度之比较观察》，载黄东熊编著：《刑事诉讼法研究》，台湾“中央”警察大学 1996 年版，第 437—498 页。

③　魏武著：《法德检察制度》，中国检察出版社 2008 年版，第 28 页。

司法部长的外部指令权自此受到重大限制：一方面，司法部长只能指令提起公诉，而不能再指令检察官作出不起诉处分；另一方面，司法部长的指令权只能以书面方式行使，且必须入卷，增加了外部指令权行使的透明性。

二、德国检察官相对独立制度

德国是现代检察官制度的发源地之一，法国大革命之后创设的检察官制度，经由德国的改良而得以发展、完善，尤其是在检察官的法律定位以及检察独立与检察一体的分际等问题上，德国的检察制度经验为诸多后进国家所效仿，包括同处东亚的近邻日本、韩国等。

（一）自主的刑事司法机关

在德国，由于法律对检察官的身份与地位缺乏明确规定，因而，时至今日，关于检察官的法律定位问题，即检察官究竟系司法官，还是行政官，抑或具有双重地位，仍然是一个争论不休的话题。目前德国的主流观点认为，应当区分检察机关在宪法上的地位和检察机关在刑事诉讼法上的地位。①

首先，德国检察机关属于宪法上的行政机关。德国实行立法、行政、司法三权分立的宪政体制。其中，对于司法权的主体及范围，德国《基本法》第92条作出了明确的规定，即“司法权付托于法官；由联邦宪法法院、本基本法所规定之各联邦法院及各邦法院分别行使之。”据此，德国宪法（《基本法》）上的司法权指的就是审判权，唯有此具有实质的职务独立性，即“独立行使职权，并只服从法律”（德国《基本法》第97条第1款）的法官，才是司法官。而德国的检察官虽然握有起诉裁量权，所作出的不起诉决定具有终结程序的效力，但该决定并不产生既判力，因而并非宪法意义上的审判权。况且，德国检察官作为公务员，负有服从上级指令的义务，并不具有实质意义上的职务独立性，故并非《基本法》第92条意义上的法官。

其次，检察机关属于刑事诉讼法上的司法机关。依据德国《刑事诉讼法典》的规定，检察官并非单纯的追诉者，亦非一方当事人，而是承担着“国家权力双重控制”功能和民权保障功能的“法律守护人”，被誉为世界上“最客观的官署”。② 在德国刑事诉讼程序中，检察官并不是以一方当事人的身份而是以客观、公正的司法官身份参与诉讼的，其职务行为受到法定义务和客观义务的严格约束，其目的亦不是单方面打击犯罪，而是致力于全面查清事实真相，公正地展开追诉和审判，并确保法院判决的公正性。由此可见，德国的检察官在刑事诉讼法上的角色虽然与法官存在差异，但两者在功能上却具有同质性，即都是致

① 参见魏武著：《法德检察制度》，中国检察出版社2008年版，第166页。

② 参见林钰雄著：《刑事诉讼法（上）》，中国人民大学出版社2005年版，第102页。

力于实现法律与公正的客观、中立的司法官署。正因如此，德国学界才公认："检察官与法官同属立法权与行政权之外的'第三权'。"[①] 而德国联邦最高法院的判例也明确指出，检察机关不属于一般性的行政机关，而是归属于第三权力的司法机关，是一个必要的、自成一体的、与法院平等同格的"刑事司法机关"。[②]

正因为德国的检察官被定位为自主的刑事司法机关，所以，德国检察官与法官的任职资格和条件完全一致，检察官亦享有法律给予法官的各种身份保障，且实务中"检法互调"即检察官与法官之间互相调换工作亦习以为常，在德国部分州，检法之间的这种人事交流甚至被视作一项司法行政政策而受到鼓励，除初任检察官外，几乎所有检察官都有担任法官的经历。[③]

（二）独立的刑法解释机关

由于德国在政体上采用联邦制，所以，德国的检察体系分为联邦检察院和州检察院两个系统。但联邦检察院与州检察院之间在组织上是完全独立的，相互之间不存在任何形式的隶属和领导关系。联邦检察院与州检察院之间的这种独立性，还体现在刑法解释上的相互独立。例如，在州检察院向联邦法院提起上诉的情况下，依法只能由联邦检察官代表国家出庭支持上诉，但联邦检察官并不同意州检察院的观点，认为该上诉并没有根据，此时，虽然联邦检察官对于州检察院没有指令权，不能撤回该上诉，但他有权独立解释刑法，可以依据自己对刑法的解释，提出不同的法律意见，请求法院驳回该上诉。[④]

此外，德国《法院组织法》第 141 条规定："在每个法院都应存在一个检察院"，据此，德国实行审检合署制，即将检察院设置于法院内。但审检合署制并不否认检察院在职务上的独立性，依据德国《法院组织法》第 150 条的规定，检察院在履行职务时独立于法院。德国检察院相对于法院的职务独立性，还体现在检察官拥有独立的刑法解释权，不受法院判例的约束。德国联邦法院曾经要求，检察官应受法院通行的判例的约束。据此，如果法院的通行判例认为一行为应受刑罚处罚，即使检察官意见相左，仍然应当起诉。言下之意，检察官应当受制于并服从法院对刑法的解释。德国联邦法院的上述观点主

---

① 朱朝亮：《检察官之定位与使命》，载《检察官伦理规范释论》，元照出版有限公司 2013 年版，第 33—62 页。

② 参见魏武著：《法德检察制度》，中国检察出版社 2008 年版，第 166 页。

③ 参见黄东熊：《美、法、德检察制度之比较观察》，载黄东熊编著：《刑事诉讼法研究》，台湾"中央"警察大学 1996 年版，第 437—498 页。

④ ［德］托马斯·魏根特著：《德国刑事诉讼程序》，岳礼玲、温小洁译，中国政法大学出版社 2004 年版，第 39 页。

要是为了维护平等适用法律的原则和法院解释法律的专属权。但对于该观点，德国大多数检察官和法学家均不认同，通说认为，在这种情形下应当适用检察独立原则，即检察官同法院一样有资格解释法律，而且被告人应受检法双重司法保护的原则，也要求检察官独立解释刑法、独立作出判断。①

（三）与法官一样独立的机关

在德国，法务部部长是检察体系的行政首长、名义上的领导，享有外部指令权，即一般指令权和个案指令权，前者是针对一般性法律问题发布指示和命令，后者是针对具体个案的处理作出指示和命令。此外，检察长作为检察机关的首长，也享有对其所辖检察官的指令权，即内部指令权，包括指挥监督权和职务收取、移转权。

上级指令权的存在，对于检察官的独立行权形成了一定的制约，因此，为了防止上级借指令权之名行干预司法之实，德国法律对上级指令权的行使设置了诸多限制：

一是上级指令权的发动以法定原则为界限。据此，凡适用法定原则之案件，上级首长皆无权指令检察官违反法定原则而作处理；否则，该指令不但违法而且可罚。例如，根据德国《刑事诉讼法典》的规定，检察官的侦查权和公诉权的启动受到侦查法定原则和起诉法定原则的约束，只要有初步怀疑，检察官就有义务发动侦查；只要有足够的犯罪嫌疑，检察官就有义务提起指控。就此，上级不得指令检察官不作侦查或者不予起诉，否则该指令即属于违法。再如，根据德国《刑事诉讼法典》第 161 条规定的直接原则，在审判阶段，检察一体原则受到严格的限制，莅庭检察官有权拒绝执行上级指令而自由陈述其意见，此即“笔受拘束，口却自由”原则。

二是双重异议程序。即检察官如果认为上级的指令存在合法性问题，则必须依据德国《公务员法》向其直接上级提出异议；如果直接上级命令执行指令，则应当向间接上级包括检察首长甚至法务部长提出异议。但是，如果检察首长或法务部长确认该指令合法，则该检察官就有义务执行该指令，除非该指令明显抵触刑法或构成秩序违反或侵害人性尊严。

三是上级指令仅具有内部拘束效力，不影响检察官违反指令而对外所采取的职务行为的效力。依据德国《法院组织法》第 144 条的规定，检察院实行首长代理制，即检察官系检察长之代理人。但这种代理系当然代理，无须检察长特别授权，因而，实务中德国检察官是以检察长的名义、自己署名履职行

---

① ［德］托马斯·魏根特著：《德国刑事诉讼程序》，岳礼玲、温小洁译，中国政法大学出版社 2004 年版，第 42 页。

权，即使检察官在对外采取职务行为时，违背检察长的意思，其职务行为仍然有效。[①] 这意味着，上级的指令对于检察官而言仅具有内部的拘束力，并不及于检察官对外采取的职务行为，若检察官违反上级的指令而对外采取职务行为，则该职务行为仍属有效，只不过，检察官个人可能因此而遭受纪律惩戒。

值得注意的是，对域外法律制度的研究，切忌囿于文本，而应关注制度实践中的真实状况。从文本上看，上级指令权的存在极大地钳制了德国检察官的独立性，检察官仿若"笼中之鸟"，无往不在枷锁之中。但其实，由于历史和现实等多种因素的作用，在德国司法实务中，上级指令权仅仅是在非常特殊的案件中才发挥作用，检察官事实上已经获得了很大的独立性，其地位几乎与法官相同。

首先，就法务部部长的外部指令权而言，由于法务部部长并非检察官，其作为行政首长对检察官行使外部指令权尤其是个案指令权，实有行政干预司法之嫌。因而，在德国一直有声音呼吁，废除法务部部长的外部指令权尤其是个案指令权。正因如此，自 19 世纪以来，法务部部长放弃了个案指令权的行使，已经逐渐演变为德国司法实务中的一项习惯法，被称为"指令权在习惯法上部分失效"。[②] 这表明，德国检察官的外部独立性实际上已经大为增强。虽然近来亦有文献指出，德国司法实务中个案指令权实际上并未销声匿迹，只不过更多以非正式的请求、盼望等较为隐晦的方式表达出来，尤其是在检察官向法务部报告对政治人物的案件调查情况时，经常可以嗅到上级干预的讯息。[③] 但这种暗示、隐晦的干预方式本身就表明，个案指令权的行使已经不具有制度上的正当性，而只能以某种类似于"潜规则"的方式存在，与其说是干预，毋宁说是干扰。至少，对于德国检察官而言，在制度上已经无须顾虑法务部部长个案指令权对其办案独立性的干预。

其次，在德国检察官职务独立性增强的大背景下，即使是检察首长的内部指令权，也在行使方式上悄然发生着变化。依据德国现行法律，检察首长对所辖检察官享有指挥监督权，对于检察首长的指令，检察官有服从义务；当检察官与检察首长之间就指令的合法性产生争议、冲突时，检察官可以提出双重异

---

① 参见许泽天：《侦查变革中之德国检察官定位——对检察指令权之质疑》，载《检察新论》2010 年第 8 期。

② 参见林钰雄著：《检察官论》，台湾学林文化事业有限公司 1999 年版，第 197 页。

③ 参见许泽天：《侦查变革中之德国检察官定位——对检察指令权之质疑》，载《检察新论》2010 年第 8 期。

议，但如果上级确认该指令合法，则检察官必须遵守指令，否则将可能面临纪律惩戒。但实际上，在德国司法实务中，检察首长与检察官彼此都会很节制，一方面，检察首长对承办检察官的职务独立性相当尊重，轻易不会发出任何违反检察官意愿的指令；另一方面，检察官即使认为检察首长的指令不当，往往也不会骤然提出异议，而是会婉拒首长指令或主动请求移转案件。即使检察首长与承办检察官之间的意见分歧较大，双方各执己见、无法调和，基于对检察官职务独立性的尊重，检察首长一般也不会强行要求检察官改变观点，而是会选择行使职务收取或移转权，即将该案件收回由自己承办或交由其他检察官承办，以此来解决两者的冲突。①

正因为上述制度内外因素的作用，在德国司法实务中，检察官的职务内外独立性其实相当大，与法官的审判独立性几乎没有区别，被认为是“与法官一样独立的机关”。

第三节　其他国家和地区检察官相对独立制度

除了英美法系国家、大陆法系国家检察官具有一定的相对独立性外，其他一些国家和地区的检察官也具有一定的独立性。

一、日本检察官相对独立制度

日本的检察官制度在历史上曾经对东亚国家和地区产生过较大影响，部分检察制度设计如检察官的“半独立”地位、特搜部制度、检察官俸给表制度等皆独具特色，至今仍是各国检察制度改革发展中竞相仿效的样本。但是，目前理论界对于日本检察官的“半独立”地位存在一些误解，本节内容拟对此展开简要的介绍和评析，以正视听。必须说明的是，日本的检察机关分为四类：最高检察厅、高等检察厅、地方检察厅和区检察厅，其首长分别称为检事总长、检事长、检事正和首席检察官，本节内容为了行文的方便，按照中文的习惯，将检事总长称为检察总长，将检事长、检事正和首席检察官统称为检察长，但其间差异，读者诸君不可不察。

（一）广义的司法官

日本由于在“二战”后受到英美法的影响，对司法权及司法官的解释一直持狭义说，即认为只有以审判为核心的法官才是日本宪法中规定的“司法官”，至于检察官，则被定位为行政官。

日本之所以将检察官定位为行政官，主要是基于两个方面的原因：一是日本检察机关在组织上隶属于法务省。法务省本身属行政机关序列，其行政首长

---

① 参见魏武著：《法德检察制度》，中国检察出版社 2008 年版，第 173 页。

法务大臣名义上是检察体系的上司和领导，享有对检察官的一般指令权和对检察总长的个案指令权，即所谓的外部指令权。因此，检察机关在组织上属行政之一环。二是日本检察机关内部奉行上命下从、上下一体的“检察一体”原则。检察总长对全体检察官、上级检察首长对其所属检察官享有指挥监督权及职务收取、移转权，即所谓的内部指令权。因此，检察权之运行，并非如审判权之运行采合议制，而是采上令下达、上命下从制。上述行政化的隶属关系和组织体系，使得日本检察官欠缺实质上的司法独立性，而与法官在性质上迥然有别，检察官亦因此被定位为行政官，而非司法官。①

然而，在日本，检察官的职务权限包括侦查、起诉和执行，这些职权本身与司法权（法官的审判权）有着密不可分的关系：一方面，检察官的职权与法官的审判权在目标上是一致的，都是为达成刑事司法任务、实现国家刑罚权；另一方面，审判权的启动依赖于检察官，在不告不理原则下，检察官事实上起着审判入口的把关作用，检察官未起诉的案件，法官无法审判，而检察官起诉的案件，法官则必须审判。此外，法官的裁判一旦生效确定，裁判内容的实现即执行也依赖于检察官。正是因为检察官的职权与法官的审判权密不可分，一旦检察官无法独立行使职权，必将波及审判权，造成司法的不公。换言之，在检察权欠缺独立性的情况下，审判权也难以“独善其身”。对此，日本理论界有所谓“车轮理论”，即将独立行使的检察权与审判权比作车之两轮，欠缺其中之一，均无法确保刑事司法机制的健全运作。

基于此，日本理论界普遍认为，检察官虽然隶属于行政官，但其职责并非执行一般行政事务，而在于达成刑事司法功能。换言之，日本检察官在组织上是行政属性，但在功能上却是司法属性。因而，为了确保检察权的公正行使，实有必要赋予检察官类似于法官的独立性保障。为此，日本通过《检察厅法》《检察官俸给法》等法律，建立起确保检察官独立行使职权的保障机制，包括职务的独立性、身份保障、适格审查制、退休制度以及薪俸表制度。这就使得日本的检察官在某种程度上具有了与法官一样的司法官属性，被称为广义的司法官或准司法官。

（二）审检分立制

日本在“二战”前，曾采取审检合署制，即将检察附置于法院（裁判所）。战后，随着1947年日本《检察厅法》的颁布实施，改审检合署制为审检分立制，即将检察附置于法院改为两者对置。

---

① ［日］松尾浩也著：《日本刑事诉讼法（上）》，丁相顺译，中国人民大学出版社2005年版，第29页。

之所以改采审检分立制，是因为检察机关与法院虽同为广义上的司法机关，目标一致，但两者在刑事司法体系中的角色和功能却不尽相同，理应分属两个各自独立且互不隶属的系统。更为重要的是，日本的检察官秉承了大陆法系检察官监督、制衡法官的功能，审检合署显然不利于发挥检察官监督、制衡法官的功能。基于此，检察机关必须在法院之外独立建制、自成体系。

日本检察制度中的审检分立，有两层含义：一是审检互不隶属。即检察官与法官、检察事务与法院的审判事务之间没有隶属关系，检察官独立于法院之外行使职权；二是审检平行对等。为了便于检察官行使侦查、起诉和执行等法定职权，并发挥监督、制衡法院的功能，检察机关在机关组织上必须配合法院的审级与管辖而设置，从而形成审检平行对等的司法格局。在日本，检察机关的机关设置系根据法院的审级由上到下分为四类：最高检察厅、高等检察厅、地方检察厅和区检察厅，并分别对应于法院系统的最高裁判所、高等裁判所、地方裁判所和家庭裁判所、简易裁判所。

（三）独任制官厅

作为广义上的司法官，日本检察官在履职行权时具有相当大的独立性，因而被称作“独任制官厅”。之所以称检察官而非检察厅为“独任制官厅”，是因为在日本，检察权的行使属于每个检察官的权限，每个检察官都是以自己个人的名义而不是以检察总长或检察长的辅助机关的名义来履职行权的。例如，提起公诉的检察官必须在起诉书上签署自己的名字，而在提起上诉以及执行刑罚等职权中，也都是由承办检察官以自己的名义作出决定的，而非以机关首长即检察长的名义或者检察长法定代理人的名义。① 因此，在日本，每位检察官都是履行检察职权、执行检察事务的独立单位。正是在这个意义上，可以说日本每一个检察官都是“独任制的官厅”。日本检察官的“独任制官厅”地位，具有以下几层含义：

第一，检察权的主体是检察官而非检察首长。在日本，每一个检察官都是独任制官厅，这就意味着检察权的主体是检察官而非检察首长。作为检察权的主体，日本每一个检察官，都有行使检察权的资格和权限，而不是只有检察厅首长即检察总长或检察长才有这种权限。正因如此，日本关于检察官履职行权的相关法律，如《检察厅法》《刑事诉讼法》中授权的对象都是检察官，而非检察首长。

第二，在检察官与检察首长的关系上，检察官是具有自主决定权和代表国

① ［日］松尾浩也著：《日本刑事诉讼法（上）》，丁相顺译，中国人民大学出版社2005年版，第31页。

家意志的独立机关，而非检察首长的辅助机关或法定代理人。日本检察官的职责权限直接来源于法律的授权，而非检察首长的授权，因而在履职行权时，检察官始终处于自主决定、独立负责的地位，而非唯检察首长之命是从的“传声筒”或检察首长的“手足”。这被视为是日本检察官司法属性的集中体现。因为在采取首长负责制的一般行政领域中，只有居于行政组织顶点的机关首长才处于独立负责的地位，而在日本检察机关内部，每一个检察官都处于这种自主决定、独立负责的地位，这正是日本检察官司法官属性的反映。

第三，检察机关作为一个机构，并非法定的权力主体。在日本，各级检察厅即检察机关，只是各级检察官的集合体或办公处所，本身并不具备履职行权的主体资格，因而不能成为法律授权的对象，更不存在所谓检察机关整体行权的概念。

第四，检察官是独立的办案主体。作为独任制的官厅，日本检察官是当然的独立办案主体，所谓独立的办案主体，是指检察官独立承办案件、独立决定案件并独立承担责任。

（四）外部指令权

日本的检察官作为行政官，必须服从上级的指挥监督，因而其独立性与法官独立不同，具有一定的限度，被称为“半独立”。

日本检察官的“半独立”地位，首先体现为受法务大臣外部指令权的限制。根据日本《检察厅法》第 14 条的规定，法务大臣对侦查、公诉及裁判执行等检察事务，享有一般的指挥监督权，但对于检察个案的调查或处分，仅能指挥检察总长。据此，作为日本检察体系名义上的上司，法务大臣享有对检察官的一般指令权和对检察总长的个案指令权，即所谓的外部指令权。所谓一般指令权，是指法务大臣基于统一法律的解释和适用等政策性目的，有权对检察官发布训示、命令或通知并要求全体检察官遵行不悖。所谓个案指令权，是指法务大臣有权针对具体个案的处理，而对检察总长发布指令。

由于检察总长系日本检察机关的最高首长，法务大臣有权就个案处理对检察总长进行指挥监督，也就意味着法务大臣可以借由指挥检察总长而间接指挥全体检察官。这也是日本检察制度历来最为人诟病之处。因为日本的法务大臣作为法务省的首长，是典型的政务官，系内阁之成员，与政府同进退，其行事准则与检察官不同，如果容任法务大臣以个案指令权干预检察业务的处理，可能导致法务大臣基于政治利益考虑而借个案指令权，干预检察权的独立行使。这一弊端在日本战后的“造船疑案”中体现得最为充分。

“造船疑案”是日本第二次世界大战后发生的著名弊案。该案涉及企业界对政府官僚巨额行贿，由于事涉政府高级官员和国会议员，所以当时的日本检察总长向法务大臣提出希望通过内阁向议会申请同意逮捕相关嫌疑官员的要求，但是，当时的法务大臣犬养依据日本《检察厅法》第14条的规定，对检察总长作出了“暂时延期逮捕，继续任意侦查”的指示。在该案中，法务大臣发动个案指令权，干扰、阻碍了检方的侦查，根据事后检察总长在国会作证时的证言，当时如果不是法务大臣行使个案指令权，检察机关有可能以受贿而逮捕、起诉相关嫌疑官员。该案的发生，在日本国会引起在野党的大加挞伐，法务大臣犬养最终被迫辞职。该案的发生动摇了日本战后的政治舞台，更使得日本检察官的政治廉洁性产生伤痕，并在日本检察史上留下了所谓检察官屈服于政治的污点。

或许正是基于对“造船疑案”的检讨，在该案之后，虽然日本《检察厅法》第14条仍然保留了法务大臣的个案指令权，但是法务大臣却未再行使过个案指令权，使得第14条逐渐成为一项睡眠条款，而这显然是有利于日本检察官独立行权的，也是日本检察官职务独立性进一步增强的体现。

（五）内部指令权

与法官不同，日本检察官因为“检察一体”原则的约束而始终处于受上级检察首长指挥、监督的地位。根据日本《检察厅法》第7条至第13条的规定，检察首长对所属检察官享有指挥监督权以及职务收取、移转权，即所谓的内部指令权。

然而，绝不能因为日本检察官处于受上级检察首长指挥、监督的地位，就否认日本检察官的独立性。实际上，在日本，检察一体原则始终是以检察官职务的独立性为前提的。① 日本检察官对于检察事务（案件）独立负责的主体地位，始终受到尊重；即使处于上级的指挥监督之下，行使检察权的权限，仍然由各个检察官自己掌握。因此，日本检察官的职务独立性并不因上级的内部指令权而有所动摇；相反，上级检察首长的内部指令权必须与日本检察官的职务独立性相协调。在实践中，上级检察首长并不会片面地强调下级服从，而主要是通过审查、劝告、承认等柔性方法行使内部指令权。在具体个案的处理上，上级检察首长往往更尊重一线办案检察官的意见，轻易不会启动指挥监督权，即使上级检察首长与下级检察官之间就案件处理结果存在分歧意见，上级检察首长也主要是通过沟通、劝告、说服的方式，促使双方达成共识，而不是简单地硬性要求下级检察官服从自己。② 即使是在沟通说服无效，双方各执己见、

① ［日］松尾浩也著：《日本刑事诉讼法（上）》，丁相顺译，中国人民大学出版社2005年版，第31页。

② 参见裘索著：《日本国检察制度》，商务印书馆2003年版，第29页。

难以达成共识的情况下，上级检察首长一般也不会直接行使指挥监督权，强行要求下级检察官改变自己的意见，而是会启动职务收取权或移转权，将案件收回由自己承办或转交其他检察官承办，以此体现对检察官职务独立性的尊重。

二、我国台湾地区检察官相对独立制度

在我国台湾地区，检察官也具有很强的独立性，其检察官相对独立制度也值得认真研究和借鉴。

（一）检察官的身份地位

在我国台湾地区有关规定中仅有关于“法官”的规定，而无“检察官”的称谓，因而并未明定检察官究竟系行政官还是司法官。① 但是，自“刑事诉讼法”施行以来，检察官为“司法官”成为台湾司法根深蒂固、牢不可破的观念。② 根据“台湾刑事诉讼法”的规定，只要法官有权为某项强制处分，检察官亦同样享有，例如羁押、搜索、监听、拘提、传唤。基于法律以及法官保留原则③，强制处分权的行使，因涉及个人基本权的保障，理应由（司）法官为之。“台湾刑事诉讼法”既然赋予检察官与法官同等的强制处分权，就是将检察官亦视为司法官之一。除此之外，我国台湾地区司法实务中一直实行“推检互调”制度，并由“行政院”及“司法院”会同颁订“法官检察官互调办法”，并规定法官、检察官并重，其任用资格相同，服务年资并计，法官得与检察官互调任职等。实践中之所以推行检察官、法官互调，就是认为两者具有同质性，皆为司法官。

然而，与我国台湾地区的法院体系独立于行政机关（“行政院”）而隶属

① 台湾“司法院”大法官会议释字第13号解释（1953年1月31日）曾指出：“检察官不是法官，但其身份保障与法官同。”但该“解释”仅仅指出检察官不是法官，并未明确检察官究竟是不是司法官。1989年12月22日制定公布的“司法人员人事条例”第3条（司法官）曾明确规定：“本条例称司法官，指左列各款人员：一、最高法院院长、兼任庭长之法官、法官。二、最高法院检察署检察总长、主任检察官、检察官。三、高等法院以下各级法院及其分院兼任院长或庭长之法官、法官。四、高等法院以下各级法院及其分院检察署检察长、主任检察官、检察官。”但因为该“条例”规定的内容颇为庞杂，所谓“司法人员”的概念相当广泛而模糊，囊括了公设辩护人、警察、书记员、通译等全体参与司法工作的人员。因此，该“条例”并不能视为定位检察官司法官地位的“法律”依据。

② 参见王兆鹏：《“台湾刑事诉讼法”发展》，载汤德宗、王鹏翔主编：《两岸四地法律发展：民事诉讼与刑事诉讼》，台湾“中研院”法研所筹备处2007年版。

③ 法官保留原则，是指将特定的公法上事项保留由法官行使，并且也仅法官始能行使的原则。至于何等公权力事项必须保留由法官行使，例如，强制处分权的行使，羁押、搜索，基于保障个人基本权的考虑而采行法官保留原则。参见林钰雄著：《刑事诉讼法（上）》，中国人民大学出版社2005年版，第78页。

于司法院不同，虽然依照“台湾法院组织法”之规定，台湾的检察机关配置在司法院所属的各级法院及分院（“台湾法院组织法”第58条规定：“各级法院及分院各配置检察署”），但其在行政上却隶属于“行政院”的“法务部”。我国台湾地区检察体系与行政机关之间的这种“暧昧不明”的关系自此埋下一个问题：检察官究竟系行政官，还是司法官？

1991年，我国台湾地区司法界发生了“许阿桂事件”。① 该案因众多涉案政治人物被检察官命令羁押而引发争议，并使检察官能否拥有羁押权成为整个台湾地区关注的焦点问题。1995年7月18日、8月25日，台湾地区部分“立法委员”和台中地方法院刑事庭高思大法官分别向台湾“司法院”大法官提起释“宪”申请，1995年12月22日，大法官作出释字第392号解释，认为自权力分立原理，组织结构功能之观点，司法权即审判权，具正义性、被动性、公正第三者性及独立性之特征，与检察权之公益性、主动性、当事人性及检察一体、上命下从特征，截然不同。因而检察机关并非有关规定中所规定的“法院”，进而宣告检察官行使羁押处分权违“宪”。虽然该释“宪”解释并未完全否定检察官的司法官身份②，但却已经松动了检察官行使强制处分权的

① 1991年我国台湾地区爆发“华隆集团炒作股票”案，负责侦办该案的许阿桂检察官顶着压力羁押了当时涉案的华隆集团负责人翁大铭。由于此案背后的政商关系极为复杂，华隆案中的当事人，个个有来头，皆是政商界名人，因此，承办该案的许阿桂检察官在侦办该案时，遭遇重重阻力，各方压力如排山倒海般的涌进（我国台湾地区前“法务部长”廖正豪曾证实，当年曾有102位“立委”对华隆案施压）。但许阿桂检察官面对压力不为所动，挑战高官权贵，使她成为了民众心目中的司法英雄，然最后却因为我国台湾地区“监察院”认定办案程序有违法瑕疵而予以弹劾，并遭公惩会记过。由于在此案中耗尽心力，许阿桂检察官壮年即罹患癌症去世。参见《输入口及输送带之司法独立性？华隆案缠讼十二年无罪确定之省思》，载《月旦法学杂志》2004年第108期。

② 因为该解释在宣告检察官羁押处分权违“宪”的同时又指出检察官仍属“广义上”的司法机关：“司法权之一之刑事诉讼、即刑事司法之裁判，系以实现国家刑罚权为目的之司法程序，其审判乃以追诉而开始，追诉必须实施侦查，迨判决确定，尚须执行始能实现裁判之内容。是以此等程序悉与审判、处罚具有不可分离之关系，亦即侦查、诉追、审判、刑之执行均属刑事司法之过程，其间代表国家从事‘侦查’‘诉追’‘执行’之检察机关，其所行使之职权，目的既亦在达成刑事司法之任务，则在此一范围内之作用，当应属广义司法之一。有关规定中所规定之‘司法机关’，自非仅指同‘法’第77条规定之司法机关而言，而系包括检察机关在内之广义司法机关。”

基础[①]，并动摇了检察官的“司法官”地位。[②]

1998年以推动我国台湾地区司法改革为宗旨、以律师为主体成立的“民间司法改革基金会”提出“法官法（草案）”，并积极推动该“草案”在“立法院”获得通过。在该“法官法（草案）”中，虽然第2条即明文宣示“检察官具司法官属性”，但在具体设计部分，则将检察官定位为纯粹的行政官。若该“法官法（草案）”在我国台湾地区“立法院”获得通过，台湾地区检察官的司法官身份不啻将被彻底颠覆。该“草案”因为对检察官司法官角色的强力冲击，而被学者称为一场“挑战台湾深受诟病的检察制度”的战役。[③] 虽然该“法官法（草案）”最终因为争议过大而未能在我国台湾地区“立法院”获得通过，但检察官的身份、地位问题由此被“引燃”而成为我国台湾地区司法改革中最具争议和分歧的议题之一。

时至今日，我国台湾地区司法界关于检察官地位的争论仍未有定论，甚至因此影响到我国台湾地区“司法官法”的制定公布。我国台湾地区“司法院”原本自1988年5月即开始研拟推动“法官法”在“立法院”通过。但由于各方意见分歧，该“法”延宕二十余年仍未完成。之所以多年来“法官法”一直无法通过，除了因该“法案”内容颠覆或超越了我国台湾地区传统文官体系及架构，一时尚未获得共识外，很大一部分原因来自检察官的定位未明，无法切实将法官与检察官分割，而如果分割不当，可能形成“截肢”而影响司法权的行使。

对于“法官法”，从名称到内容，台湾地区法官和检察官的各自主管机关“司法院”和“法务部”发生了严重的意见分歧。代表法官的“司法院”认为，检察官与法官属性相抵触，实不宜在“法官法”中规定检察官的相关内容，因而主张彻底切割法检纠缠的脐带，单独制定“法官法”。在“司法院”提出的“法官法（草案）”中，虽然以“准用”的方式另立专章对检察官作出规定。[④]但该“草案”第94条第2项同时规定了“落日条款”，即在“法官法”施行期间生效两年内，检察官必须另立专法规范，否则检察官准用条款将失效。

而台湾地区检察官的代表“法务部”则主张制定统一的“司法官法”，直

① 照此逻辑推演，搜查、扣押等强制处分权，检察官均不得行使。

② 参见王兆鹏：《“台湾刑事诉讼法”发展》，载汤德宗、王鹏翔主编：《两岸四地法律发展：民事诉讼与刑事诉讼》，台湾“中研院”法研所筹备处2007年版。

③ 林钰雄著：《检察官论》，法律出版社2008年版，第241页。

④ “司法院”版“法官法（草案）”第2条的规定，本法所称法官，指“司法院”大法官、“司法院”及各法院法官。至于“检察官”，则依照同“法”第85条之规定，大多准用关于法官的相关规定。

接将检察官纳入“司法官”的概念予以规范，唯有如此，方能凸显检察与审判间唇齿相依的密切关系。“法务部”在其发布的《检察改革白皮书》中指出：检察官制度系滥觞于14世纪的法国，当时是为了改革法官集追诉、审判于一身的纠问专擅，才发展出检察官制度，并确立“追诉与审判分离”及“审检分立”原则，所以，检察权是向法官分权而来的，检察官具有司法的本质，乃是历史的事实。至于17世纪以后，孟德斯鸠所主张之三权分立论中所谓“司法权”固仅指“处罚犯人或审判个人间争执”之权力，但司法权之概念及意涵，随着时代之变迁，已超脱孟氏三权分立说之原意，司法权有愈益扩张之趋势，审判权虽为司法权的核心，但非司法权之全部。在法国，至今仍称呼检察官为“站着的法官”；在德国，则以“隶属于第三权之司法机关”称之，其检察官并非“行政”，而系奋力于判决之途，属于审判之功能范围，在刑事法之领域内，与法官共同完成司法保障的任务。此均在强调检察官之司法的本质，并以其客观性及中立性作为司法属性的指标。① 可见，检察官与法官的角色虽有不同，但二者共同行使司法权，追求公平正义的目标并无二致。检察官行使职权及其效果，与法官相同，理应受同等身份保障。据此，“法务部”认为，制定“司法官法”，使检察官与法官对等地规范在同一部法中，才能确保司法权的完整性及检察官独立行使职权。

对我国台湾地区检察官的法律身份问题，很难作简单化处理，因为台湾地区历来将检察官视为司法官而给予其与法官同等的待遇和保障，现在要完全颠覆原有的司法官概念，将检察官从司法官概念中剔除出去，这就像是将连体婴的分割手术一样，所要处理的器官很多，远从形成的背景历史，近到刑事诉讼程序的设计、法院组织，甚至法学教育等，都得一并厘清，并不是简单地完成一部“立法”就可以达成的，更不是简单的一句“检察官就是行政官”的唯名论说法，就可以打发掉的。② 在台湾地区，这一争论绵延至今仍无定论，无论是“司法官法”，抑或独立的“法官法”“检察官法”，迄今均未能出台。

（二）检审关系

在我国台湾地区，处理检审关系的基本原则是组织上的“审检分隶”以及程序上的“控审分离（不告不理）”。

在1979年实行审检分隶之前，我国台湾地区的司法体制比较奇特，法院系统中仅有“最高法院”隶属于“司法院”，“最高法院”法官的任免由“司

---

① 参见《检察改革白皮书》，1999年编印。

② 参见苏永钦：《从司法官的选任制度看法系的分道和汇流》，载《检察新论》2008年第4期。

法院”负责，“最高法院检察署”的检察官，则由“司法行政部”任免；而高等法院以下各级法院，则隶属于“司法行政部”（嗣后改为“法务部”），高等法院以下各级法院所配置的检察官亦隶属于“司法行政部”，其任免皆由“司法行政部”负责。由于这一时期台湾地区高等法院以下检审机关皆隶属于同一部门领导，且合署办公，因此，这一时期台湾地区的检审关系在组织上体现为“审检合署”。

1979 年 4 月 6 日，刻意营造政治革新形象，台湾地区国民党中央常务委员会决议实施“审检分隶”①，即“高等法院以下各级法院，隶属于‘司法院’。‘司法行政部’，仍隶属‘行政院’，掌理检察、监所及其他司法行政业务”，其主要内容及进行步骤如下：“一、高等以下各级法院，依照‘大法官会议’释字第八十六号解释，隶属于‘司法院’。‘司法行政部’仍隶属‘行政院’，掌理检察、监所及其他司法行政业务，以建立审检分隶新制。二、审检分隶之实施，审判方面：由‘司法院’设置机构，负责所掌业务之行政管理，加强对所属机关之行政监督。检察方面：各级检察机关仍配属于各级法院，并加强其权责与功能。”②

自 1980 年 7 月 1 日起，我国台湾地区正式实施“审检分隶制”，高等法院以下各级法院，改隶于“司法院”，而原配属于各级法院的检察官则加以机关化，正式命名为“法院检察处”，隶属于“司法行政部”改制后的“法务部”。1980 年 6 月 29 日修正的“法院组织法”，将各级检察机关，而非检察官，配置于各级法院，以建立检察机关的完整体系。据此，台湾地区的检察机关与法院，在组织上实现了“审检分隶”。之所以审检分隶后，仍称检察机关“配置于”法院，并非意指检察机关隶属于法院、检察机关为法院的附属机关，而是指检察官执行职务的管辖区域，以其所配置的法院的管辖区域为标准，但检察官对法院仍独立行使其职权。③

---

① 当时我国台湾地区仍实行国民党的威权统治，奉行“党管一切”，因此，即便是司法体制改革这样的议题，仍然是由国民党中央常务委员会通过决议实施。

② “司法院史实纪要编辑委员会”编辑：《“司法院”史实纪要》（第三册），“司法院”编印 1985 年版，第 558—559 页。

③ “审检分隶”后，我国台湾地区的检察官和法官仍在同一座“司法大厦”办公，一般右边是法院，左边是检察署，人们经常分不清哪边是法院，哪边是检察署。有学者认为，这仍然反映出“院检一家”的思想：“历史的因素，院检自古就是一家人，从考试、受训、分发、职务移转到调动，都是在同一个体系内。将法院、检察署放在同一栋大楼办公，非但反映了检察官、法官‘考、训、用’同一的一贯思想，也反映了诉讼程序的构造。”参见王兆鹏著：《辩护权与诘问权》，元照出版有限公司 2008 年版，序。

虽然组织上实现了审检分隶，但由于检察官与法官通过同样的资格考试、且接受内容相同的司法官训练，背景和资历均相同，因此，审检之间仍存在频繁的人员交流，对此，我国台湾地区称为“推检互调”或“检审互调”。早在“审检合署”时期，因为检审人员隶属于同一部门，其人事任免、迁调皆由“司法行政部”负责，检审人员的互调，纯属部属机关内部人事调动，因此，检审人员之间的互调任职相当频繁。正是考虑到我国台湾地区司法实务中的这一惯例，同时也是为了减少改革的阻力、尊重司法官的意愿，在1979年议定审检分隶时，就同时决定采行“推事检察官互调原则”：“检察官仍为司法官，与推事同一待遇，并由行政、司法两院商定审检人员互调办法。”1980年我国台湾地区“法院组织法”修正时于第35条新增第5项“推事检察官之互调办法，由行政院会同司法院定之”。后“行政院”和“司法院”据以订定“推事检察官互调办法”。1989年制定公布的“司法人员人事条例”第17条规定：“法官、检察官之互调办法，由‘司法院’会同‘行政院’定之。”对检审互调制度予以了明确肯定。

（三）外部指令权

我国台湾地区的检察机关虽然在功能上趋向于独立，但在组织上仍隶属于司法行政部门——“行政院”的“法务部”，检察机关的行政事务，包括经费（各级检察机关预算之编列与分配等）、人事（含检察官的任命、考绩、升迁及惩戒等）、职务上注意事项的发布（如颁布“性侵害案件应行注意事项”），以及对检察官废弛职务、侵越权限或行为不检者发布警告处分等事务①，皆由司法行政部门——“法务部”掌控，“法务部长”亦因此对检察机关享有所谓“外部指令权”，即“法务部长”有权就检察行政事务，以发布指示或指令的方式对检察机关实施指挥、监督。在我国台湾地区，这一权力被称为“司法行政监督权”。对此，我国台湾地区“法院组织法”第111条明确规定：“各级法院检察署行政之监督，依左列规定：一、‘法务部’部长监督各级法院及分院检察署……”同“法”第112条更是明确指出了所谓“司法行政监督权”的具体内涵：“依前二条规定有监督权者，对于被监督之人员得为左列处分：一、关于职务上之事项，得发命令使之注意。二、有废弛职务，侵越权限或行为不检者，加以警告。”第113条规定：“被监督之人员，如有前条第二款情事，而情节较重或经警告不悛者，监督长官得依公务员惩戒法办理。”

我国台湾地区“法院组织法”关于“法务部长”外部指令权的规定，借鉴了德国和日本的立法例，但在具体规定上又有差异，即在德国、日本等国立

① 参见林钰雄著：《检察官论》，法律出版社2008年版，第31页。

法上，不仅赋予了法务部长行使检察行政事务监督权，还赋予了其个案指挥监督权，法务部长得且仅得通过检察总长对检察官的个案侦办进行指挥监督。例如，《日本检察厅法》第14条即规定法务大臣就侦查、公诉及裁判执行等检察事务有一般之指挥监督权，但对检察个案之调查或处分，仅得指挥检察总长。而我国台湾地区“法院组织法”则仅赋予了“法务部长”有权对检察行政事务进行指挥监督的权力，并未赋予其个案指挥监督权。依据我国台湾地区“法院组织法”的规定，“法务部长”外部指令权行使的对象仅限于检察行政事务，而不及于个案侦查、追诉等检察业务。之所以未仿效德、日等国立法赋予“法务部长”个案指挥监督权，是因为：其一，“法务部长”外于检察系统，其本身并不具有检察官身份，因此，不宜亲自行使或直接介入“刑事诉讼法”上所赋予检察官的职权（检察业务）；其二，“法务部长”乃典型的政务官，为“内阁”之成员，为“政府”之政策效劳，与“政府”同进退，其行事准则自与检察官不同。但如果容任其以指令权干预检察业务之处理，可能导致“法务部长”基于政治利益考虑而借个案指挥监督权干预检察权的独立运作①，此正如同日本检察史上的最大污点，也是法务大臣滥用指令权的典型案例——“造船厂疑狱事件”所揭示的。加上我国台湾地区“政党”政治及“国会监督”尚未如日本成熟，且政治势力干预司法的积弊残存，如仿照日本法上明文赋予“法务部长”得通过“检察总长”指挥个案的侦查或追诉，无疑将大开政治黑手染指司法的大门。②

（四）内部指令权

在我国台湾地区，检察体系内部上、下级检察官之间的关系适用检察一体原则予以处理。所谓检察一体原则，即上级检察首长除可以指挥监督其所属检察官外，对于下级检察署之检察官并有指挥监督之权，如此，则全体检察官遂形成一种上下阶层之组织，从而由其最顶点之“检察总长”所统率。

对于检察一体原则，我国台湾地区“法院组织法”有明文予以规定：一是“法院组织法”第63条规定：“检察总长依本法及其它法律之规定，指挥监督该署检察官及高等法院以下各级法院及分院检察署检察官。检察长依本法及其它法律之规定，指挥监督该署检察官及其所属检察署检察官。检察官应服从前二项指挥监督长官之命令。”该条规定赋予了“检察总长”及各级检察长对下属检察官的指挥监督权，同时还规定下属检察官对检察长的指挥监督命令

---

① 参见林钰雄著：《检察官论》，法律出版社2008年版，第113页。

② 参见陈运财：《检察独立与检察一体之分际》，载《月旦法学杂志》2005年第124期。

有服从之义务；二是“法院组织法”第64条规定：“‘检察总长’、检察长得亲自处理所指挥监督之检察官之事务，并得将该事务移转于其所指挥监督之其他检察官处理之。”依据该条规定，上级检察首长既可以将下级检察官的事务收取后由自己亲自处理，亦可以将下级检察官的事务收取后移交由其他检察官处理，此即检察首长的职务收取权和移转权。

上述法条被视为我国台湾地区检察体系奉行检察一体原则的法律依据，据此，我国台湾地区检察体系形成了以“检察总长”为顶点的“上命下从”的金字塔结构。上级检察首长依据检察一体原则而行使指挥监督权和职务收取、移转权，又称为“内部指令权”。与外于检察系统的“法务部长”享有的外部指令权不同，内部指令权适用于检察体系内部，即检察长及其下属检察官之间，且该指令权行使的对象既包括检察行政事务也包括检察业务。

从我国台湾地区司法实务来看，检察首长依据检察一体原则而行使内部指令权的情形贯穿于案件的整个诉讼流程。根据我国台湾地区检察机关的内部作业规定，各个检察官应当依分配而受理案件，其对分配的案件因故不能或不宜办理者，应经主任检察官报请检察长核定后，将该案分予其他检察官，主任检察官认为有因故或不宜办理之情节时，亦得报请检察长处理。检察官执行职务时，应当向主任检察官或检察长提出报告，并听其指示。检察官或主任检察官对检察长的指示，有不同意见时，得陈述之，但检察长不采纳时，仍应服从其命令。主任检察官与检察官有不同意见时，应报请检察长核定之。检察官因执行职务撰拟之文件、是否上诉或抗告，皆须经主任检察官核转检察长核定。因此，检察长、主任检察官审阅检察官的法律文书，不仅仅是就文字或形式为审查而已，更及于审查有无调查之事证尚未调查、事实之认定是否适当、法律见解有无违误等事项。①

从上述检察业务作业流程可以看出，上级检察首长的内部指令权贯穿于案件的整个诉讼流程，得以在相当程度上影响甚至支配着案件的最终处理。因此，若对上级检察首长的内部指令权完全不加限制，则必将导致上级检察首长借内部指令权干预检察官的独立办案。我国台湾地区检察体制中历来最为人诟病之处，正在于检察一体与检察独立分际不明，以及由此带来的检察首长内部指令权的不当行使问题。检察一体原则设立之初衷固然可以有效节制不良检察官违法滥权。但是，一旦被滥用，在许多敏感的案件中，上级检察首长往往假借“检察一体”之名干涉个案、左右案件之侦办，从而造成“检察多体”甚

① 参见管欧著：《法院组织法论》，台湾三民书局股份有限公司1990年版，第175—180页。

或“检察解体”。[①]

其实，我国台湾地区检察首长滥用内部指令权的问题由来已久。早在1958年，即爆发过检察首长滥用指令权的所谓“奉命不上诉”案。在该案中，台中地方法院检察官黄向坚侦办南投县长李国桢等人集体受贿案，该案在经黄向坚检察官侦查终结后提起公诉，但法院判决的结果，除李国桢获判无罪外，其他人等均被判有罪。黄向坚检察官收到判决后，对于李国桢被判无罪这一点表示不服，于是，拟依法提起上诉。但上诉书状在送到首席检察官[②]延宪谅处时，延首席竟留中不发。黄检察官向延首席催询，但延首席再三向其表示上级长官希望该案不要上诉，‘高检处’首席检察官夏惟上已多次关切该案，且明言是转达“司法行政部长”谷凤翔的意见。黄检察官见上诉期间即将届满，延首席仍不核定李案上诉，乃撰写声明上诉书，不经首席核可，即迳行送交法院。当黄检察官再以签呈连同上诉理由书呈阅时，延首席竟在原签呈上批示“奉令不上诉”后退回。但经黄检察官力争后，法院认定该上诉仍为有效。此事后来遭政论杂志批判，监察委员亦展开调查，而谷凤翔部长为撇清其并无下达命令来干涉李案上诉，遂将延首席移送惩戒，最后延首席受撤职处分。[③]

该案因为在台湾地区首次暴露了检察首长指令权不当行使的问题，因而在此后台湾学者的学术研究中被一再提及。此后，这方面的事件被曝光的很少，但这并不意味着台湾地区司法实践中已不存在检察首长滥用指令权的问题了，而只能说明在当时我国台湾地区加强了对检察体系的控制，而且控制很成功，使得类似的事件很难再为社会公众所知晓。

在台湾地区，检察首长不当行使内部指令权的问题真正为舆论和学界所普

---

① 参见黄朝义著：《刑事诉讼法》，一品文化出版社2007年版，第70—71页。

② 当时我国台湾地区检察机关的检察首长称为“首席检察官”。

③ 参见黄向坚：《“奉令不上诉”案记实——以诚谨严肃心情说一段司法憾事》，载台湾司法官训练所编：《司法官训练所五十周年纪念文辑》，司法官训练所2005年编印，第99—109页。

遍关注，还是20世纪八九十年代连续爆发“吴苏案”[①]“萧天赞案”[②]以及“上上级事件”[③]之后。当时，随着我国台湾地区民主化进程的加剧，台湾新一代检察官开始争取司法独立的空间，因此，当国民党仍然试图通过以前的方式控制检察体系时，终引发反弹，经当时已经较为开放的媒体集中报道，涉及检察首长内部指令权不当行使的一系列弊案遂成为社会舆论的中心。

上述弊案的共同特征在于，检察首长以所谓“检察一体”及检察首长指令权、职务收取权、移转权为名，行干预检察官独立办案之实。由于类似弊案的频发，“检察一体”原则一度在台湾地区“污名化”，检察首长指令权、职务收取权及移转权几乎成为检察首长干预检察官独立办案的同名词，“导致有

① “吴苏案”，即1989年1月11日清晨，新竹地检署检察官高新武，逮捕了当时台湾负责司法人员操守的“司法院”第四厅厅长吴天惠及其妻子苏冈（律师）。两人被指控行贿和贪污，事由是他们试图影响（贿赂和关说）当时新竹地检署检察官陈松栋所负责侦办的一起案件。即使陈松栋已经数次明确拒绝了他们的贿赂和关说，但他们还是持续骚扰陈松栋，并强迫他接受贿赂，苏冈甚至扬言：“不相信有司法官不收钱”。后陈松栋将这一情况告诉了同僚高新武，高新武检察官在没知会其首席检察官（检察长）的情况下，直接逮捕了吴天惠和苏冈。检察体系则多方阻挠高新武的调查，首席检察官行使职务收取权，明确要求高新武检察官交出案件，但高新武检察官坚持起诉了吴天惠和苏冈。但最后，吴天惠一审被判无罪。随后，四名新竹地方法院的法官和一名检察官立即辞职抗议，一天后，三名协助侦办此案的调查员也辞职抗议。三个月之后，检察官高新武被迫辞职。此即为台湾轰动一时的“吴苏案”。

② “萧天赞案”，即1989年时任台湾地区“法务部”部长的萧天赞，被桃园地检署检察官彭绍谨立案调查一件关说案。但检察首长在要求彭绍谨交出该案件未果后，开始从多方面阻挠其办案，彭绍谨不仅被剥夺了行政上的协助（办案时不能使用书记官和司机），同时，其与同僚的生命还遭到威胁。最后，顶不住压力的彭绍谨检察官在媒体工作者的注目下，流着眼泪被迫交出了该案。萧天赞并没有因为此案被起诉，但在媒体压力之下，他最后还是被迫辞职。彭绍谨是当时台湾检察体系中前途相当被看好的一位检察官，但在该案之后，他被检察体系彻底孤立，后来选择到德国留学，回来之后，仍然遭受检察体系的孤立，和高新武一样，后来被迫辞职。

③ 1994年国民党党员杨文欣不接受国民党中央的命令，执意要参选“省议会”副议长，国民党中央决定用“司法当党纪”来惩处杨家。在没有足够证据的情况下，当时的国民党党主席李登辉直接下令“检察总长”，要求其指令台中地检署先羁押杨文欣父亲杨天生。由于这一羁押指令完全非法，因此侦办杨文欣贿选案的行动遭到了台中地检署新一代检察官的抵制。其中的吴文忠检察官还将此消息透露给媒体，遂引发社会舆论的高度关注。此即为“上上级事件”。此案的关键人物吴文忠检察官后来就此案对媒体说：“检察官不是鹰犬，主人叫他去咬谁，就去咬谁。”此语后来成为台湾检察界的名言。

时检察长因畏惧流言，纵其下属检察官承办案件有不当情形，亦不愿行使其权力”①，进而导致检察体系上下信赖关系相当薄弱。

基于此，1998年我国台湾地区检察官改革运动的主要推动者——“检察官改革协会”推出了“检察一体阳光法草案”，并拟推动台湾地区“法院组织法”之修正。该“草案”的主旨和重点是对检察一体原则暨检察首长内部指令权的行使进行制约和规范，“草案”针对检察首长的指挥监督权、职务收取和移转权以及案件指令权等，提出了“一揽子”解决方案，从而划定了检察首长内部指令权行使的范围和界限。虽然“检察一体阳光法草案”于1998年10月中旬在台湾地区“立法院”审议时未能通过，但“法务部”在此压力下，迅速于1998年11月20日颁布了“检察一体制度透明化实施方案”，部分采纳了“检察一体阳光法草案”所提出的观点。1999年“法务部”进一步发布了“检察改革白皮书”，其第一章第三节即针对检察一体原则的制度化及透明化，提出了如下改革方案：

其一，指挥监督透明化。“检察改革白皮书”提出应当建立“书面指挥”制度。

其二，明定检察首长行使“职务承继权”及“职务移转权”的条件。检察首长行使“职务承继权”及“职务移转权”，因直接剥夺了检察官对案件的侦办权，涉及案件的分办及司法正义的实现，只能在一定条件下审慎为之，唯有如此方能避免外力或行政力量借检察首长的“职务承继权”及“职务移转权”进行个案干预。同时，为了使承办检察官的意见有明白表达的机会，检察长命令移转或承继案件后，检察官固应服从，但仍可以提出意见书，以供日后检验。

其三，建立客观化、制度化的分案原则。鉴于社会各界及基层检察官经常对于检察首长指定分案的妥当性多有质疑，故有必要建立一套明确的案件分配原则，使检察长的指定分案，只能在一定条件下进行，而且指定分案必须以书面附理由的方式作出，从而使检察长的指定分案可以透明化，并接受检验。

其四，明定检察官接受调卷及报告义务。“检察一体”原则的目的之一，既然在于实现检察机关内部的监督制衡，则透过上述指挥监督透明化的措施，

---

① 吴巡龙：《司法独立需要独立的检察权》，载《正义之剑——检改会十周年纪念专辑（下册）》，检察官改革协会2008年编印。笔者在我国台湾地区访问时，曾经在学术会议间隙与一名主任检察官交流，当问及台湾司法实务中，主任检察官与承办检察官在法律见解上不一致时，谁听谁的？该主任检察官表示，他们现在一般只会给承办检察官参考意见，最后决定权在承办检察官。但他又补充道，因为他们是前辈，承办检察官一般会采纳他们的意见。

检察官已有相对独立自主的办案空间，但为了避免因此失去节制，并使检察首长负起监督的责任，必须适当课以检察官接受调卷及报告的义务，使其得以接受检察长的监督。

其五，检察官协同办案之运用。“检察改革白皮书”指出，检察官协同办案的方式，在当今犯罪形态愈趋专业化、复杂化，犯罪组织益加严密、规模更为扩大的背景下，势所难免。但基层检察官及外界对于检察长指定检察官协同办案的制度，经常质疑其公正性及妥当性，并且认为检察长可能以“协同办案”之名，行“多数稀释少数”的个案干预之实，经常引起不必要的纷争。因此，实有必要再厘清协同办案与案件移转权行使的界限，并建立协同办案透明化制度，为此，我国台湾地区“法务部”已经于 1998 年 11 月 20 日修正发布了“地方法院检察署协同办案实施要点”，让检察长可以以书面方式指定检察官协同办案，对协同侦办的案件要指派协助检察官时，检察长应征询主办检察官对协同人选的意见，以使协同办案的检察官能真正合作无间。同时，也许可检察官自行签请，要求加派检察官协同办案，使协同办案能真正发挥协同的优点而没有进行个案干预的疑虑。

第三章　检察官相对独立的必要性和改革探索

第一节　检察官相对独立的必要性

检察官独立是检察权依法独立行使的核心和最后落脚点。但是，我国法律却并没有将检察官视为独立行使检察权的主体，我国宪法将检察权行使的主体确定为检察院而非检察官。[①] 即检察机关在办理案件中作出的任何处理，法律规定不是由办案的检察人员作出决定，而是规定由检察长决定或者检察委员会讨论决定。但是，这种办案模式存在难以调动检察官的积极性、不符合司法规律、难以落实司法责任等弊端。因此，要有效弥补现有体制的不足，克服现有办案模式的弊端，就有必要增强检察官的独立性。

一、保证人民检察院依法独立行使职权的需要

我国法律规定，人民检察院依法独立行使职权，不受行政机关、社会团体和个人的干涉。但是，相比人民法院的独立，人民检察院的独立具有自己的特点。人民检察院的独立具有统一性和集体独立性的特点，其运行遵循检察一体化原则，对外保持整体的统一，对内则要求上命下从。也就是说，人民检察院的独立一般是对外部而言的，对内则是检察院的整体独立，而非检察官个体的独立。但是，检察官作为检察权的具体行使者，其在具体行使检察权的过程中具有一定的独立性，即相对独立性，对于保证人民检察院整体能够依法独立行使检察权，则具有十分重要的作用。

（一）检察官相对独立是检察机关依法整体独立的基础

根据马克思主义哲学原理，整体是由个体组成的，个体是整体的基础，离开了各个个体，整体就不存在。检察系统作为一个整体，承担着依法独立行使检察权的职责，但检察系统不仅由各级检察机关组成，而且是由许多具体的检察人员所组成的，其中检察官是其核心。检察机关依法整体独立，是检察机关作为一个整体，不受外部左右和干扰，独立自主地依法行使法律所赋予的各项检察职权。但是，各项检察职权的具体实现，离不开检察官的个体行为，如果

---

① 我国《宪法》第131条规定："人民检察院依照法律规定独立行使检察权，不受行政机关、社会团体和个人的干涉。"

检察官个体在行使检察职权过程中，不能排除外界的影响和干扰，那么，检察机关整体独立就会成为空中楼阁。因此，检察官作为检察机关整体构成的基本成员和检察职权的具体实现者，只有其相对独立，排除一切非法干预，做到以事实为依据，以法律为准绳，客观公正地办好每一个案件，检察机关的整体独立才有坚实的基础。

检察机关依法整体独立的目的，在于有效排除外界的非法干扰，保证检察权的公正行使独立行使职权是现代司法的一项基本原则，而独立行使职权则包括两种形式的独立：第一种形式的独立是司法机关的集体独立；第二种形式的独立是司法官的个体独立。只有实现了这两种形式的独立，才能实现司法的真正独立。检察机关作为我国的司法机关，其依法独立行使职权也应当包含这两方面的内容。也就是说，检察机关集体独立和检察官个体相对独立都是检察权依法独立行使不可或缺的两种形式，二者共同构成检察权依法独立行使的整体。只有每个检察官作为个体具有一定的独立性，才能保证检察机关作为整体具有独立性。

（二）检察机关依法整体独立必须以检察官相对独立为条件

检察机关依法整体独立，主要指的是检察机关对外依法整体独立，即“不受行政机关、社会团体和个人的干涉”。而检察官相对独立，则主要指的是检察官对内依法相对独立，即在遵循检察一体原则下的依法独立办案。这里的“外”和“内”是哲学中的一对范畴，它们都以对方的存在作为自己存在的条件，离开了“内”，就无所谓“外”；离开了“外”，同样也就无所谓“内”；它们各为对方的表里，共同构成了一个完整的整体。就检察机关依法整体独立来说，如果没有检察官依法相对独立，就缺乏了内在的保证和基础，检察机关依法整体独立就难以实现。因此，人民检察院对外的整体独立必须以检察官对内的相对独立为前提条件。

从司法实践来看，检察机关依法行使职务犯罪侦查权、公诉权、诉讼监督权等多种检察职能，承担着法律监督的重要职责，检察机关通过监督公权力，以维护国家法治和社会公平正义。因此，在检察权行使的过程中，经常会遇到权的压力、钱的诱惑、情的干扰和关系网的阻挠，特别是少数握有实权的人的以言代法、以权压法，往往向人民检察院内部的领导人打招呼，然后再由内部领导人对办案检察官下达指令，以干扰检察官办案。这些干涉有的来自检察机关外部，有的来自检察机关内部。但是，无论是来自外部还是内部的干扰，要达到干预办案的目的，都必须对具体办案的检察官进行说情或干扰。因此，要有效抵御各种来自外部和内部的干扰和影响，只有让检察官具有相对独立性，人民检察院对外整体独立才有可靠的保证。

二、体现检察官主体地位的需要

一般认为，检察官作为检察权的行使者，是诉讼程序中的主体，其不仅要打击犯罪而且要保障犯罪嫌疑人或被告人的合法权益。检察官的主体地位主要体现在三个方面：一是检察官享有的决定权或裁量权；二是检察官承担的办案责任；三是检察官享有的职业保障。要体现检察官的主体地位，检察官在办理案件过程中，就必须享有一定的自主决定权或裁量权，同时能够对自己的决定承担相应的责任，为此检察官还必须享有相应的职业保障，即检察官在办案过程中具有相对独立性。

（一）检察官享有一定的决定权或裁量权要求检察官相对独立

根据法律规定，检察官在办理案件过程中，对案件的处理享有一定的决定权或裁量权，是检察官主体地位的一项重要内容。而检察官要享有一定的决定权或裁量权，就必然要求检察官在办案过程具有独立地位，自己能够独立自主地决定案件，不受外界和其他检察官的左右和干扰。从检察实践来看，检察官作为检察权的具体实现者，其办理案件的检察活动具有一定的司法特性，特别是公诉活动具有明显的司法属性，它要求检察官独立的个体化活动，很多时候只有依靠检察官的独立判断才能保证检察活动的公正。例如，检察官出庭支持公诉时，检察官在法庭上的活动直接代表检察机关的意志，其活动的方式和内容很难由上级提前予以确定或明确，故而这种个体化的活动只能由公诉检察官独立行使。因此，赋予检察官一定程度的独立性，使其享有一定的决定权或裁量权，是检察活动具有司法属性的必然要求，也是司法规律的必然体现。

从世界各国来看，两大法系国家都赋予检察官一定的裁量权。英美法系检察官享有广泛的自由裁量权，例如英国法律规定即使犯罪已经得到证据充分证明，但基于公共利益的考虑，检察官也可以决定不起诉。[①] 美国检察官在刑事诉讼中的权限很广泛，尤其是在决定是否起诉方面，检察官享有“在可能采取或不采取行动的过程中作出选择”的极大的自由裁量权。美国检察官在三个方面享有不容争辩的自由裁量权：有权单独决定是否提起刑事诉讼；有权单独决定在何种程度上指控某人；在认为应该或必须终止诉讼时，不会受到别人的阻止。[②] 大陆法系国家采用严格的法定主义，检察官的起诉裁量权较小，犯

---

① 参见宋英辉、陈永生：《英美法系与大陆法系检察机关之比较》，载《检察论丛》（第1卷），法律出版社2000年版，第552页。

② ［美］琼·雅各比著：《美国检察官研究》，周叶谦等译，中国检察出版社1990年版，第37页。

罪行为符合法定条件就必须起诉，但近年来，大陆法系国家的检察机关起诉裁量权呈现出扩张趋势：在德国，近一半的刑事案件是由公诉人以自由裁量的形式作出决定而撤销案件的。各国检察官都享有一定的自由裁量权，是检察官主体地位的体现，也是检察官具体相对独立性的必然要求。

（二）检察官承担办案责任要求检察官相对独立

检察官承担办案责任，就是对所办理案件的结果承担责任。按照“有权必有责，有责要担当”原则，要求检察官承担办案责任，就应当赋予检察官对案件一定的决定权或裁量权，使检察官能够独立自主地对案件作出有关处理决定，从而必须确立检察官的相对独立性。在国外，检察官履行职权有的是以自己的名义，有的是以检察机关的名义，有的是以检察长的名义，但是，不论是以谁的名义行使职权，检察官均要对自己的职务行为承担责任。① 检察一体的运行规律决定了检察官在一定事项上要服从领导的命令和指示，但现代法治国家普遍依据检察官的客观义务和自负其责的要求，允许检察官服从自己内心对法律的信念，拒绝服从上司的指令。尤其是在上级指令不当甚至违法的情况下，检察官应当具备责任意识，检察官应当忠于法律而拒绝服从甚至违背领导指令。权力和责任互相联系，互为因果，有多大的权力，就有多大的责任，有什么样的责任，也就意味着有什么样的自由裁量权。检察官应当独立享有自由裁量权，就要求检察官在司法活动中具有独立性，能够独立自主地作出决定，这是检察官承担办案责任的前提和基础。

责与权相生，只有责任独立，权力主体才能自觉摒弃外部的干扰，以负责任的态度，独立公正地行使好检察权。检察官责任独立包括检察官的责任及对检察权的制约两个方面，因为要保证责任得到切实落实，必须健全监督制约机制，因而检察权的受制也成为了检察责任独立的应有之义。众所周知，美国法官的权力很大，可以创造无数的“先例”，甚至拥有审查政府行为合法性的权力，但是他们的权力不仅受到立法权和行政权的约束，而且也在舆论媒体的广泛监督之下。② 检察官的权力和责任同样应当与受制相一致。无论检察官拥有多少权力，均应受到相应的监督制约，承担相应的责任。独立是基于分工，合理的分工不仅实现了权力独立，也使得独立的权力之间形成了配合和制约。检察官的独立是检察权自身合理分工、明确权责的必然要求；反之，要求检察官

---

① 参见章群：《检察权独立的基本内涵探析》，载《河南科技大学学报》2014 年第 3 期。

② 参见葛洪义：《法官的权力——中国法官权力约束制度研究》，载《中国法学》2003 年第 4 期。

承担责任，就应当赋予其相当的独立性。

（三）建立检察官职业保障制度要求检察官相对独立

检察官职业保障，就是国家将检察官作为一项特殊职业，在职业任免、工资待遇、职权等方面予以专门保障。一般认为，检察官的职业保障包括对检察官任期、免职、人身自由、工资福利待遇、特权保障等各项法律保障内容。具体来说，检察官的职业保障体系包括四方面的内容：一是可靠的身份地位保障，确保检察官身份不得被随意改变；二是优越的物质保障，确保检察官的职业荣耀有充分的物质保障；三是专业培训保障，满足检察官不断提高职业知识、能力和水平的要求；四是合法对抗非法指令的办案机制保障，增强检察官依法自主的办案意识。① 按照权责利相统一的原则，检察官主体地位的“利”并不仅仅是工资福利方面的保障，而是检察官整个职业保障。明确检察官作为检察权行使主体享有一定的决定权或裁量权并承担相应的责任，就必须建立与之相适应的职业保障体系。检察官只有具备了良好的物质保障、地位保障和相对自主从业保障，才能形成真正独立的精英职业群体，才能最大限度摆脱物质的羁束，排除各种法外因素干扰，独立行使检察权。②

世界各国均重视检察官的职业保障，以有效排除影响检察官正确、有效行使检察权的各种因素，并从法律上作了相应的规定。例如在西方国家，普遍建立了以“高薪制”为核心的一套严格保障制度，以保证检察官独立行使检察权。比如在美国，检察官的收入高于一般的行政官员，基本与法官相同，除了高薪之外，还有诸如较长的休假、优先给予住房保障与医疗服务，优厚的退休金等保障。在日本，“为了保证检察权的行使不受外来势力，特别是来自现实的政治权力的不当影响，不受检察部门以外任何人的指挥命令，必须保障检察官的身份，保护他不受来自任何方面的间接压力。同时，必须使检察官行使每一权限的职务行为的效力，不受其他内部条件的干扰。”③ 检察权运行方式是本，是核心，检察官职业保障是辅，是从属性的。只有建立检察官的职业保障体系，才能体现检察官职业的特殊性，也才能反映检察官的相对独立性。

---

① 参见王戬：《走出行政化的误区——主诉检察官制度探析》，载《中央政法管理干部学院学报》2004 年第 4 期。

② 参见谢鹏程：《检察官办案责任制改革的三个问题》，载《国家检察官学院学报》2014 年第 6 期。

③ ［日］法务省刑事局编：《日本检察讲义》，杨磊、张仁等译，中国检察出版社 1990 年版，第 18 页。

三、排除干扰实现司法公正的需要

司法活动最大的价值追求即是公正。公正是司法的目的、核心和灵魂，其本身有两种含义：一是实体公正，即严格依照实体法的规定处理案件；二是程序公正，司法过程要严格按照程序法的规定，不能随意缩减或修改程序。司法公正的实现离不开司法权的独立公正行使，即司法官除了法律之外，不受任何其他外部因素的影响。如果检察官依附或隶属于其他机关或个人，受其他机关或个人的左右，缺乏应有的独立性，司法公正的实现将难以想象。因此，司法独立和司法公正都有赖于司法权包括检察权的独立运行，这其中除了检察机关整体独立的作用外，检察官个体独立的作用也至关重要，因而强调检察官的相对独立对于司法独立和司法公正的实现具有重要意义。

（一）司法公正的实现需要检察官独立的思考和判断

司法公正实现的基础是发现案件的客观事实，只有发现了案件的客观事实，才能依法作出客观公正的结论，实现司法公正。但是，要发现案件的客观事实，不仅需要有求真务实的精神，而且需要检察官在发现案件事实过程中具有独立思考和判断的地位。检察官自从产生之日起，就承担着发现客观事实的客观义务。“创设检察官制度的最重要目的之一，在于透过诉讼分权模式，以法官与检察官彼此监督节制的方法，保障刑事司法权限行使的客观性与正确性。”同时，“创设检察官制度的另外一个重要功能，在于以受严格法律训练和法律拘束的公正客观的官署，控制警察活动的合法性，摆脱警察国家的梦魇。”① 可见，现代检察制度在其创设之初，就旗帜鲜明地确立了检察官的“法律守护人”的角色定位，更旗帜鲜明地确立了检察官对客观、公正价值的取向和追求，确定了检察官的客观公正义务。检察官的客观公正义务不仅要求检察官在发现案件事实过程中要保持客观中立的立场，而且要求检察官在发现案件事实过程中要进行独立的思考和判断，既要注意不利于犯罪嫌疑人、被告人的事实和法律，又要注意有利于犯罪嫌疑人、被告人的事实和法律，做到不偏不倚，独立自主地发现案件客观事实。

守护法律是检察官的天职，忠实执行宪法和法律，以事实为依据、以法律为准绳、秉公执法、公正履职，既是检察官活动的准则，也是检察官必须履行的客观义务。要实现这种客观义务，就决定了检察官必须具有独立思考和判断的主体地位。同时，为了实现检察官的客观公正义务，各国法律还规定了检察官的回避义务、调查义务、调取证据义务、证据展示义务以及抗诉义务等，这些义务有助于检察官客观全面地发现案件的客观事实，促进司法

① 林钰雄著：《检察官论》，台湾学林文化事业有限公司 1999 年版，第 16—17 页。

公正的实现。在司法实践中，检察官要正确履行客观义务，不仅要求检察官要有很高的法律专业水平、判断真伪的能力和追求公正的心灵等个人素质，而且要求检察官独立思考和判断问题的地位保障，以有效防止外界对检察官的非法干扰和影响。因为司法是一种需要亲历性和独立判断性的活动，既不能由别人代替，也不能受其他人的干扰和左右，需要自己亲力亲为，方能发现客观真实。因此，要实现司法公正，就必须要求检察官在发现案件事实过程中能够独立思考和判断。

（二）司法公正的实现需要检察官独立自主地作出决定

司法公正的实现需要司法官对案件作出客观公正的结论，而对案件作出客观公正的结论离不开检察官的独立自主地决定。因为在司法中检察官承担着证据审查、提起公诉等职责，要公正地履行其职责，就要求检察官具有亲历性、独立作出判断等司法特性。从现代检察理论上讲，检察权兼具行政权和司法权的双重属性，决定了检察机关和检察官既要"上下一体"，又要依法独立。我国检察官是司法官，所从事的是司法工作；特别是审查批捕和审查起诉工作具备基本的诉讼构造，即以侦查机关和被害人为控方，以犯罪嫌疑人及其辩护律师为辩方，检察官在审阅案卷材料、核实主要证据、讯问犯罪嫌疑人和听取律师意见的基础上，居中依法作出是否批捕、起诉的决定；这既具有直接性和亲历性的司法特点，又具有判断性和法律适用性的司法特征。而依法独立既是司法规律的必然要求，也是司法官的重要特性，赋予检察官相对独立性，由其在亲身经历的基础上，在职责范围内依法自主地对检察事务作出处理决定，符合司法规律和司法官的特性，也是实现司法公正的客观需要。

从各国情况来看，检察官独立自主地对案件作出处理决定，是实现司法公正的重要内容和保障。例如在英美法系国家，检察官主要承担审查起诉的职责，而检察官独立地作出是否起诉的决定，是体现司法公正的重要表现。如在美国，90%的案件是通过辩诉交易完成的，检察官享有是否进行辩诉交易、如何进行辩诉交易以及辩诉交易后如何起诉的决定权，检察官可以独立自主地作出决定，从而保证了美国的司法公正。在我国，检察官行使的检察权除了刑事公诉以外，还有职务犯罪侦查权、法律监督权。其中，职务犯罪侦查权涉及掌握权力的公职人员，在查办这类犯罪案件过程中，往往遇到各种干扰和诱惑，如果检察官不能依法独立地行使职权，就难以保证司法公正的实现。法律监督权的对象涉及国家的权力机关及其公职人员，他们权高势重，具有天然抵抗监督和干扰侵蚀监督权的能力，要保证法律监督权依法独立公正行使，维护司法公正，就必须要求检察官具有相对的独立性，能够独立自主地对案件作出决定。

四、落实办案责任制的需要

办案责任制，就是为了保证办案质量，国家规定办案机关和个人对案件的处理结果承担相应法律责任的一种制度。“谁办案谁负责”是办案责任制的基本要求，其目的在于提高办案机关和人员的责任心，保证办案质量，确保司法公正。但是在检察机关，实行检察一体。检察一体在确保法律统一正确实施、保障检察机关系统独立等方面发挥着重要作用。但是，检察一体同时也带来了一些缺陷：一是下级服从上级的命令，使得上级有了正当干预下级的理由，实践中下级检察机关或检察官办理具体案件容易受到上级检察机关或检察官的不当影响。二是检察权的统一行使，上命下从，容易使检察官缺乏主体地位，造成检察责任无从落实，发生错案时难以追究责任。三是检察一体可能减弱检察官个人的能动性和主动性，削弱提高自身素质的动力，不利于提高检察官的业务能力。因此，为了提高检察官的办案能力，落实办案责任制，就必须赋予检察官一定的独立性。因为独立性与责任制是直接关联的，没有独立则难以有责任。检察官的独立性是落实办案责任的前提，也是检察权自身合理分工、明确权责的必然要求。按照责权利相统一的法治原则，权力的独立同时也是责任的独立。只有责任的明确和独立，权力主体才能自觉摒弃外部的干扰，以负责任的态度，独立公正地行使好检察权，才能保证办案责任落到实处。

近年来，为了落实办案责任制，我国进行了检察官办案责任制改革。所谓检察官办案责任制，是指在检察长的领导下，检察官作为主要责任人，相对独立地承担审查起诉、出庭支持公诉、职务犯罪侦查及法律监督等职责的办案制度。检察官办案责任制改革要求突出检察官办案的主体地位，明确检察官办案的权力和责任，对所办案件终身负责，严格错案责任追究，形成权责明晰、权责统一、管理有序的司法权运行机制。① 党的十八届四中全会通过的《中共中央关于全面推进依法治国若干重大问题的决定》又要求完善检察官办案责任制，“实行办案质量终身负责和错案责任倒查问责制”。而现行的办案模式存在办案者无权定案、定案者不直接办案、办案与定案相分离的问题。根据权责统一原则，让无权定案的人承担办案责任显然有失公允。显然，只有使检察官相对独立，具有较大的自主决定案件的权力，才能让其承担办案责任，因为“独立性与责任直接关联，检察官的相对独立性正是确

① 参见彭波：《中央司改办负责人解读——司法体制4项改革先行试点》，载《人民日报》2014年6月16日第11版。

立办案责任制包括错案追究制的前提”①，也只有这样，办案责任制才能落到实处。否则，如果检察官不具有相对独立性，检察官办案责任制改革就失去其理论基础。

五、办案中临场决策及提高诉讼效率的需要

在司法实践中，为了及时有效处理办案中遇到的紧急情况，提高诉讼效率，也需要检察官具有独立性，能够及时作出处理决定。

（一）检察官相对独立是办案中临场决策的需要

检察权自产生以来，就承担着承上启下的作用，并对前面的侦查权进行监督，对后面的审判权进行制约，因而检察权是唯一贯穿整个司法活动的一种权力。检察官作为检察权的具体行使者，需要经历侦查、起诉、审判等整个司法活动。在这整个司法活动中，检察官会遇到许多问题，有的是既定的问题或预料中的问题，如批捕或不批捕、起诉或不起诉；有的是突发问题或预料外的问题，如庭审中出现新的重要证据，影响被告人罪行的问题等。对于既定的问题，检察官可以报请检察长决定，但对于突发的问题，检察官往往来不及报请检察长决定，需要自己及时作出处理决定，这就要求法律应当赋予检察官一定的决定权或裁量权，使检察官具有一定的独立性。唯有此，才能保证检察官能够及时处理办案中遇到的临场问题，保证司法活动不被中断，以体现司法活动的权威性。

在我国，根据有关法律规定，检察官在办案中遇到的问题，几乎都需经检察长批准、决定或检察委员会讨论决定，办案检察官自由裁量、自行决定的权限十分有限，这不仅难以体现检察官在办案中的主体地位，影响检察官主观能动性的发挥，影响诉讼效率，而且不符合诉讼规律。检察官对案件的认识是随着诉讼程序的推进而不断深化的，所以，随着诉讼程序的推进，有时会因情况紧急或诉讼程序不便于中断等原因，来不及或不便于报请检察长决定，而需要一线检察官临场自行决策；有时会因事实、证据发生变化而需要立即对检察长原作出的决策加以修正。如在职务犯罪侦查中对正在转移赃款、赃物、毁灭证据的犯罪嫌疑人采取搜查、扣押措施；出庭支持公诉中因事实、证据发生变化需要变更或撤回起诉等，按照现行的规定，这都不属于一线检察官自由裁量权的范围，而属于检察长的权限，但根据诉讼规律，确需赋予检察官相对独立性，以便其根据诉讼中变化了的情况临场自行决定。

---

①　龙宗智：《论依法独立行使检察权》，载《中国刑事法杂志》2002 年第 1 期，第 17 页。

（二）检察官相对独立是提高诉讼效率的需要

诉讼效率是司法公正的一项重要内容，司法活动如果没有效率，就不能实现司法公正，即所谓“迟来的正义非正义”。诉讼效率之所以是公正的重要品质，在司法活动具有极其重要性，是因为司法活动涉及公民的人身自由和财产权益，而公民的人身自由是无价的、崇高的，公民的财产权益是一个公民生存的基础和根本，如果司法活动过于拖延，没有效率，就必然会对公民的人身自由和财产权益带来侵犯和损失，从而侵犯人权，破坏社会的稳定秩序。而检察官作为司法活动的重要参与者，也是诉讼活动的重要推动者，承担着维护法律统一、保护人权的重要使命。如果检察官在诉讼活动中不能及时对案件的有关问题作出处理决定，就会拖延诉讼活动，造成公民的人身自由被较长时间的剥夺，或者公民的财产权益较长时间处于不确定状态，从而不利于及时实现司法公正。因此，要有效提高诉讼效率，保证司法公正的实现，就需要赋予检察官对案件一定的决定权或裁量权，使检察官在诉讼中具有一定的独立性。

在我国，根据有关法律规定，检察机关办理案件实行“三级审批”模式，即“检察官承办，办案部门负责人审核，检察长审批或者检察委员会决定”的办案方式。这种三级审批的办案模式强化了对办案人员的监督并保证检察活动的统一性，对于防止检察权的滥用，保证国家法律统一实施发挥了重要的作用。但是，这种层层审批的办案模式，使得程序较为烦琐，导致办案效率较低，同时混淆了行政管理职能和检察职能，忽视了检察活动的司法性，使检察官难以成为具有一定决定权的独立行使检察权的主体。① 因此，要有效克服三级审批办案模式的弊端，提高诉讼效率，就应当赋予检察官一定的职权，使其成为具有独立性的诉讼主体，能够对自己办理的案件享有一定的决定权。

第二节　我国检察官相对独立制度的改革探索

针对目前检察机关实行“三级审批”的办案模式，忽视检察官办案主体地位，不利于调动检察官办案积极性等问题，我国先后启动了主诉（办）检察官制度、主任检察官制度、员额检察官制度等一系列改革探索，旨在不断增强检察官的相对独立性，完善我国检察官相对独立制度。

一、主诉（办）检察官制度改革探索

主诉（办）检察官制度，是在检察长领导下，在公诉部门、侦查部门等检察业务部门实行的以主诉（办）检察官作为一定范围内的独立办案主体的检察官办案制度。作为我国检察改革的时代产物，主诉（办）检察官制度以

① 参见孙谦：《检察官制度刍议》，载《法学评论》2001 年第 1 期。

改变我国现行检察体制、增强检察官办案的独立性为目的，其在法理上的合理性，司法上的符合规律性，得到了学术界和司法界的充分肯定，也取得了较为理想的效果。

（一）主诉（办）检察官制度改革发展过程

长期以来，我国检察机关办理案件一直实行“三级审批制”。直到1996年我国刑事诉讼法修改，检察机关才决定对这种办案方式进行改革。1996年刑事诉讼法修改对检察机关提出了许多新的要求和挑战，其中，最大的挑战就是要应对庭审方式的改变。即庭审方式由原来的纠问式改为对抗式，原来由法官出示证据改为由出庭的检察官出示证据并承担证明被告人有罪的证明责任。同时，法律还要求检察官在出庭以前，只能向法院移送案件主要证据的复印件，而不能移送全案证据。此项法律修改，使得指控犯罪的成败责任完全由检察机关承担，而出庭检察官的能力和在法庭上的表现直接影响着检察机关的形象，因而对检察机关提出了严峻的挑战。正是在这种严峻的形势下，最高人民检察院原检察长韩杼滨在全国检察机关深化改革座谈会上的讲话中特别指出：“不改革，检察工作就没有出路；不改革，检察工作就不能发展；不改革，检察机关就没有活力。”改革是解决上述问题，也是应对挑战的唯一办法。

为了应对刑事诉讼法修改的挑战，也为了维护检察机关的形象，一些地方检察院突破检察体制条框的束缚，开始进行检察官办案制度改革的探索，当时全国检察机关进行了许多试点和探索，出现了多种模式，比较典型的有北京市海淀区人民检察院试行的检察官“检控分离”、上海市杨浦区人民检察院试行的“等级公诉人制度”、广州市白云区人民检察院试行的主办侦查员办案责任制①、河南省郑州市人民检察院试行主诉（办）检察官办案责任制、河北省唐山市人民检察院实行的主办检察官责任制②、河北省平山县人民检察院试行的

① 早在1998年下半年，全国模范检察院广州市白云区人民检察院就提出了在反贪部门试行主办侦查员办案责任制的构想，经过半年多的研究和筹划，该院于1999年初制定了《广州市白云区检察院主办侦查员责任制试行办法》和《反贪局主办侦查员执法监督细则》，明确规定了主办侦查员的选拔、责任、权限、待遇和监督管理等内容。参见《广州白云区检察院试行主办侦查员办案责任制》，载《人民之声》2000年第7期。

② 河北省唐山市人民检察院于1998年8月18日制定了《河北省唐山市人民检察院关于实行主办检察官责任制的暂行规定》，规定在本院反贪污贿赂局及法纪检察、审查批捕、审查起诉、监所检察、民行检察、控告申诉检察等部门，实行主办检察官责任制，并规定了主办检察官的职资、职权、义务等。参见《河北省唐山市人民检察院关于实行主办检察官责任制的暂行规定》（1998年8月18日），载《检察实践》1999年第2期。

主办检察官责任制①，等等。这些实践改革探索都取得了较为明显的效果，引起了最高人民检察院的关注和重视。

在全国各地检察院改革探索的基础上，最高人民检察院经过全面调研并进行充分论证之后，采纳了主诉（办）检察官制度的改革做法，并决定于1999年在北京、上海等10个省市进行主诉（办）检察官制度的试点工作。

经过一年的改革试点，在总结经验的基础上，最高人民检察院于2000年1月制定并下发了《检察改革三年实施意见》，确定了六项改革措施②，主诉检察官制度改革是其中的一项重要内容。同时，最高人民检察院制定了《关于在审查起诉部门全面推行主诉检察官办案责任制的工作方案》，对主诉检察官办案责任制的组织形式，主诉检察官的选任、职责及考核等作了规定，并下发通知，要求从2000年1月起，在全国各级检察机关审查起诉部门全面推行主诉检察官制度。

2000年5月，最高人民检察院又制定并下发了《关于在民事行政检察部门推行主诉检察官办案责任制的意见》和《关于在检察机关侦查部门开展主办检察官办案责任制试点工作的意见》，规定了民事行政检察部门主诉检察官办案责任制的组织形式，主诉检察官的选任、职责与职权、办案纪律及考核与奖惩等内容；侦查部门主办检察官办案责任制的组织形式及工作方式，主办检察官的条件和选任程序与职责，对主办检察官的监督、考核与奖惩等。

最高人民检察院上述文件下发后，各地检察机关纷纷在业务部门实行主诉（办）检察官制度。到2003年底，全国共有2897个检察机关实行了主诉（办）检察官制度，任命了12633名主诉（办）检察官。到2004年12月，全

① 河北省平山县人民检察院于1999年12月30日制定了《河北省平山县人民检察院案件主办检察官责任制度》，规定在本院管辖范围内的自侦案件、法律监督案件（立案监督案件、民行监督案件、执行监督案件等）的办理实行主办检察官制度，并明确规定了主办检察官的选任、职权和监督等。

② 2000年1月，最高人民检察院制定的《检察改革三年实施意见》确定了以下六项改革措施：一是改革检察业务工作机制，强化法律监督的职能和作用；二是改革检察机关的机构等组织体系，加强上级检察机关对下级检察机关的领导；三是改革检察官办案机制，全面建立主诉、主办检察官办案责任制；四是改革检察机关干部人事制度，调整人员结构，提高人员素质，实行检察官、书记员、司法警察、司法行政人员的分类管理，建立充满生机与活力的用人机制；五是改革检察机关内、外部监督制约机制，保证公正、廉洁和高效；六是改革检察机关经费管理机制，实行科技强检，为检察机关依法履行检察职能提供物质保障。

国90%以上的检察机关都实行了主诉（办）检察官制度。

（二）主诉（办）检察官制度改革增强了检察官的独立性

主诉（办）检察官制度的推行，对于我国检察制度的发展乃至整个司法体系的变革都产生了重要影响，同时对我国检察机关的办案质量和效率起到了积极的促进作用。通过赋予主诉（办）检察官一种精英化的主体地位，从而改善办案一线人员的素质结构并鼓励竞争进取，通过建立新的工作模式，打破原有“大锅饭”制度僵局，推动体制创新，最终达到促进办案质量和司法效率同步提高的目的。

第一，推动了检察机关办案模式的创新。主诉（办）检察官制度改革改变了以往“三级审批”的办案模式，推行以主诉（办）检察官为主体的新的办案模式，这是检察机关办案模式的重要创新。同时，这种创新也得到了实践特别是基层检察院实践的检验，是符合客观实际的、切实可行的。主诉（办）检察官制度先从基层检察院开始探索试验，之后得到最高人民检察院的认可并全面推行，经历了一个自下而上成长、最终自上而下全面展开的过程。因此，它符合时代背景，体现出明显的实务价值，由于其诞生于基层，与基层工作的结合也较为紧密。同时，当初最高人民检察院在推行中对主诉（办）检察官制度时，对其组织形式、选任标准、任期等内容未作硬性统一规定，允许各级人民检察院自行探索。这体现了最高人民检察院在体制创新中重视基层参与以减轻制度推行阻力的思路，显示出一种开明的态度。此做法增加了主诉（办）检察官制度在实施过程中继续完善发展的可能，也为其他方面的体制创新树立了榜样。例如主诉（办）检察官制度作为公诉部门的主要办案制度形式，涉及业务办理、行政管理、人事安排、职权划定、绩效评估、激励措施、监督监管等各个方面的内容。它的实施引发一系列相关制度措施的变化和更新，以便为主诉（办）检察官提供相应的配套与保障。

第二，突出了主诉（办）检察官的法律意识和司法属性。一直以来，我们一直强调依法治国，要法治而不要人治，但在实际操作过程中，往往采取了人治的管理方式。我国检察机关是宪法和法律确定的法律监督机关和司法机关，但长期以来却难以真正做到法律规定的“独立行使检察权”，难以体现其应有的司法独立属性。甚至有时检察机关内部以单纯的行政方式取代和检察业务管理，检察官缺乏独立性，他们只是服从上级的下级，只是听从领导指令的办案工具。主诉（办）检察官制度的推行和发展，不仅意味着改革长期以来单纯以行政手段管理检察工作的做法，体现了检察官应有的司法属性，使其具有了部分相对的办案独立性，使得主诉（办）检察官对绝大部分案件有了独立的思考和办案的权力，成为真正的办案主体。因此，主诉（办）检察官办案制度的这项改革，是还原检察办案司法属性的改革，是符合司法规律的一项改革，必定会促进依法治国的理念更加深入人心。

第三，确立了主诉（办）检察官享有一定决定权的办案主体。主诉（办）检察官制度改革的实质是重新配置包括公诉权在内的各种检察权，核心在于放“权”于主诉（检察官），使其成为真正的办案主体。只有赋予主诉（办）检察官一定的案件决定权，才能使其在办理检察案件中发挥主导作用，强化责任，提高案件质量，减少办案环节，提高诉讼效率。从实践来看，由于各地探索主诉（办）检察官制度的情况不同，赋予其职权大小也不完全一样。但是，在放权检察官时，都坚持合法性、合理性等基本原则。从最高人民检察院的相关规定来看，除法律明确规定应当由检察长、检察委员会行使的职权，以及检察长、检察委员会认为应由其行使的职权外，其他职权都可以赋予主诉（办）检察官。一般来说，主诉（办）检察官主要可以行使以下几类职权：(1) 决定提起公诉权。分州市检察院主诉（办）检察官对可能判处无期徒刑以下刑罚的刑事犯罪案件（危害国家安全、外国人犯罪案件除外）决定提起公诉，基层检察院主诉（办）检察官对可能判处有期徒刑以下刑罚的刑事犯罪案件决定提起公诉；(2) 补充侦查权。对于需要补充侦查的案件，可以退回公安机关补充侦查，也可以决定自行侦查；(3) 核实证据权。决定对相关案件中的有关证据进行复验、复查、勘验、鉴定；(4) 其他权力。对作相对不起诉决定的被不起诉人可视情况予以训诫或者责令其悔过、赔礼道歉、赔偿损失，或者建议主管部门予以行政处分等。

第四，明确了主诉（办）检察官的责任范围。责权利的有机统一不仅是司法管理的要求，也是确立司法主体的基本要求。权力是履行职责的有效可能，责任是正确行使权力的制约和限制，利益是履行职责的物质保障。只有当主诉（办）检察官所承担的工作职责的权限与其责任范围相适应时，才能调动和激发主诉（办）检察官的工作积极性和责任感，使得主诉（办）检察官更高效快速并且高质量的完成相关工作，如果责任大于权限，往往导致责任不明，责任心不强，积极性不高，工作效率低下，从而影响工作顺利高效的开展；反之，如果权限大于责任，可能产生权力被滥用或者对工作不负责任现象的出现，甚至出现以权谋私、以权换利现象的发生。因此，主诉（办）检察官制度改革中明确了其责任范围，对于确立和发挥主诉（办）检察官的主体性，具有重要作用。从改革实践看，主诉（办）检察官的职责主要包括以下内容：(1) 对自己承办的全部案件质量和办案期限，承担全部责任；(2) 对交由组内其他人员办理的案件，应当承担指导、监督、关键环节审查把关等责任；(3) 对疑难、复杂和新类型犯罪案件，主诉（办）检察官必须自己办理，对案件中的重要信息及时报告并接受指导等。

（三）主诉（办）检察官制度改革存在的问题

经过几年的实践，由于受到各种因素的影响和制约，各地主诉（办）检察官制度悄悄地发生了多样性的变化，呈现出复杂的多极化现象。从目前全国情况看，主诉（办）检察官制度出现了以下三种变化：第一种变化：主诉（办）检察官制度被废止或者名存实亡。有的检察院废止了主诉（办）检察官制度，或者不再实行主诉（办）检察官制度，办案方式又回到原来的“三级审批制”。第二种变化：主诉（办）检察官制度仍在坚持实行。有的检察院仍按照最高人民检察院的有关规定，全部或部分实行主诉（办）检察官办案制度。第三种变化：主诉（办）检察官制度得到发展完善。有的检察院针对主诉（办）检察官制度在实践中遇到的问题，为了检察事业的发展，在原有主诉（办）检察官制度的基础上积极探索主任检察官制度。主诉（办）检察官制度出现多样性的变化，反映了该制度在实践运行中遇到了一些现实问题。通过研究分析我们发现，主诉（办）检察官制度在实践中遇到了以下几方面的现实问题①：

第一，主诉（办）检察官为部门下的办案组，缺乏法律主体地位。根据有关规定，主诉（办）检察官制是在检察机关公诉部门、侦查部门等业务部门内实行的主诉（办）检察官相对独立的办案责任制，主诉（办）检察官只是业务部门下的一个办案小组。也就是说，在实行主诉（办）检察官改革时，主诉（办）检察官只是一种身份，而不是一个机构，即主诉（办）检察官制没有将机构与身份结合起来，因而在法律上没有独立的主体地位。主诉（办）检察官缺乏法律主体地位不仅表现在他与主管检察长的关系上，更重要的表现在主诉（办）检察官与部门负责人的关系上，即主诉（办）检察官不仅要接受主管检察长的领导，而且还要接受部门负责人的领导。在主诉（办）检察官制度实行初期，由于各级检察院检察长的高度重视，主诉（办）检察官与部门负责人（一般也是主诉办检察官）的地位还较为平等，部门负责人对主诉（办）检察官办案的干预较少，主诉（办）检察官办案的独立性也较大。但是，随着主诉（办）检察官制度的实行，一些地方检察院的部门负责人对主诉（办）检察官的办案干预增多，有的甚至要进行审查，逐渐回到原来的“三级审批制”模式，主诉（办）检察官缺乏办案的主体地位，直接影响了其办案的积极性。

① 参见邓思清：《主诉（办）检察官制度改革及其启示》，载《人民检察》2013 年第 7 期。

第二，职级晋升不明，难以留住主诉（办）检察官。职级晋升是每位检察官的职业追求，也是检察机关对每位检察官的职业关怀。俗话说“不愿当将军的士兵，不是好士兵”，同样可以说“不追求职业晋升的检察官，不是好检察官”。在主诉（办）检察官制度实行初期，由于最高人民检察院和各级检察院的高度重视，各级检察机关一般都将主诉（办）检察官按本院中层领导干部对待，因而一般检察官能够竞争上主诉（办）检察官，不仅是对其业务能力的认可，更是其职级上的一大进步。同时，主诉（办）检察官制度作为最高人民检察院号召的一项重要的司法改革措施，能够参与这项改革活动，也是其政治上积极要求进步的重要表现，因而各级检察机关的检察官都非常热情和积极地参与这项改革活动，使得主诉（办）检察官制度在各地得以蓬勃发展。但是，随着主诉（办）检察官制度的实行，一些地方主诉（办）检察官的权力减小、待遇的降低，特别是在副检察长的选任、其他部门负责人的选拔上，往往都要求具有一定的行政级别和年限，而担任主诉（办）检察官本身则不具有一定的行政级别和任职年限，往往没有资格参与竞争，影响了主诉（办）检察官在职级上的进步。同时，主诉（办）检察官又没有自己独立的职级序列，无法在该位置上继续晋升，只能参与其他行政级别更高职务的竞争。因此，一旦有机会竞争其他行政职务，主诉（办）检察官就会纷纷参与，从而造成主诉（办）检察官的流失，影响了主诉（办）检察官制度的可持续发展。①

第三，责权利不统一，难以调动主诉（办）检察官的积极性。责权利相统一，是最高人民检察院实行主诉（办）检察官制度的基本要求，也是主诉（办）检察官制度能够得以坚持和发展的根本保证。在主诉（办）检察官制度实行初期，由于最高人民检察院的大力推行和严格要求，各地检察机关都十分重视，积极采取措施，争取当地财政支持，或者通过其他途径，多方筹措基金和经费，保证了主诉（办）检察官能够得到一定的岗位津贴或者办案补

① 《检察日报》曾以主诉检察官制度的发源地之一——北京市海淀区人民检察院为观察视角，评述主诉检察官制度，称：“把优秀的年轻人推向前台，历经大风大浪后，他们迅速成长。10 年来海淀区检察院培养出 3 名全国十佳公诉人，1 名全国优秀公诉人，3 名北京市优秀公诉人。公诉队伍的‘海检现象’让全国检察机关为之侧目。”但同时又指出：“10 年来海淀区检察院先后任命了 31 名主诉检察官，目前在主诉岗位的仅 14 人，不到半数。他们中在主诉岗位上工作 10 年的只有 4 人，调离的 15 个主诉检察官，6 人提拔到外单位任领导职务，5 人院内提拔，其他人辞职或退休。……一些主诉检察官把晋升行政职务作为自己的价值目标。这已经成了主诉检察官制度发展中的主要障碍。”参见林世钰：《主诉检察官制度“十岁”遭遇人才流失难题》，载《检察日报》2008 年 8 月 13 日。

助，实现了主诉（办）检察官责权利的有机统一，从而有效地调动了主诉（办）检察官办案的积极性，也增强了其办案的责任心。但是，经过几年的实践，由于情况的变化，比如检察长的更换、阳光工资的实行、检察机关从事营利性活动被禁止等，使得检察机关难以得到当地财政的有效支持，也难以通过其他途径获得额外的经费，从而难以保证主诉（办）检察官能够得到一定的岗位津贴或者办案补助。在主诉（办）检察官办案责任和压力未减的情况下，其利益的减少，使得主诉（办）检察官的责权利难以统一，大大挫伤了主诉（办）检察官的积极性，同时也导致其他检察官不愿意竞争主诉（办）检察官，从而造成主诉（办）检察官制度的萎缩甚至被废止。

第四，主诉（办）检察官的权力过小，难以有效提高诉讼效率。虽然《关于在审查起诉部门全面推行主诉检察官办案责任制的工作方案》规定，主诉检察官享有以下权力：除对需要改变强制措施、改变管辖、拟作不起诉、变更起诉、决定抗诉、撤回抗诉以及本地有重大影响的案件有权提出处理意见外，对其他一般案件享有决定提起公诉的权力。但是，通过调研发现，在实践中，主诉检察官的权力远小于上述规定，主要表现在：一是在一些基层检察院，主诉检察官只对可能判处三年以下有期徒刑适用简易程序的案件有权决定提起公诉，甚至在有的检察院，主诉检察官连这一权力也没有，一切案件的起诉权均由部门负责人和分管检察长行使。二是对公安机关移送审查起诉的案件，需要改变罪名、改变定性、增减犯罪事实的事项，一律要经部门负责人、分管检察长决定或者提交检察委员会讨论决定。我们知道，在移送审查起诉案件中，由于证据原因增减犯罪事实的案件十分常见，因而增减罪名、改变定性的也不在少数，再加上基层侦查人员法律知识的限制和认识的原因，需要改变定性、增减罪名的案件占有相当的比例，而在基层检察院，这些一般要经部门负责人把关、分管检察长决定。三是对与部门负责人、分管检察长有不同意见的案件，主诉检察官无权提交检察委员会讨论决定。遇到这种情况，主诉检察官只能服从部门负责人或者分管检察长的意见，无法在检察委员会上充分阐述理由、发表见解，这直接影响了起诉书的制作及出庭支持公诉的效果。主办检察官的权力也基本如此。实践中主诉（办）检察官的权力过小，导致大量案件仍采用“三级审批制”，因而难以有效提高诉讼效率。

二、主任检察官办案责任制改革探索

主任检察官办案责任制，是在检察长领导下，主任检察官作为检察机关内部独立的办案组织，并以主任检察官为主要负责人的一种检察官办案制度。它是新时期地方检察机关改进办案方式、探索检察机关内部办案组织改革的新尝试，同时也是深化检察人事制度改革、加强检察干部队伍专业化建设、推进检察人员分类管理制度的大胆探索。

（一）主任检察官办案责任制改革探索情况

自2007年以来，北京市人民检察院第一分院（以下简称北京市一分检）、上海市闵行区人民检察院（以下简称上海闵行院）、上海市浦东新区人民检察院（以下简称上海浦东院）等地方一些检察机关，在总结主诉（办）检察官办案责任制经验和利弊得失的基础上，先后进行了主任检察官制的有益实践和探索。① 启动这一改革的预期目标是，希望通过办案组织模式的重构，以突出主任检察官的办案主体地位，弱化检察机关内部的行政化层级审批体制。

在组织模式上，北京市一分检采取了主任制与专业化办案组相结合的方式，两个公诉处以案件类型各划分为四个主任组，主任组办理的案件类型相对固定，每个组由主任检察官、检察员、助理检察员和书记员组成，根据案件难易程度等发挥各人的作用。② 上海闵行院采取的是按照办案专业化和管理扁平化，在不突破原科（局）机构的情况下，设置若干个主任检察官办公室，作为基本办案组织模式。主任检察官根据检察长的授权，审核、决定其他检察官承办的案件，组织案件讨论、合议，协调处理主任检察官办公室办案事务。主任检察官个人办案数量应当不低于所在部门人均办案数量的120%。各个主任检察官办公室对受案范围进行一定的专业化分工，比如简易程序类、侵财犯罪类、金融、未检和侦查办案等。③ 四川成都检察院注重打造“去行政化”的办案模式，首批在侦监、公诉、反贪、反渎、未检、民行、控申、监所等主要业务部门，搭建57个以主任检察官为核心，2—6名检察官、检察官助理参与的办案组织，依法赋予主任检察官执法办案决定权，实现对办案模式的“去行政化”改造。④

在职权配置上，北京市一分检通过明确主任检察官的职责定位，达到弱化

---

① 北京市一分检自2007年开始在该院公诉一处和公诉二处试行主任检察官制。该院将所受理案件的特点和对办案人员的素质要求作为该制度设计的首要考量因素，充分借鉴吸收主诉检察官制的合理内核，将优化责权利协调统一作为主任检察官制设计的重点。上海闵行院自2011年初开始在侦查监督部门试行主任检察官制的探索，2012年10月进一步扩大试行面，在公诉、金融检察和未成年人刑事检察等三个部门也进行了该制度的深化应用。

② 参见高保京：《北京市检一分院主任检察官办案责任制及其运行》，载《国家检察官学院学报》2014年第2期。

③ 参见张晨：《主任检察官制度的体系构建》，载《人民检察》2013年第22期。

④ 参见李平：《成都试点检察官办案责任制改革成效明显》，载人民网四川频道，http：//sc. people. com. cn/n/2015/0407/c345509 - 24416975. html，访问时间：2015年6月28日。

案件办理过程中的行政色彩的目的。规定主任检察官是案件的第一责任人，对一般案件享有决定权，对上级交办、督办及专案等重大案件有建议权，原则上接受检察委员会、检察长、主管副检察长的领导，处长不介入案件具体办理，而是通过对案件判决的审查环节对全处案件质量整体监控。上海闵行院根据行使不同职能不同，将主任检察官职权配置分为三类：一是行使刑检职能的主任检察官，对组内其他检察官办理的较高风险等级的案件进行审核、决定；二是行使侦查办案职能的主任检察官，将程序性的权力和一部分轻微案件的实体性权力下放给主任检察官，而对于重大、复杂、社会影响大的案件，由主任检察官审查后提出处理意见，报请检察长或者检察委员会决定；三是行使法律监督职责的主任检察官，比照检察委员会议事议案工作机制，实行主任检察官主持下的“听案合议制”，按照少数服从多数的民主集中制原则处理法律监督事务，将每个人的意见记录在案，但是按照多数人的意见执行。① 四川成都检察院在改革后，赋予主任检察官对大多数案件作出检察环节的终局决定的权力，其中批捕、公诉案件由主任检察官直接签发文书分别占总量的97%、95%，基本形成“主任检察官—检察长”的扁平化办案模式，达到突出检察官办案主体地位，去除案件审批积压时间，提升办案综合效率的目的。

在监督制约上，北京市一分检通过注重不断总结经验，实行规范化管理，积极稳妥地推进主任制改革。采用实践探索与调研论证相结合的方法，不断优化主任制的办案模式，并制定了《公诉部门主任检察官使用与管理暂行办法》《主任检察官办案工作规则》等一系列规范性文件，使主任制的总体目标、运行模式、人员构架、选任标准、办案规程和监督、奖励程序等有规可循，保证主任制的规范有序运行。上海闵行院为了避免主任检察官权力的滥用，建立健全了规范主任检察官办案权力的制度，用明令禁止的方式确认了主任检察官的责任追究制度以及不适格主任检察官的退出机制。为客观准确地评价主任检察官工作实绩，通过了《主任检察官考核办法》，对主任检察官的考核内容与标准、考核组织与办法、考核结果与奖惩进行了明确，量化百分考核。四川成都检察院坚持“放管结合”，引导主任检察官充分、正确履职。按照改革后的权力清单同步调整办案系统最低审批权限1237项，充分保障主任检察官终局决定权的实际运用，不随意更改其司法决定。制定了《检察人员执法办案责任追究办法》，按照诉讼推进阶段，细化错案、办案质量缺陷等追责事项82项。强化案件质量评查，建立案件办理风险控制、岗位廉政风险防控信息化平台，

① 参见谢佑平、潘祖全：《主任检察官制度的探索与展望——以上海闵行区人民检察院试点探索为例》，载《法学评论》2014年第2期。

实施“每日网上巡查、季度集中评查、重点案件必查”。开发检察人员绩效量化考核系统，针对案件瑕疵率、案件流转率、群众满意度等内容引入第三方测评，编织全方位权力监督网络，形成倒逼机制持续提高主任检察官办案质量。

在选任考核上，北京市一分检从优严格选任主任检察官，保证了主任检察官的专业化水平，根据主任检察官承办重大疑难复杂案件的职责定位，两次面向全市公开选拔主任检察官，先后将11名具有较高政治素质和政策水平，通理论、精实务的专业化人才任命为主任检察官，其中全国十佳公诉人2名，北京市十佳公诉人2名，十优公诉人3名，严格的选任制度为推行主任制提供了可靠的人力资源保障，奠定了坚实的专业基础。上海闵行院要求主任检察官必须满足一定的从业年限、较高的业务素质和能力的要求才可以任职，具体要求是：具有省市级以上“三优一能”资格的检察员；5年以上刑事检察或侦查办案工作经历等。主任检察官的选任采取个人申报、部门推荐和党组讨论决定的方式进行。主任检察官由检察长任命，任职期限一般为2年。建立主任检察官执法档案，由政治部门负责对主任检察官进行考核，考核结果作为主任检察官评先推优、晋升、续任和免除任职资格的重要依据。四川成都检察院制定形成了《主任检察官任免实施办法》，采取考核聘任和竞岗选任相结合的方式，面向全市两级检察院择优遴选主任检察官，除14名试点部门主要负责人经统一考核合格、到岗履职外，其余43名主任检察官全部通过笔试、面试的竞争性选拔方式公开遴选产生。

在职业保障上，北京市一分检采取了提高主任检察官职级待遇的方式，为制度的推行与发展创造良好的外部环境与保障。依靠内部调整，削减政工等部门的副职职数，主任检察官直接任命副处长职务，但不负责行政管理，而是集中精力办案。上海闵行院为了保障主任检察官享有职业待遇与发展前景，采取了如下措施：一是待遇方面，主任检察官享有一定的岗位津贴，同时，没有行政职级的主任检察官均享有不低于部门副职的待遇，任职满一定年限的主任检察官可以优先晋升非领导副处级检察员职位；二是发展前景方面，主任检察官作为办案业务精英与中坚力量，在晋职晋级时，也将获得较其他检察人员更为优先的机会。

实践证明，京沪等地自主任检察官办案责任制试行探索以来，在提升检察办案工作效率、强化检察办案活动的司法属性、拓宽主任检察官的职业前景等方面，都取得了显著效果。①

① 参见蔡雅奇：《关于主任检察官制改革探索的调研报告》，载《人民检察》2013年第7期。

首先，大幅提升了检察机关的办案效率。在原来的三级审批制下，无论什么案件，都是先由具体承办的检察官提出承办意见，再交由所在部门的负责人来审核批准，然后提请分管检察长进行讨论，周期长、效率低、效果差。而在主任检察官制下，对主任检察官进行了大胆“放权”，对于事实清楚、证据确实充分、无太大争议的案件，都可以由主任检察官直接决定，减少了三级审批制下部门负责人和分管检察长审批这两道程序，避免了大量案件的积压，切实提高了办案效率。以上海闵行院为例，该院虽然根据案件风险等级实行主任检察办案制和三级审批制相结合的办案模式，即对于三级风险和四级风险的案件，仍实行原来的“检察官→部门负责人→检察长”的办案模式，但这类案件毕竟是少数，只占全院案件总量的20%左右。自2011年主任检察官制试行以来，80%以上的案件最终都采用的是第一种模式，即由主任检察官最终决定的模式。以上海浦东院为例，2012年该院刑检部门共批捕3561件5074人，同比上升28.3%，提起公诉5727件8052人，同比上升65.3%，均为历史最高，占整个上海检察系统刑事案件的20%左右。再以北京市一分检为例，该院自试行主任检察官制以来，公诉一处2007—2010年4年间的结案率分别为96.5%、98.4%、105.2%和107.4%，公诉二处2009—2011年3年间的结案率分别为82.86%、92.6%和98.73%。应该说，办案效率的提升，是主任检察官制带来的一个最为积极和显著的成效。

其次，强化了检察办案活动的司法属性。随着办案效率的大幅提升，检察办案活动的司法属性得到极大强化，与此相关，原来在三级审批制下所固有的办案行政化色彩则大为弱化。在这种办案模式下，主任检察官及其领导的办案小组直接对检察长负责，受检察长直接领导，办案一线的主任检察官拥有了更多的自主权，在办案业务上，其无须再向部门负责人汇报，从而削弱了办案过程中的行政化色彩，有效克服了三级审批制下层层汇报、层层审批所带来的办案效率低下的弊端，这种扁平化的检察机关内部权力运行模式，在对一线办案的主任检察官进行放权的同时，使其能够将更多的精力投入到提升办案水平和办案质量上。同时，由于办案业务与行政管理的相对分离，也使部门负责人不再对具体案件的事实认定和法律适用负责，而是将更多的精力投入到案件的分配、流程监控和日常行政管理事务中。主任检察官和部门负责人各司其职，检察办案活动的亲历性增强，司法属性也必然得到强化。

最后，拓宽了主任检察官的职业前景。限于目前检察机关的管理体制、用人机制和考评体系，检察官面临着司法职级晋升和行政职级晋升的双重压力。由于行政职务的强势及其所可能隐含的各种潜在利益，一些检察官往往把行政职级的晋升作为个人政治发展和职业前景的出路，司法级别上的晋升却沦为行政职级晋升的一个“跳板”，这是一个不争的事实。政治前途和职业前景的不明朗，是主诉检察官制遭人诟病的一个主要原因。如上所述，京沪两地三院的主任检察官都是检察机关的精英分子，该制度自试行之日起，就一直在走精英化、专业化的路线。主任检察官被赋予了更大的职权，其“司法官”而非“行政官”的职业荣誉感和认同感显著增强。那些业务能力突出、综合素质过硬却由于各种原因而无法获得行政职级晋升的检察官，完全可以将主任检察官作为职业发展的“突破口”，并取得与相应行政级别对应的地位和待遇，这无疑拓宽了主任检察官的职业前景。以上海闵行院为例，该院不担任行政职务的主任检察官在任职满一定年限之后，就可以直接晋升副处级非领导职务，这是一种解决检察官行政职级晋升难、晋升慢的绝佳路径，既增强了主任检察官的职业荣誉感，又稳定了检察队伍。

（二）主任检察官办案责任制改革增强了检察官的独立性

主任制改革是主诉制改革的深化，二者衔接性比较明显：主任检察官领导的办案组可以配置主诉（办）检察官和普通检察官，分别担任相应的工作任务，主诉（办）检察官可以独立承办案件，对案件事实与证据的认定负责，并就案件提出处理意见报主任检察官审批。主任检察官的意见与主诉（办）检察官意见不一致时，或是主诉（办）检察官认为需要由主管检察长决定提交检察委员会讨论决定的案件或事项，经主任检察官报主管检察长决定。与主诉制相比，主任制具有明显的不同：一是制度定位不同。主诉制改革遇到“瓶颈”，就是因为其仍然囿于“办案责任制”而未解决“官制”问题，主诉（办）检察官只是一种岗位名称。而主任检察官是一种职位，是依据《检察官法》通过检察权的重新配置进而对检察官序列的细化，随着检察人员分类管理制度的改革，主任检察官将成为检察官专业化和细化分类的一种职位，职位级别最高可以达到正处或副局级。二是名称发生变化。相较于主诉（办）检察官，主任检察官更加贴切、更为科学、包容性更强。主诉检察官一般用于公诉部门，其他部门不太适用。主办检察官的称谓虽包容性较强，可适用于检察机关的许多业务部门，但给人以个案承办人的色彩，不具有检察办案组织所要求的相对固定性的特质。而主任检察官，具有检察办案组织固定性的特质，该称谓如同审判长、庭长一样，具有司法官的特点而非行政职务，另外，在国外特别是大陆法系国家，主任检察官也是较为通行的检察官称谓。三是权力配置不同。根据主诉制的相关规定，在案件办理上，检察长与主诉（办）检察官之间仍有部门负责人行使权力的空间，部门负责人对主诉（办）检察官承办的案件具有一定的领导权。而主任检察官原则上只接受检察委员会、检察长、主管检察长的领导，处长不干预案件具体办理过程，公诉行政管理活动与公诉业务活动绝对分离。四是选任要求不同。选任主诉（办）检察官更接近于资格选任，注重素质考察，而主任检察官是检察办案单元的领导，是检察长以下具体组织和承担检察业务的中坚力量，其选拔是一种精英选拔，需要对品行、能力、业绩进行综合性考量。

主任检察官制度改革既是进一步促进办案方式专业化的要求，更是对检察人事管理制度的探索，因而与传统的“三级审批制”以及主诉制相比，主任制进一步增强了检察官办案的独立性，主要体现在以下三个方面：

第一，检察办案去行政化。检察权与行政权在行使上是有区别的。检察权的行使强调尊重检察官个人判断和流程监督；行政权的行使强调集体创制和层层报审。在行为方式上，检察工作强调检察官直接办理案件，确定事实和法律适用，因此具有亲历性、判断性和独立性等特点；在行政化办案方式下，听汇报、看报告的间接审查难以形成准确有效的心证。因此，对检察机关业务工作而言，应当在相当程度上明确审查与决定的统一性，仅允许在重大决定方面增加决策把关，防止决策失误。在主任制下，主任检察官虽然兼任副处长，但与处长在权责划分上，体现了行政权与司法权相分离的原则。主任检察官只对组内的业务工作负责，对组内案件的处理以及专业化的研究课题有绝对的权威。以一审案件为例，案件受理、审查起诉、出庭支持公诉、审查判决等环节的事项，全部由主任检察官在权限内决定或建议，建议的对象只是主管检察长，而非处长。处长在处室内行使行政管理权，即在处室发展计划、思想建设、队伍建设、行政管理、后勤保障等方面运筹帷幄，对案件一般不过问。这样的分权，有利于处长与副处长各司其职，大大提高管理效能与办案效能。

第二，业务组织扁平化。行政机关行政职能的落实得益于各组成部门及其内设机构职能的一一实现。司法权不同于行政权，它以公正为价值取向，以独立为保障，与行政机关在人员资质、权力属性及其运作规律等方面均有相当大的区别。检察官是检察机关职能的人格载体，检察职能的落实不依靠检察机关各内设机构职能的实现，只需检察官即可依法履行检察权。从这个意义上讲，检察官在业务上应具有相对独立性，通过建立以检察官为中心的办案模式，可以使检察权能的行使主体落实到检察官身上，而不是抽象的“机构”上。因此，在具体办案中，除法律明确规定由检察长或检察委员会决定的事项外，承办案件的检察官应当具有决定权。主任制改革的核心是“放权"，即赋予主任检察官一定的独立办案权。主任检察官作为一般事项的承办与决定相统一的责任主体，通过践行办案的亲历性、判断性要求，实现检察官的相对独立。在这种分工之下，检察官—主任检察官—检察长成为检察权行使的载体和责任链条，权责明确，关系清楚，检察一体与检察独立易于较好结合，而基层院乃至分、市院的内设部门不再成为检察权的载体。

第三，检察官的职业化。在行政化管理模式下，有限的行政职级不仅封闭了检察官的自我发展空间，而且误导了检察官对职业发展方向的追求，专业化人才队伍稳定性差的问题在相当程度上影响了检察队伍的专业化进程。在传统的案件审批制之下，检察官的诉讼活动，既要受业务部门负责人的审查，又要服从检察长的决定。在这种层级体制中，通过晋升争取获得案件审查权乃至决定权，是检察官实现事业目标及个体价值的唯一路径。一旦成为骨干，且能力被上级认可，检察官就会脱离办案一线，成为二线的监督者。由于司法行政化发展倾向的影响，留在一线办案的检察官往往是资历较浅、经验不足的年轻人。但司法活动作为高度技能化的法律活动，需要操作者有丰富经验和较高的法律素养及品德修养，一线欠缺这样的操作者，司法办案质量就难以保障。实行主任制后，将主任检察官设定为一种有职有权的检察官职务等级，有助于选拔和培育检察精英，在检察机关尤其是办案一线留住检察业务骨干，从而实现检察事业的可持续发展。主任检察官专业化、独立化的定位，意味着主任检察官必将成为一种业务专家序列的职位，从而为检察官中的业务人才开辟了一条职级上升的通道，让业务人才专心于业务钻研，把这个职位当成是终身的职业来追求，从而将其与检察行政管理人员、辅助人员、后勤人员分开，建立检察官职业化队伍。

（三）主任检察官办案责任制改革存在的问题

经过几年的探索，主任检察官办案责任制在增强检察官独立性、提高办案质量和效率等方面取得了较为明显的效果，但是，该制度在探索过程中也遇到一些问题，主要表现在以下三个方面：

第一，对主任检察官放权不统一，导致主任检察官的主体性不够。从各地探索情况看，主任检察官的权力大小主要来自于检察长的授权，由于各地情况不同，各地对主任检察官的放权大小也不统一，有的地方放权较大，如上海闵行院，主任检察官对一般案件（三级风险以下案件）享有审查决定权；有的地方放权较小，主任检察官只能对一般案件的程序性问题、向前推进程序的实体问题，享有审查决定权，但对重大、特殊性案件，则没有决定权，同时还要受部门负责人的监督制约，从而使得主任检察官的主体性不够。更为重要的是，对主任检察官的放权没有统一的、规范的放权机制。即主任检察官的权力来源于检察长的授权，既然是检察长的授权，检察长就随时可以收回，因而具有一定的局限性。检察长下放给主任检察官的权力越多，检察长和副检察长的权力就越小，影响力越低，检察长愿意在多大程度上授权给主任检察官，随意性太大。这就使得主任检察官的独立地位缺乏有效保障，难以真正体现主任检察官的办案主体性。

第二，主任检察官具有一定的独立地位，但难以协调检察工作的全局。从各地探索的情况来看，主任检察官、部门负责人、检察长由于其所处位置的不同，工作侧重点也有所不同。具体而言，主任检察官的工作重心更偏向于个案的处理，且在处理时更注重案件的法律效果，而难以注意检察工作的全局性，且对案件的政治效果和社会效果，往往关注不够。部门负责人和检察长则更注重检察工作的全局性，且对于案件的政治效果与社会效果往往保持更高的关注。在探索主任检察官制度的过程中，强调主任检察官个人的独立性与独立地位，这种突出与强调必然伴随着部门负责人、检察长权力的削弱，而这种削弱对于全局性的工作难免会带来一定的负面影响。检察工作不仅包括办案，还包括监督、调研、宣传、综合治理等各方面内容。在主任检察官制度下，检察院的科层领导无法第一时间掌握案件情况，而各个主任检察官由于性格、兴趣、擅长领域的不同，很难全面把握检察工作的方方面面，因而难以统一协调各项检察工作，保证检察工作的全面发展。

第三，主任检察官的职业保障不高，难以保障主任检察官的独立发展。从各地探索情况看，由于主任检察官承担的压力和工作量比普通检察官要大，因而各地都给主任检察官一定的职业保障。主任检察官享有的职业保障主要包括两方面内容：一是职业待遇保障。即各地都规定，主任检察官享有部门副职以上的行政职级待遇，同时，主任检察官还享有一定的岗位津贴和职业风险金，但职业风险金由检察院统一留存，年底经考核合格后再一次性发放。二是发展前景保障。即主任检察官作为办案业务精英与中坚力量，在提职晋升时，也将获得较其他检察人员更为优先的机会。但是，在实践探索中，主任检察官要享有部门副职以上的职业待遇，需要相应的财政、人事部门等各方面的支持，由于主任检察官人数较多，各地往往难以保障。同时，在主任检察官发展前景保障方面，由于没有明确的硬性规定，在实践执行中往往无法保障主任检察官得到优先晋升的机会，这样就必然影响到主任检察官队伍的健康发展。

三、员额检察官办案责任制改革探索

员额检察官办案责任制，是在检察长领导下，通过遴选进入员额内的检察官，作为检察机关内部独立的办案主体，独立办理案件，并承担相应负责的一种检察官办案制度。这是国家新一轮司法体制改革的要求，是继主任检察官办案责任制之后的又一探索，更是落实中央要求司法官对案件“终身负责制”的大胆探索。

（一）员额检察官办案责任制改革过程

根据党的十八届三中、四中全会《中共中央关于全面深化改革若干重大

问题的决定》和《中共中央关于全面推进依法治国若干重大问题的决定》的要求，从2014年6月至2016年6月，最高人民检察院在全国检察机关分三批进行了员额制检察官试点改革。经中央批准，上海、广东、吉林、湖北、海南、青海、贵州7个省（市）于2014年6月启动第一批试点。2015年6月，云南、山西、内蒙古、黑龙江、江苏、浙江、安徽、福建、山东、重庆、宁夏11个省（区、市）启动第二批试点。2015年12月，北京、天津、河北、新疆、四川、西藏等13个省（区、市）以及新疆生产建设兵团启动第三批试点，至此全国检察机关都全面推行试点工作。

第一批试点单位已完成员额内检察官的入额工作，在此基础上统筹推进四项改革（完善检察人员分类管理、完善司法责任制、健全检察人员职业保障、推动省以下地方检察院人财物统一管理），其中有6个省份已在全省（市）全面推开试点工作；第二批试点单位均已完成员额内检察官遴选工作，绝大多数省份制定出了落实司法责任制的实施意见，出台了检察官权力清单；第三批试点单位大部分已启动试点工作，有些省份已经遴选出员额内检察官，制定了检察官权力清单。① 这些改革试点为确立检察官的办案主体地位，实现“谁办案，谁负责”新一轮司法改革的目标，提供了重要保证。

为了落实新一轮司法体制改革“谁办案谁负责”的要求，2015年9月最高人民检察院制定了《关于完善人民检察院司法责任制的若干意见》，明确指出“实行检察人员分类管理，落实检察官员额制。检察官必须在司法一线办案，并对办案质量终身负责。”我国从2014年开始实行检察官员额制改革试点以来，各级检察机关在员额检察官选任、办案职权配置、职业保障等方面都进行了积极探索，为确立员额检察官的办案主体地位，提高检察官的相对独立性，提供了有益的经验。

在员额检察官选任上，各试点地区检察院制定公平合理的入额标准和考试考核办法，统筹考虑检察员、助理检察员，依托办案业绩，择优选任，遴选出一批业务水平高、司法经验丰富、能独立办案的入额检察官。在启动员额制改革前，中央明确了检察官员额比上线，上海不超过33%，广东等地不超过39%。从实践来看，各试点省份都能很好地贯彻中央和最高人民检察院的要求，控制检察官员额比例，同时，结合编制统管改革，对全省各级检察院的员额进行整体规划，使检察官员额在全省检察院之间进行了合理的配置，做到了办案力量和案件数量相适应。具体到检察院各部门之间如何配置员额，各试点

① 参见周斌：《全国778个检察院试点四项改革首批试点单位完成员额内检察官入额》，载《法制日报》2016年7月19日。

检察机关坚持把员额分配到业务部门、办案一线的同时，对本地批捕、起诉、查办职务犯罪案件数量等情况进行科学测算，统筹考虑整体工作需要和一个时期业务工作重心变化，科学分配具体的员额数量；考虑民事行政检察、刑事执行检察、职务犯罪预防、控告申诉检察等工作的特殊性，将以岗定员和以案定员相结合，保证办案所需的合理人员结构和数量。

在员额检察官职权配置上，最高人民检察院制定了《关于完善人民检察院司法责任制的若干意见》，对员额检察官的职权作出了原则性规定，即检察长享有10项职权，副检察长、检察委员会专职委员受检察长委托，可以行使检察长的职权；其他检察官享有8项职权。这些职权都是目前法律和司法解释规定的职权，最高人民检察院明确指出，在改革试点过程中，各试点省级检察机关可以制定自己的检察官权力清单。根据最高人民检察院的要求，各试点省级检察院对员额检察官的权力配置都进行了积极探索，制定了各自的检察官权力清单。目前，大部分省级检察院制定了贯彻落实司法责任制的实施意见、实施办法、实施细则或配套制度，23个省级检察院已制定了员额检察官权力清单。整体来看，各试点单位都对员额检察官配置了较大的职权，例如改革后，上海市检察机关检察长或检察委员会行使的职权，由原来的50余项减为10余项，减少了2/3以上，而由检察官独立作出决定的案件，则由原来的68%上升到82%；贵州省人民检察院，检察官有权对92.7%的审查批捕案件和93.58%的审查起诉案件独立作出处理决定。

在员额检察官监督制约上，各试点检察院在放权的同时，为了保证员额检察官依法正确行使职权，都积极探索和完善了员额检察官职权运行监督制约机制，比较好地解决了放权与监督的关系，有效地消除了人们对员额检察官权力大了会滥用职权的担忧。例如上海市人民检察院，各级试点检察院普遍建立了随机分案为主、指定分案为辅的案件承办机制，从源头上加强了监督，防止出现选择性办案；同时协调好员额检察官相对独立行使职权与检察一体化的关系，保证检察长、检察委员会对司法办案工作的管理权和领导权，重视发挥业务部门负责人司法管理和监督制约作用、案管部门流程管理和质量评查作用。此外，各试点地区检察院还不断深化司法办案信息公开，主动接受公安机关、人民法院的制约，保障律师依法执业权利，完善社会监督机制，发挥外部监督制约的作用。

在员额检察官职业保障上，各试点地区检察院按照中央部署，逐步推进司法人员职业保障制度改革和省以下人财物统管改革，有效提高了员额检察官的职业保障水平。例如上海市人民检察院在上海市委的领导下，员额检察官薪酬的基本工资增加50%，该制度于2016年5月基本落实。广东、贵州、江苏试点检察院在中央有关检察官单独职务序列及工资制度改革试点方案出台之前，推出了一些过渡性待遇保障，提高员额检察官的部分工资待遇，保证了其他改革的顺利推进。江苏省人民检察院会同省相关部门，加强统筹谋划，做好顶层设计，制定下发了《江苏省省以下法院、检察院经费划转和保障暂行办法》等3个配套文件，由省财政厅、省法院、省检察院、省委组织部、省编办、省人社厅6个部门联合签发，有效保证了检察机关的经费和员额检察官的职业待遇。

从目前各地试点的情况看，由于明确了员额检察官的职责权限，完善了检察权力的运行机制，减少了审批环节，突出了员额检察官的主体地位，增强了员额检察官司法办案的责任心，使得司法办案的质量和效率得到进一步提高。例如贵州省各试点检察院，从开始试点到2016年5月，审查批捕案件、审查起诉案件办案效率分别提升20.21%、27.05%，民事行政检察案件、刑事执行检察案件办案效率分别提升32%、18.17%。审查逮捕案件未出现公安机关提出复议复核的情况，公诉案件也未发生一起无罪判决和撤回起诉案件，全部试点检察院没有发生一起办案安全事故。①

（二）员额检察官办案责任制改革增强了检察官的独立性

员额检察官制度改革是中央完善司法责任制改革中的一项重要内容，也是落实“谁办案谁负责”的基础性改革，更是检察官管理制度的重大探索，因而与之前的改革相比，员额制进一步增强了检察官办案的独立性，主要体现在以下三个方面：

第一，员额检察官的主体地位进一步加强。根据各地改革的情况，员额检察官不是一种岗位名称，而是一种官职或职位，是独立行使一定检察职权的办案主体。随着中央确立的检察人员分类管理制度的改革推进，员额检察官将成为检察官专业化和细化分类的一种职位，职位级别最高可以达到正处或副局级。同时，员额检察官是国家规定的检察机关的限额职务，在每一个检察院中，其员额检察官数量是固定的，只有进入员额内的检察官，才能依法享有独立的办案职权。由此可见，在一个检察机关中，员额检察官才是行使检察权的主体，除此之外，其他检察人员都没有独立行使检察权的资格，这样员额检察官在检察机关中的主体地位就得到了进一步提高。

第二，员额检察官享有更多更大的办案决定权。根据改革方案的规定，员额检察官与主任检察官一样，直接受检察委员会、检察长、分管副检察长的领

① 参见周斌：《全国778个检察院试点四项改革首批试点单位完成员额内检察官入额》，载《法制日报》2016年7月19日。

导，不再接受部门负责人的领导，部门负责人不能干预员额检察官的具体办案过程，更不能对员额检察官发号施令。但与以前主任检察官改革相比，员额检察官享有更多更大的办案决定权，即员额检察官不仅除了法律明确规定由检察委员会、检察长行使的职权之外，其他检察职权都可以行使，而且法律明确规定由检察长行使的一些职权，检察长也可以下放给员额检察官来行使，这样就使得员额检察官几乎可以行使所有检察职权。

第三，员额检察官的职业保障进一步提高。员额检察官与主任检察官相比，其职业保障进一步得到提高，具体表现在以下几点：一是员额检察官由省级检察院统一选任、统一进行管理。根据改革试点的要求，各试点省检察机关的员额检察官数量，不得超过现有检察官的39%，这样各试点省检察机关只能择优选任，并由省级检察院统一管理，从而提高了员额检察官的职业保障。二是员额检察官的薪酬待遇得到提高。与主任检察官不同，员额检察官的薪酬待遇有了明确的要求，即基础工资提高50%，由省级财政统一予以保障。三是员额检察官的职业晋升得到进一步保障。即员额检察官一开始就享受本检察院部门副职或正职的待遇，如果工作能力强、工作成绩优秀的，可以在本省检察机关内逐渐晋升，最高可以晋升到省级检察机关的副局级待遇，从而保证了员额检察官的晋升渠道畅通。

（三）员额检察官办案责任制改革展望

在我国，员额检察官制度改革试点正在各地进行，已经显示出较好的效果，但也遇到一些问题和困难。我们认为，员额检察官制度改革的方向是正确的，因为它符合司法活动的规律①，也符合我国未来司法改革的根本目标和要求。党的十八大报告明确提出："进一步深化司法体制改革，坚持和完善中国特色社会主义司法制度，确保审判机关、检察机关依法独立公正行使审判权、检察权。"可见，确保独立行使职权是深化司法改革的根本目标。员额检察官制度是近些年为数不多的符合这一根本目标的司法改革措施②，因而应当坚持、发展和完善该制度。

第一，进一步增强员额检察官的办案主体地位。从目前改革探索的情况看，各试点单位都赋予了员额检察官一定的独立办案权，确立了员额检察官的

---

① 司法规律要求司法主体直接审查案件，确定案件事实并适用法律，即司法应当具有亲历性、判断性和独立性。

② 近25年来，真正符合这个目标的司法改革措施还有两项：一是实行统一的国家司法考试制度，为司法官独立行使职权提供了素质保障；二是建立"分类负担、收支脱钩、全额保障"的司法经费体制，为司法机关独立履行职责提供了基本的财政保障。

办案主体地位，员额检察官受检察长的委托，可以对外签发法律文书。可见，员额检察官在一定范围内对外可以代表检察院，并独立办理案件，员额检察官的主体地位得到提高。但是，员额检察官的这种主体地位要受制于检察长的委托，并没有法律上的明确授权，因而缺乏有效的法律保障。也就是说，在员额制下，检察长仍然是检察院对外的法定代表人，员额检察官在法律上仍不是检察院的法定代表人。在检察官司法属性较强的大陆法系国家，如德国、法国等国家，法律都明确规定，检察官是行使检察权的主体，对外独立行使检察权，一切检察权都由检察官来行使，而非检察院行使。同时，检察官在违反检察长指令的情况下所行使的行为，对外仍然具有法律效力。可见，我国员额检察官与德国、法国的检察官相比，其独立性仍显不足，这就为我国员额检察官制度的发展提供了巨大空间。

第二，明确规定员额检察官的职权范围。从各地探索情况看，各省检察院都制定自己的检察官权力清单，赋予员额检察官一定的职权，员额检察官的权力大小主要来自检察长的授权，由于各地情况不同，各地对员额检察官的放权大小也不统一，从而使得员额检察官的职权缺乏一致性。更为重要的是，员额检察官的权力来源于检察长的授权，由于检察长对员额检察官的放权没有统一的标准和规范机制，既然是检察长的授权，检察长就可以随时收回，具有较大的随意性，这就使得员额检察官的职权缺乏有效保障，难以真正成为办案的主体。从大陆法系国家看，德国、法国检察官的职权，都由刑事诉讼法予以明确规定，任何人不得剥夺和干扰，从而保证了检察官是办案的主体。相比之下，我国员额检察官的职权范围不仅需要进一步明确和统一，而且需要我国刑事诉讼法予以确认，这就成为我国员额检察官制度的发展方向。

第三，进一步健全员额检察官的职业保障制度。从改革试点情况看，根据中央的要求，各地都建立了员额检察官职业保障制度，给予员额检察官较为充分的职业保障。即员额检察官由省级统一管理、员额检察官享有部门副职以上的行政职级待遇、员额检察官的基础工资上涨 50% 等。但是，从今后发展趋势看，目前员额检察官的职业保障制度尚不完善，比如员额检察官由各省统一管理，难免各地存在差距，也与我国为统一制国家不相适应；员额检察官虽然享受部门副职以上待遇，但尚没有建立员额检察官独立的职级序列，难以保证员额检察官的依法晋升；员额检察官的基础工资上涨 50%，但缺乏进一步增长的制度保障等。从大陆法系检察官制度看，德国、法国都建立了国家统一管理的检察官制度；德国、日本和我国台湾地区都建立了检察官独立的职级序列①，将检察官分为若干个职级，为优秀检察官的职级晋升留下足够的空间，从而保证优秀的检察官终生从事检察业务；德国、法国、日本等国家也都建立了检察官高薪制度。由此可见，今后我国员额检察官制度，应当向建立全国员额检察官统一管理、员额检察官独立职级序列、员额检察官高薪制方向发展。

① 如德国将检察官职级分为检察长、主任检察官、检察官、职务检察官（属国家公务员，从事检察官工作但地位低于检察官）。日本将检察官分为五大职级，即检事总长、次长检事、检事长、检事和副检事。我国台湾地区也将检察官职级分为：检察长、主任检察官、检察官。

第四章　检察官相对独立的理论基础

在现代国家权力结构中，检察权作为国家的一项重要权力，与其他国家权力一样在社会生活中发挥着重要作用。为了保证检察权的正确行使，各国几乎无一例外地都确立了检察官相对独立的主体地位。究其原因，是由其理论基础所决定的。关于确立检察官相对独立主体地位的理论基础，我们认为主要有检察官的司法与行政双重性、检察官的客观义务、检察官的办案责任制三个方面。

第一节　检察官的司法与行政双重性

在现代国家组织结构中，任何国家机关和执法主体的地位是由其在国家组织结构中的性质所决定的，是其性质的具体体现。就检察官而言，其作为国家的执法主体，其行使国家检察权的地位是由其性质决定的。从现代各国的法律规定看，检察官具有司法与行政的双重性质，这决定了检察官在行使检察权时应当具有相对独立的主体地位，从而成为检察官相对独立的一项重要理论基础。

一、关于检察官性质的争论

在我国，检察官作为检察权的行使主体，其性质是由检察权的性质决定的。关于检察官性质的争论，主要体现在有关检察权性质争论之中。关于检察权的性质，在司法改革研讨中，学者们提出不同的观点，即认为检察权应当归属于行政权、司法权、准司法权、法律监督权，这样行使检察权的检察官的性质应当为行政官、司法官、准司法官或法律检察者。

（一）检察官为行政官

关于检察官为行政官，即一些学者从国家权力的特性上进行分析，认为检察权具有行政权的某些属性出发，主张检察权本质上应当归于行政权，而检察官应当为行政官员。[①] 其主要理由如下：

---

① 参见徐显明：《司法改革二十题》，载《法学》1999 年第 9 期；李德海：《论司法独立》，载《法律科学》2000 年第 1 期；郝银钟：《检察权质疑》，载《中国人民大学学报》1999 年第 3 期；《依法治国与廉政建设研讨会纪要》，载《法学研究》1998 年第 4 期；夏邦：《中国检察院体制应予取消》，载《法学》1999 年第 7 期；等等。

第一，检察机关的组织体系和领导体制与行政机关相同。在我国，检察机关建立了“阶层”分明，结构严密的组织体系，并实行上级领导下级的领导体制。即我国宪法和人民检察院组织法规定，全国设最高人民检察院、地方各级人民检察院和专门人民检察院，其中地方人民检察院分为省级人民检察院、地市人民检察院分院和县市区人民检察院。最高人民检察院领导地方各级人民检察院的工作，上级人民检察院领导下级人民检察院的工作。我国检察机关的这种“塔式建构”和上下级领导体制，是典型的行政领导模式。

第二，检察机关实行“检察一体制”的活动原则，也具有明显的行政特征。“检察一体制”，是指检察机关上下形成一个整体，统一行使检察权的体制。该体制具体包括以下内容：(1) 指挥权，即上级检察机关或领导有权指挥下级检察机关或下属检察官的活动，而下级有服从的义务。如上级检察机关或检察官的指令，在不违反法律的情况下，下级检察机关或检察官必须遵照执行。(2) 职权收取和转移权，即上级检察机关或领导有权处理下级或下属检察官承办的案件和事项，同时上级检察机关或领导有权将下级检察机关或下属检察官承办的案件和事项转交其他下级检察机关或下属检察官承办。(3) 变更决定权，即上级检察机关或领导有权变更下级检察机关或下属检察官对案件作出的有关决定。(4) 人员替换权，即上级检察官有权在诉讼中途更换承办案件的检察官，其更换行为不影响前期诉讼行为的法律效力。上述“检察一体制”的内容具有明显的上命下从的行政属性。

第三，检察权不具有司法权的一些特征。一些学者认为司法权的最本质特征是终局性、中立性、被动性。而检察权则不具有这些特性，具体来说，检察权的行使只具有程序意义，它最终要接受司法权的裁判，不具有终局性；检察权中的侦查权、控诉权是主动性权力，不具有被动性；检察机关代表国家追究犯罪，又不具有中立性。因而检察权与国家司法权不存在任何内在的、必然的联系，而与国家行政权的基本特征相吻合。

（二）检察官为司法官

关于检察官为司法官，一些学者认为，检察权具有与法院审判权这种纯司法权具有相似的属性，因而从本质上说，检察权应当归属于司法权，检察官应当为国家司法官。[①] 其主要理由以下：

---

① 参见倪培兴：《论司法权的概念与检察机关的定位》，载《人民检察》2000 年第 3 期；《依法治国与廉政建设研讨会纪要》，载《法学研究》1998 年第 4 期；谭世贵：《论司法独立与媒体监督》，载《中国法学》1999 年第 4 期；熊先觉著：《中国司法制度新论》，中国法制出版社 1999 年版，第 24 页；等等。

第一，检察官行使检察权与法官行使审判权都是执法活动，具有同样的目标，即实现法律和维护公共利益。检察官行使的各项权力，以正确适用法律为目的，其监督职能和监督活动具有明显的“法律守护”的性质。在查明案件事实和法律适用判断方面，检察官与法官具有同样的目标，即实现法律和维护公共利益。同时，检察官行使检察权不仅是启动司法程序的重要前提，而且是完成司法程序的重要推动力量，它与法官行使审判权密切相联，二者相互作用，构成了整个司法活动。基于此，德国著名法学家洛克信指出，检察官具有法律守护人的地位，对检察官及对法官而言，事实的查明与法律的判断，应依同一目标行事，因此，此乃二者相提并论的有力论证。①

第二，检察官具有司法官的本质特征。根据法律规定，检察机关依法独立行使检察权，而且检察机关在国家体制上是独立的，其独立地位与法院相同。虽然检察机关实行“检察一体制”，检察官负有服从上级的义务，但在具体行使检察权时，检察官具有相对的独立性，其表现在检察官享有较大的自由裁量权。检察官的审查起诉活动（公诉权的行使）具有明显的司法裁决的性质，因为检察官对侦查终结的案件，要审查是否有足够的证据证明犯罪事实存在，从而决定是否提起公诉，此时所作出的决定与法官作出的裁判决定极为相近，尤其是检察官作出的不起诉决定，与法官的免刑和无罪判决具有相似的效力，即具有裁断性、终局性、法律运用性等司法特性。此外，检察官在诉讼活动中不是一方当事人，而是代表国家，这就要求检察官在诉讼中不仅要指控犯罪，维护国家利益，同时又负有维护被告人合法权益的法律义务，因而检察官又具有中立性的司法特性。

第三，检察官的身份保障与法官相同或相近。为了保证检察权的独立公正行使，免受外部势力的干预，许多国家的法律规定了检察官享有与法官相同或类似的保障。例如在日本，《检察厅法》从四个方面规定了检察官的身份保障：(1) 确认检察官的职务和责任具有不同于一般国家公务员的特殊性，检察官的工资水平略低于法官，但远远高于一般国家公务员。(2) 检察官非经资格审查会依法定程序审查决定，不得免职；检察官不会因为办案意见方面的原因而被罢免。(3) 除非因资格审查会的审查而免官或检察厅的取消而成为冗员，检察官在任职期间没有失官、停职和减薪之忧。(4) 检察官因检察厅被取消而成为冗员时，仍然享受半额工资，等候补任。②

① 参见林钰雄：《谈检察官之双重定位》，载《刑事法杂志》（台北）1998 年第 12 期。

② 参见江礼华主编：《日本检察制度》，中国人民公安大学出版社 1996 年版，第 194—218 页。

第四，将检察权归于司法权是防止行政权不当干预司法的有效措施。由于现代检察制度是资产阶级革命的产物，因此防止有“革命之子”美誉的检察制度成为行政的工具，是创设该制度以来的基本要求。如果将检察权归于行政权，检察官在执行任务时就必然受上级指挥，直至服从最高行政机关或官员的命令，刑事追诉活动就可能不取决于法律的要求，而要受制于行政机关或官员的摆布，难以避免地成为当权者达到某种目的的工具。尤其是在当今世界，腐败较为严重的情况下，将检察权归于行政权，只能会助长腐败。因此，为了有效地打击和遏制日益蔓延的腐败，使检察权摆脱行政权的干预，检察官避免行政机关的影响，将其确立为司法官，则是十分必要的。

（三）检察官为准司法官

关于检察官为准司法官，即认为从权力的属性上分析，检察权兼具有司法权和行政权的双重属性，可称为“准司法权”或者“特殊的行政权”，因而检察官应当为准司法官。[①] 其主要理由如下：

第一，检察权同时具有司法性和行政性。检察权具有的司法性主要体现在以下两点：一是以适用法律为目的；二是具有一定的判断性。检察权的行政性则主要体现在上命下从的纵向关系和追求行为本身的目的上。检察官的上下领导关系，包括检察一体制及其相关制度，突出体现了检察官的行政性；检察机关的领导直接组织检察官实施的侦查行为，因其严密的组织结构和指挥关系，且突出行为的实效性（破案），也具有明显的行政性。

第二，检察权的双重属性也是许多国家的共同认识。从现代各国法律规定看，检察机关一般归属于政府系统的司法部，然而，将检察机关确定为单纯的行政机关的国家却很少。多数国家认为检察权具有双重属性。有的国家倾向于检察权为司法权，检察官为司法官，如德国、意大利等；有的国家则倾向于检察权是行政权，检察官是行政官，如美国。而日本的检察制度深受美国、德国法的影响，其法律将检察厅确定为既不同于司法机关，也不同于行政机关的“特殊行政机关”，因而日本学者认为，“检察权一方面因其有执行法律的机能，本质上属于行政权。但另一方面因公诉权与审判直接关联，从而又具有与审判权同样的司法性质……”由于检察官和检察厅是兼有行政和司法两重性质的机关，所以在组织和机能上也是具有行政、司法两方面的特征。[②]

第三，将检察权简单地归为行政权或司法权均不合理。一般来说，将检察

---

① 参见龙宗智：《试论检察官的定位》，载《人民检察》1999年第7期。

② ［日］法务省刑事局编：《日本检察讲义》，杨磊、张仁等译，中国检察出版社1990年版，第7页。

权归于司法权，则有利于加强检察官的身份保障和独立性，最重要的意义在于防止行政干预，贯彻法制原则；同时也有利于确认其法律维护者的地位，防止其“当事人化”，以促进检察活动的客观公正。而将检察权确定为行政权，则有利于贯彻“检察一体制”，提高组织性，保证检察工作的效率；同时可以防止检察官的妄自尊大，防止破坏控辩平衡，损害审判权的权威。将检察权归为行政权或司法权虽然都有各自的优点，但都难以全面兼之，故都不可取。

（四）检察官为法律监督者

关于检察官为法律监督者，即认为检察权的性质不能按照“三权分立”的模式来确定，而应当按照权力制约监督的理论将其确定为法律监督权，检察官则为法律监督者或法律监督官。① 其主要理由如下：

第一，将检察权确定为法律监督权是由我国人民代表大会制度决定的。在现代社会，对权力进行监督制约，是权力运行的内在要求，也是现代法治国家权力设置的普遍规律。西方国家按照“三权分立”理论对国家权力进行设置并相互制衡，而我国则按照人民代表大会统一行使国家权力的理论设置国家权力。在这种宪政体制下，一切国家机关的权力都来源于人民代表大会并接受其监督，但人大只能对国家权力进行宏观监督，难以对国家权力的具体运行实施监督，因而人大将部分监督权授权予检察机关，从而使检察权具有法律监督的性质。

第二，检察权的内容具有法律监督的性质。检察权的内容都具有法律监督的性质，就检察权的最基本内容公诉权来说，其行使是为了维护国家法律的尊严，为了恢复遭到破坏的法律秩序，因而具有维护国家法律统一的目的。同时，公诉权对侦查活动、审判活动都具有监督和制约的作用。检察权的其他内容，如职务犯罪侦查权、诉讼监督权等，都具有监督国家权力的性质。

第三，我国法律规定检察机关为法律监督机关。我国《宪法》第 129 条明文规定：“中华人民共和国人民检察院是国家的法律监督机关。”由此可见，我国检察机关为法律监督机关，检察权具有法律监督性质。

二、检察官具有司法与行政双重性质

关于检察官的性质，上述各种观点都具有一定的合理性。但根据我国宪法规定，将我国检察机关定位为法律监督机关、检察官为法律监督者则是较为合

---

① 参见张智辉：《法律监督三辨析》，载《中国法学》2003 年第 5 期；张智辉：《法律监督机关设置的价值合理性》，载《法学家》2002 年第 5 期；谢鹏程：《论检察权的性质》，载《法学》2002 年第 2 期；邓思清著：《检察权研究》，北京大学出版社 2007 年版，第 37—48 页；等等。

理的。同时，我们也应当看到，我国宪法也确定了检察机关的司法性，即检察机关和法院一样，都依法独立行使检察权和审判权，不受行政机关、社会团体和个人干涉。我国宪法也确立了检察机关的行政属性，即上级检察机关领导下级检察机关。由此可见，我国宪法将检察机关确定为法律监督机关，是一个综合定性，即在我国宪法体制下，检察机关既具有司法性，又具有行政性，二者有机结合为法律监督性。这就像白光是由七种有色光组成的一样，是一种自然组合的结果。因此，我们认为，检察机关在本质上为法律监督机关、检察官为法律监督者，这种法律监督属性是由司法性和行政性组成的。

（一）检察官的司法性

检察官的司法性，即检察官与法官一样，具有司法官的一些基本属性。根据我国法律规定，检察官的司法性主要体现在以下几方面：

一是检察官行使职权不受干涉。我国宪法和法律明确规定，检察官和法官一样，在行使职权时不受行政机关、社会团体和个人的干涉。检察官行使职权不受外部干涉，是其司法属性的重要表现。不仅我国法律对此作出了明确规定，而且党中央的文件也明确要求，检察官行使职权不但不受党政机关领导的外部干涉，而且不受检察机关内部领导的干涉，这充分体现了我国检察官的司法特性。

二是检察官行使职权具有裁定性。即检察官在行使职权时同法官一样，需要对案件事实和法律的适用进行判断和确定，并作出自己的处理决断。在检察实践中，检察官在具体处理案件时，享有较大的自由裁量权。例如检察官在审查起诉活动中，不仅要对案件证据和事实进行审查判断，而且要对法律的适用进行选择判断；既可以根据案件事实作出起诉的决定，而且对符合起诉条件的案件，也可以根据案件事实作出不起诉决定。可见，检察官在审查起诉中的裁量权具有明显的司法裁决的性质。

三是检察官行使职权具有中立性。即检察官在诉讼活动中与法官一样，具有诉讼中立性的特点。根据我国法律规定，检察官在诉讼活动中不是一方当事人，而是代表国家，这就要求检察官在诉讼中不仅要指控犯罪，维护国家利益，同时又负有维护犯罪嫌疑人和被告人合法权益的法律义务。例如检察官在收集和审查证据时，不仅要收集和重视有罪、罪重的证据，而且要收集和重视无罪、罪轻的证据；检察官在起诉时，既要追究犯罪，也要注重保护犯罪嫌疑人和被告人的诉讼权利。由此可见，检察官在诉讼过程中要坚持客观公正原则，保存客观中立性的司法特性。

四是检察官的身份具有司法保障性。根据我国法律规定，国家对检察官的身份予以特殊保障，使其具有司法保障的特性。例如根据我国《检察官法》

规定，检察官的选任条件高于行政官员；检察官的选任要由人大任命；检察官非因法定事由并经法定程序，不得降职、停职、降级、免职、减薪等处分；检察官的福利待遇依法受到国家保障等。我国法律给检察官身份予以特殊保障，不仅有利于其依法公正行使职权，更体现了其不同于一般行政官员的司法官员特性。

（二）检察官的行政性

检察官的行政性，即检察官与行政官员一样，具有行政的一些基本属性。根据我国法律规定，检察官的行政性主要体现在以下几方面：

一是检察官实行上级领导下级的领导体制。在我国，根据法律规定，检察机关实行“检察一体”活动原则。按照该原则，上级检察官领导下级检察官。即上级检察官不仅可以对下级检察官行使指令权，而且可以对下级检察官行使职务收取和转移等权力，甚至可以改变下级检察官对案件的处理决定。对于上级检察官的指令，除明显违法外，下级检察官有服从的义务。检察官的这种上命下从的领导体制，具有明显的行政特征。

二是检察官行使的某些职权具有行政性。在我国，检察官行使较为广泛的职权，其中某些职权具有一定的行政性。例如职务犯罪侦查权，检察官在行使该权力时，要求检察官主动追究犯罪，即该权力不具有司法权的被动性，而具有行政权的主动性；又如诉讼监督权，检察官在行使该权力时，要求向有关机关提出检察建议，即该权力不具有终局性，只具有建议性等。这些说明我国检察官不仅具有司法官的特性，而且还具有行政官员的特性。

三、检察官的双重性质决定其相对独立的地位

在我国，检察官具有司法性和行政性的双重属性。其中，检察官作为司法官的性质决定了检察官应当与法官一样具有独立性；检察官作为行政官的性质又决定了检察官应当服从“上级”，体现“上下一体”的特征。因此，检察官兼具司法性和行政性的双重属性，决定了检察官既不完全独立，也不完全服从，而是具有相对独立的地位。

检察官作为司法官，其司法性来源于检察权和检察机关的司法性。检察权（检察机关）之所以需要独立，是因为检察权（检察机关）作为与行政权（行政机关）并列并对行政权（行政机关）进行监督制约的权力，必须独立于行政权；作为处理各种诉讼案件和纠纷的权力，必须独立于一切机关、团体和个人。只有这样，才能保证司法的中立性和公正性，免受其他任何干涉。因此，我国法律明确规定，人民检察院独立行使检察权，不受任何其他行政机关、团体和个人的干涉。同时，检察官作为司法官，其所从事的是司法工作，要保证其司法活动的公正性，也要求检察官具有独立性。因为检察官从事的司法活动，特别是审查批捕和审查起诉工作，具备基本的诉讼构造，即以侦查机关和被害人为控方，以犯罪嫌疑人及其辩护律师为辩方，检察官在审阅案卷材料、讯问犯罪嫌疑人和听取律师意见的基础上，居中依法作出是否批捕、起诉的决定，既具有直接性和亲历性的司法特点，又具有判断性和法律适用性的司法特征，检察官在此过程中只有保持不偏向任何一方的中立立场、不受任何一方左右和影响的独立地位，才能秉公执法，对案件作出客观公正的处理，保证司法的公正性。此外，检察官（检察机关）作为司法官，其在司法活动中具有独立性，也是保证审判权（法官）独立行使的客观需要。因为检察官（检察机关）所承担的维护国家法制的职责使命，审查起诉中依据案件事实适用法律对案件作出是否起诉判断的工作，以及所承担的监督法官（法院）审判的职能，都具有明显的司法特性。检察官（检察机关）的这些司法活动，特别是对审判的监督活动，对法官（法院）依法独立行使审判权具有重要影响，只有要求检察官具有独立性，才能保证法官（法院）依法独立行使审判权，因而有学者指出，“在司法机关（审判机关）的独立性成为各国基本的宪法原则的情况下，对检察权独立必要性的认识，往往是与审判权独立行使结合起来论述的。正如前日本检察总长伊藤荣树先生所称：‘检察权的行使，如果受立法权或检察权以外的行政权的不当干涉所左右，那么，司法权的独立就将完全成为有名无实’。这是因为，在审判权的被动性以及诉审分离的原则下，检察权是审判权发生的根据，审判权行使的范围受到检察权的严格限制。”①

检察官具有行政官员的性质，是由检察权（检察机关）具有行政权的特性所决定的。检察权（检察机关）之所以具有行政性质，是因为检察机关具有行政机关的组织结构，贯彻“检察一体制”原则，实行上级领导下级的领导体制。在这种“上下一体、上命下从”检察体制中，上级检察官对下级检察官享有指令权，除指令违反法律规定外，下级检察官具有服从指令的义务，因而“检察一体制”决定了检察官不具有独立性。同时，检察官（检察机关）行使的的某些职能也不要求其具有独立性，例如检察官（检察机关）行使的侦查职能具有主动性和进攻性，需要统一指挥协调一致，形成侦查合力，这就要求检察官服从领导，听从上级统一指挥，从而决定了检察官不具有独立性。

正因为我国检察机关兼具司法性与行政性双重特性，因而被确定为国家法律监督机关。也正因为检察官兼具司法性与行政性双重特性，使得司法属性所

① 龙宗智：《论依法独立行使检察权》，载《中国刑事法杂志》2002 年第 1 期。其中伊藤荣树的话，龙宗智转引自［日］伊藤荣树著：《日本检察厅法逐条解释》，徐益初等译，中国检察出版社 1990 年版，第 57 页。

要求的“独立”与行政属性所要求的“上命下从”，在检察官身上结合在一起，从而使检察官的独立具有相对性。马克思说：“法官除了法律就没有别的上司”①，而检察官却有上司，这个“上司”包括主管领导和本检察院检察长；就下级检察院的检察官来说，还包括具有领导关系的上级检察官（包括检察长）。总之，检察官相对独立既是检察机关司法特性和行政特性交互作用的结果，也是其司法独立性与行政服从性交互作用的结果，因而是“独立”与“受制”的统一。否则，“没有检察官独立的‘检察一体’就是一种纯粹的行政体制，没有‘检察一体’的检察官独立就是一种纯粹的司法体制。”② 正因为检察官独立具有相对性，有关国际法律文件对检察官独立与法官独立作了不同表述。国际法曹协会《司法独立最低标准》中规定：“法官应享有身份之独立及实质之独立。身份独立指法官职位之条件及任期之适当保障，以确保法官不受行政干涉。实质独立指法官执行其司法职务时，除受法律及其良知之拘束外，不受任何干涉”，“法官在作成裁判之过程中，应独立于其同僚及其监督者。”《司法独立世界宣言》第2条第2.3款规定：“每一法官均应自由地依据对于事实之判断及法律之了解，公平地决定所系属之事务，不受任何地方及任何理由限制、影响、诱导、压力、恐吓或干涉，此亦为其义务。法官在作成判决之过程中，应独立于其同僚及监督者，任何司法之体系或任何不同阶层之组织，均无权干涉法官自由地宣示其判决。”由此可见，法官独立应保证法官在裁判过程中不受一切权力，包括法院系统内部的权力和外部的权力的干涉，其独立是一种不受任何指令约束的独立。而对检察官的独立，联合国《关于检察官作用的准则》第4条规定：“各国应确保检察官得以在没有任何恐吓、阻障、侵扰，不正当干预或不合理地承担民事、刑事或其他责任的情况下履行其专业职责。”国际检察官联合会《关于检察官的职业责任标准和基本义务与权利》（1999年）第2条第1款至第3款规定：“在承认检察官自由裁量权的国家里，检察自由裁量权应当独立地行使，不受政治干涉。如果检察机关以外的机关享有对检察官下达一般的或具体的指令权，那么，这种指令应当是透明的，与法律机构一致的，并需符合既定的保障检察独立现实与理念的准则。检察机关以外的任何机关指令启动诉讼程序或终止合法启动的诉讼程序的权力，均应当按照类似的方式行使。”由此可见，检察官的独立不是纯粹的独立，而是一种受有关指令有限约束的相对独立。

---

① 《马克思恩格斯选集》（第1卷），人民出版社1972年版，第76页。

② 谢鹏程：《论检察官的独立与检察一体》，载《法学杂志》2003年第3期。

第二节　检察官的客观义务

检察官客观义务或检察官客观公正义务、检察官客观公正原则，作为规范检察官办案活动的一项原则，得到各国法律的确认。检察官客观义务不仅有助于实现司法公正，而且决定了检察官在行使检察权时应当具有相对独立的主体地位，从而成为检察官相对独立的一项重要理论基础。

一、检察官客观义务的内涵

检察官客观义务，又称检察官客观公正义务、检察官客观公正原则，是指检察官为了实现司法公正，在刑事诉讼中不应站在当事人的立场，而应该站在客观立场上进行诉讼活动，努力发现并尊重事实真相。① 检察官客观义务，无论是作为检察官办案的一种理念、一项原则，还是作为检察官诉讼活动的一项制度，其本身具有丰富的内涵。

关于检察官客观义务的内涵，目前我国学者尚存在不同的理解，概括起来主要有以下三种观点：第一种观点认为，检察官客观义务的基本内涵包括三个方面，即追求实质真实、平衡控辩实力悬殊与追求法律的公正实施。这三个方面的内涵相互联系，同时也相互独立。② 第二种观点认为，检察官客观义务的基本要求和具体内容，可以概括为以下六项：客观取证义务、中立审查责任、公正判决追求、定罪救济责任、诉讼关照义务和程序维护使命。③ 第三种观点认为，检察官客观义务的基本内涵是：坚持客观立场、忠实于事实真相、实现

---

① 参见朱孝清：《检察官客观公正义务及其在中国的发展完善》，载《中国法学》2009 年第 2 期。关于“检察官客观义务”的概念，目前存在不同的表述，例如有的学者指出，“检察官客观义务是指检察官不仅应当履行追究犯罪的控诉职能，而且应当超越这一职能，代表国家维护法律的尊严与公正，成为国家法律的护卫者。”（陈光中：《关于检察官客观义务的几点看法》，载《检察日报》2009 年 5 月 15 日。）“检察官客观义务，是指检察官为了发现案件真相情况，实现诉讼目的，不应站在当事人的立场，而应站在客观公正的立场上进行诉讼活动。”（龙宗智著：《检察官客观义务论》，法律出版社 2014 年版，第 1 页。）还有的学者认为，“检察官客观义务是指检察官应当保持客观公正立场，要以客观事实为依据，既要注意不利于犯罪嫌疑人、被告人的证据，又要注意有利于犯罪嫌疑人、被告人的证据，要不偏不倚”。（陈永生、瓮怡洁：《检察官客观义务理论的起源与发展》，载《人民检察》2007 年第 17 期。）“检察官客观义务是指在刑事诉讼活动中，为了发现案件事实真相，检察官应当站在客观的立场上进行刑事诉讼活动的义务。”（林国强：《检察官客观义务和当事人化之关系》，载《河南公安高等专科学校学报》2006 年第 2 期。）

② 参见程雷：《检察官的客观义务比较研究》，载《国家检察官学院学报》2005 年第 4 期。

③ 参见龙宗智著：《检察官客观义务论》，法律出版社 2014 年版，第 118—124 页。

司法公正。其中，坚持客观立场是基石，忠实于事实真相是核心，实现司法公正是目的。[①] 我们认为，上述三种观点都有一定的道理，但是，第三种观点较为全面，且具有层次性，因而更为合理。

（一）坚持客观立场

坚持客观立场，就是检察官在诉讼中必须站在客观的立场上，而不应站在当事人的立场上进行诉讼活动。坚持客观立场是检察官客观义务的基本内容，在检察官负责刑事侦查的国家，其意义尤为重要。检察官只有坚持客观立场，才能客观准确地认定案件事实，不偏不倚地处理案件，实现诉讼的实体正义和程序正义；只有坚持客观立场，做到不枉不纵，才能促使犯罪分子认罪服法，改恶从善，从而维护社会的和谐稳定，实现国家的长治久安。检察官在诉讼中坚持客观立场，其内容十分丰富，但主要包括以下三个方面的内容：

1. 客观全面收集证据的义务。即在检察官负责刑事侦查或者指挥侦查的国家，检察官必须站在客观立场上，负有客观全面收集证据的义务，既要收集不利于犯罪嫌疑人的证据，也要收集有利于犯罪嫌疑人的证据。从世界范围来看，有的国家检察官只负责部分刑事案件的侦查工作，如美国等；有的国家检察官不仅负责部分刑事案件的侦查工作，而且还具有指挥警察侦查工作的责任，如法国、德国、日本等；还有的国家检察官负责部分刑事案件的侦查工作，还承担对警察侦查工作进行补充侦查的任务，如我国等。无论哪种类型的侦查模式，都要求检察官必须坚持客观立场，客观全面地收集各种证据。例如我国《刑事诉讼法》第43条规定："审判人员、检察人员、侦查人员必须依照法定程序，收集能够证实犯罪嫌疑人、被告人有罪或者无罪，犯罪情节轻重的各种证据。严禁刑讯逼供和以威胁、引诱、欺骗以及其他非法的方法收集证据。必须保证一切与案件有关或者了解案情的公民，有客观充分地提供证据的条件，除特殊情况外，并且可以吸收他们协助调查。"同时，根据《刑事诉讼法》第37条关于辩护律师"可以申请人民检察院、人民法院收集调取证据"的规定，检察官负有根据律师请求收集调取证据的义务。

2. 客观公正进行公诉的义务。即检察官在公诉活动中，不能仅仅站在控诉者的立场上，而应当站在客观公正的立场上进行公诉活动。在刑事诉讼中，虽然各国都强调控辩平等，但作为控诉方的检察官，只是形式上的当事人，而不是实质上的当事人。即使在实行"当事人主义"的英美国家也是如此，在美国，检察官的兴趣不应当仅仅为获得胜诉，而且更要实现正义。在英国，检

① 参见朱孝清：《检察官客观公正义务及其在中国的发展完善》，载《中国法学》2009年第2期。

察官的地位完全不同于民事原告及其律师，因为后者的兴趣在于为获得胜利而战斗，而检察官应确保罚当其罪，弄清真相，实现正义。[①] 在我国，检察官出庭公诉也只是形式上的当事人，其实质上是法律监督者和司法官，居于超当事人的地位。因此，《人民检察院刑事诉讼规则（试行）》第435条规定："在法庭审理中，公诉人应当客观、全面、公正地向法庭出示与定罪、量刑有关的证明被告人有罪、罪重或者罪轻的证据。"我国检察机关法律监督的性质决定了其必须以维护法律统一正确实施和社会公平正义为根本职责，也决定了检察官在审查起诉时不能仅站在控诉者的立场上，而应站在更高的立场上即法律监督者的立场上来进行公诉活动，防止和克服片面追求胜诉的思想。在庭审过程中，如果证据调查结果表明公诉的犯罪事实缺乏足够的证据支撑，检察官应当依法请求法院判决无罪，以维护被告人的合法权利。

3. 客观全面维护各方利益的义务。即检察机关在诉讼过程中，应当站在客观立场上，客观全面地维护各方面的利益。从各国法律看，检察官代表国家进行公诉等活动，其客观立场不仅要求其维护国家和社会的利益，而且应当保障犯罪嫌疑人或被告人、证人、被害人等诉讼参与人的诉讼权利。例如在德国，其《刑事诉讼法典》规定："检察院可以为了被指控人的利益而提起法律救济诉讼活动"，包括为被指控人利益提起上诉和申请再审（第296条第2款、第301条、第365条）[②]；检察官在庭审中如果认为证据不足以定罪，可以要求法官宣告被告人无罪。[③] 我国《刑事诉讼法》第14条规定：人民检察院"应当保障犯罪嫌疑人、被告人和其他诉讼参与人依法享有的辩护权和其他诉讼权利。"第99条第2款规定："如果是国家财产、集体财产遭受损失的，人民检察院在提起公诉的时候，可以提起附带民事诉讼。"《检察官法》第8条也明确规定，检察官应当"维护国家利益、公共利益、维护自然人、法人和其他组织的合法权益。"这里的"合法权益"和"诉讼权利"包括犯罪嫌疑人、被告人的合法权益和诉讼权利。

（二）忠实于事实真相[④]

忠实于事实真相，就是检察官必须努力发现并尊重案件事实真相，还原案

① 参见陈瑞华著：《刑事审判原理论》，北京大学出版社1997年版，第237页。

② 参见《德国刑事诉讼法典》，李昌珂译，中国政法大学出版社1995年版，第78、116、117、134页。

③ 参见［德］托马斯·魏根特著：《德国刑事诉讼程序》，岳礼玲、温小洁译，中国政法大学出版社2004年版，第40页。

④ 之所以提"忠实于事实真相"而不提"发现事实真相"，是因为有些国家的检察官不负责侦查，不负有"发现事实真相"的义务，而是根据事实真相对案件为诉讼行为。

件的本来面目，并严格依据案件的事实真相为诉讼行为。检察官忠实于事实真相是检察官客观义务的又一项基本内容，它对于实现司法公正具有重要保障作用。检察官“忠实于事实真相”是检察官客观义务的核心，它既是“坚持客观立场”的直接目的，又是“实现司法公正”的必经途径和必要前提，检察官只有忠实于事实真相，才能还原案件的本身面目，尊重并严格按照案件的事实真相为诉讼行为，才能保证案件得到公正处理。检察官忠实于事实真相的内涵十分丰富，但主要包括以下三方面的内容：

1. 全面审查和忠实于事实真相的义务。即检察官在诉讼过程中，对犯罪嫌疑人、被告人和案件作出的任何决定，都必须建立在对案件有关证据进行全面审查、忠实于案件事实真相的基础上。检察官对案件进行审查，主要是公诉审查，即检察官在决定案件是否起诉、如何起诉之前，对侦查所获得的证据进行审查，并作出事实判断和法律判断。为了作出正确的起诉决定，检察官必须对案件有关证据进行全面审查，既要审查有罪和罪重的证据，也要审查无罪和罪轻的证据。同时，检察官对案件进行全面审查的义务，还有一种表现，就是对侦查机关采取强制性侦查措施的审查批准，在我国即表现为批捕审查。在对案件进行全面审查后，检察官还应当忠实于全面审查所得出的事实真相，依法对案件作出处理决定。我国法律对检察官全面审查和忠实于事实真相的义务作出了明确规定，例如《刑事诉讼法》第 168 条规定，人民检察院审查起诉案件，必须查明犯罪事实、情节是否清楚，证据是否确实、充分，犯罪性质和罪名的认定是否正确，是否属于不应当追究刑事责任等 5 个方面的情形。第 85 条规定：“公安机关要求逮捕犯罪嫌疑人的时候，应当写出提请批准逮捕书，连同案卷材料、证据，一并移送同级人民检察院审查批准。”第 86 条规定，检察机关在审查批准逮捕时，除审查有关证据外，必要时还应当讯问犯罪嫌疑人，也可以询问证人等诉讼参与人，听取辩护律师的意见；辩护律师提出要求的，应当听取辩护律师的意见。第 51 条规定，人民检察院起诉书必须忠实于事实真相。故意隐瞒事实真相的，应当追究责任。

2. 向被告方开示证据的义务。即为了追求事实真相，实现控辩平等，检察官应当向被告方开示案件有关证据。也就是说，为了实现控辩平等对抗，在开庭审理之前，检察官有义务向辩护人开示其所掌握的证据材料，包括有利和不利于被告人的证据材料，允许律师查阅、记录和复制控诉方掌握的证据材料。检察官向被告方展示证据的义务，不仅源于控诉方和辩护方在实质上的不平衡，而且源于检察官作为国家法律官员的维护程序公正和保障公民权益的责任。向被告方开示证据，尤其重要的是开示对控方不利而对辩方有利的证据，因为这一要求对检察官存在利益冲突，可能导致妨碍公诉的效果，因而在司法实践中尤其是在那些定罪困难的重大案件办理中，可能受到某些检察官的抵触。但是，基于检察官客观义务，这一要求十分重要，也为各国刑事诉讼法和检察官法所确认。例如在美国，1963 年联邦最高法院明确将检察官依法开示一切与定罪量刑有关的证据包括有利于被告人的证据规定为检察官的宪法义务。英国，1996 年《刑事诉讼与侦查法》规定，在控方的初次开示后，辩方有义务将其准备在审判中提出的辩护理由和证据开示给控方。其后，控方再作第二次证据开示。在意大利，1988 年通过的《刑事诉讼法典》第 419 条、第 430 条、第 431 条等条款规定，辩方不仅可以在预审之前到公诉人秘书室查卷宗材料，而且可以在预审程序开始后，到法院专门设立的文书室查阅：可提起刑事诉讼和可行使民事诉讼权的文书；关于由司法警察实施的不可重复的行为的笔录；关于由公诉人实施的不可重复的行为的笔录；在附带证明中实施的行为的笔录；司法档案的一般证明书和涉及人格判断的文书；犯罪的物证和与犯罪有关的物品等。我国《刑事诉讼法》第 38 条规定："辩护律师自人民检察院对案件审查起诉之日起，可以查阅、摘抄、复制本案的案卷材料。其他辩护人经人民法院、人民检察院许可，也可以查阅、摘抄、复制上述材料。"

3. 客观、全面、公正地向法庭提供证据的义务。即为了实现司法公正，检察官在公诉过程中，应当承担客观、全面、公正地向法庭提供证据的义务。检察官向法庭客观全面公正地提供证据，不仅是检察官忠实于事实真相的要求，而且是法院或法官发现事实真相、依法作出公正裁判的根本保证。因此，许多国家法律对此都作出了明确规定，例如我国《刑事诉讼法》第 172 条规定："人民检察院认为犯罪嫌疑人的犯罪事实已经查清，证据确实、充分，依法应当追究刑事责任的，应当作出起诉决定，按照审判管辖的规定，向人民法院提起公诉，并将案卷材料、证据移送人民法院。"第 39 条规定："辩护人认为在侦查、审查起诉期间公安机关、人民检察院收集的证明犯罪嫌疑人、被告人无罪或者罪轻的证据材料未提交的，有权申请人民检察院、人民法院调取。"《人民检察院刑事诉讼规则（试行）》第 61 条第 3 款规定："人民检察院提起公诉，应当遵循客观公正原则，对被告人有罪、罪重、罪轻的证据都应当向人民法院提出。"第 435 条规定："在法庭审理中，公诉人应当客观、全面、公正地向法庭出示与定罪、量刑有关的证明被告人有罪、罪重或者罪轻的证据。定罪证据与量刑证据需要分开的，应当分别出示。"如果检察官违反该项义务的，应当追究其法律责任。我国《刑事诉讼法》第 51 条规定，人民检察院起诉书"故意隐瞒事实真象的，应当追究责任。"《检察官法》第十一章也将检察官"隐瞒证据或者伪造证据"规定为"应当给予处分，构成犯罪的，依法追究刑事责任"的情形之一。

（三）实现司法公正

实现司法公正，就是检察官必须通过自己的诉讼活动使案件的办理达到公平正义的目标。这里的“公正”，既包括实体公正，又包括程序公正；既包括检察官自身的诉讼活动公正，又包括通过自身的诉讼活动去促进法院公正审判。检察官实现司法公正是检察官客观义务的又一项基本内容，也是检察官客观义务要达到的目标。公正是司法活动的最高价值追求，法律规定检察官客观义务，要求检察官“坚持客观立场”“忠实于事实真相”，其目的都是“实现司法公正”。检察官“实现司法公正”的内涵十分丰富，但主要包括以下三方面的内容：

1. 对案件作出公正处理决定。即检察官在诉讼活动中，应当根据案件的具体情况和起诉（或批捕）的法定条件，公正地作出起诉或不起诉（或批捕或不批捕）、撤销案件的处理决定。检察官作为执法官员或司法官员、准司法官员，在诉讼活动中，可以对案件作出许多处理决定，其中，起诉或不起诉决定、撤销案件决定，是许多国家检察官的权力，而我国检察官除此之外，还有权对案件作出是否批准逮捕决定的处理。例如我国《刑事诉讼法》第 88 条规定：“人民检察院对于公安机关提请批捕的案件进行审查后，应当根据情况分别作出批准逮捕或者不批准逮捕的决定。”第 166 条规定：“人民检察院侦查终结的案件，应当作出提起公诉、不起诉或者撤销案件的决定。”第 172 条规定：“人民检察院认为犯罪嫌疑人的犯罪事实已经查清，证据确实充分，依法应当追究刑事责任的，应当作出起诉决定。”第 173 条第 1 款和第 2 款分别规定：“犯罪嫌疑人有本法第 15 条规定的情形之一的，人民检察院应当作出不起诉决定。”“对于犯罪情节轻微，依照刑法规定不需要判处刑罚或者免除刑罚的，人民检察院可以作出不起诉决定。”第 171 条第 4 款规定：“对于二次补充侦查的案件，人民检察院仍然认为证据不足，不符合起诉条件的，应当作出不起诉的决定。”第 271 条规定：“对于未成年人涉嫌刑法分则第四章、第五章、第六章规定的犯罪，可能判处一年有期徒刑以下刑罚，符合起诉条件，但有悔罪表现的，人民检察院可以作出附条件不起诉的决定。”检察官如果违反客观公正义务，故意对应当起诉的人不起诉或对无罪的人提起指控，或者隐匿、伪造证据，则要被追究刑事责任。

2. 追求案件的实体公正。即为了追求案件的实体公正，检察官应当公正地行使公诉权和求刑权，对于法院确有错误的判决裁定，也应当依法行使抗诉（上诉）权。在现代各国，按照无罪推定原则的要求，对被告人的有罪判决都应当由法院或法官作出。因此，在法庭审理过程中，为了追求案件的公正裁判，检察官应当公正地行使控诉权和求刑权，如果庭审中证据调查结果表明公诉的犯罪事实缺乏足够的证据支撑，检察官应当依法请求法院判决被告人无罪；如果认为法院或法官判决或裁定违背事实和法律，确有错误时，检察官可以提起抗诉（或上诉），这种抗诉（或上诉）的提起既可以不利于被判决者，也可以有利于被判决者。例如在法国，《刑事诉讼法典》第567条规定，刑事审判庭的裁定、重罪法庭、轻罪法庭和违警罪法庭的终审判决和裁定如果违反法律，检察院可向最高法院提出要求撤销的上诉；第621条规定，对上诉法院、重罪法院、轻罪法庭或者违警罪法庭作出终审裁定或判决后，在规定期限内没有提起上诉的案件，最高法院的总检察长为了维护法律的利益，可依职权提出要求撤销原判决、裁定的非常上诉。① 在我国，《人民检察院刑事诉讼规则（试行）》第399条规定："人民检察院对提起公诉的案件，可以向人民法院提出量刑建议。除有减轻处罚或者免除处罚情节外，量刑建议应当在法定量刑幅度内提出。建议判处有期徒刑、管制、拘役的，可以具有一定的幅度，也可以提出具体确定的建议。"《刑事诉讼法》第217条、第243都规定，人民检察院对于人民法院确有错误的判决、裁定，无论是否发生法律效力，都有权向人民法院提出抗诉。这里的"确有错误的判决、裁定"，既包括有罪判无罪或重罪轻判，也包括无罪判有罪或轻罪重判。

3. 维护程序公正。即检察官参与诉讼活动，不仅要依照法定程序进行诉讼活动，而且负有保证其他机关依法进行诉讼活动的义务。在现代各国，检察官作为参与刑事诉讼活动的执法者，不仅自己应当维护法律规定的公正程序，而且负有对诉讼中的违法、不当行为进行监督的职权和义务。这是检察官维护程序公正的必然要求，也是实现案件公正处理的保证，各国都对检察官的这一义务作出了规定或提出了要求。例如在美国，在1935年的伯格诉合众国一案中，大法官萨瑟兰（Sutherland）指出："美国检察官代表的不是普通的一方当事人，而是国家政权，他应当公平地行使自己的职责；因此检察官在刑事司法中不能仅仅以追求胜诉作为自己的目标，检察官应当确保实现公正，也就是说，从这个特别的、有限的意义上讲，检察官是法律的奴仆，具有双重目标，既要惩罚犯罪，又要确保无辜者不被错误定罪。检察官可以而且也应当全力以赴地追诉犯罪，但在他重拳出击时，却不能任意地犯规出拳。不允许使用可能产生错误结果的不适当手段追诉犯罪，与用尽全部合法手段寻求公正的结果，

① 参见《法国刑事诉讼法典》，余叔通、谢朝华译，中国政法大学出版社1997年版，第193、206页。

二者同样属于检察官的职责。”① 在我国，检察官作为法律监督者，不仅自己应当严格遵守公正程序，而且负有监督其他机关遵守公正程序的义务。如我国《刑事诉讼法》第3条规定，人民检察院进行刑事诉讼，必须严格遵守本法和其他法律的有关规定；第28条、第29条规定，为了维护程序公正，保证案件公正处理，检察人员负有回避的义务；第8条规定，人民检察院依法对刑事诉讼实施法律监督，即人民检察院对刑事诉讼全过程包括立案、侦查、审判、执行等负有实施法律监督的职权和义务，并且第98条、第203条、第263条、第265条分别规定，人民检察院如果发现公安机关的侦查活动有违法行为、人民法院审理案件违反法律规定的诉讼程序、执行机关执行刑罚的活动有违法的情况、人民法院减刑、假释的裁定不当，无论该“违法”或“不当”是有利或不利于犯罪嫌疑人、被告人或罪犯，都有权提出纠正意见或通知有关机关纠正。

二、检察官客观义务对检察官相对独立的要求

检察官客观义务作为检察官相对独立的理论基础，其丰富的内容都要求检察官在办案过程中应当具有相对独立的诉讼地位。具体来说，检察官客观义务的三项主要内容，即坚持客观立场、忠实于事实真相、实现司法公正，都要求检察官在办案过程中应当具有相对独立的诉讼地位。

（一）检察官坚持客观立场要求检察官相对独立

在检察官客观义务中，检察官坚持客观立场的义务是其基本内容，它要求检察官作为控诉者，在诉讼中必须站在客观立场上进行控诉，既要有效地控诉和打击犯罪，又要切实保障人权。检察官作为国家的执法人员，既是控诉者，也是保护者，二者的角色要求其必须保持客观中立立场。检察官在诉讼中坚持客观立场，决定并要求检察官在办案中应当具有相对独立的地位。检察官坚持客观立场所包含的三方面内容，即客观全面收集证据的义务、客观公正进行公诉的义务和客观全面维护各方利益的义务，都决定和要求检察官在诉讼中应当具有相对独立的地位。

检察官作为控诉者，在诉讼中应当承担客观全面收集证据的义务，这是检察官进行控诉的基础。但在实践中，由于证据资源的有限性、刑事司法的对抗性，使得检察官对证据的收集，无论是检察官自己亲自侦查收集证据，还是指挥警察侦查收集证据，都面临许多困难和挑战。受打击犯罪的社会压力和完成控诉任务，检察官往往会偏重致罪而收集有罪证据；受当事人和有关人员诱

① ［美］爱伦·豪切斯泰勒·斯黛丽、南希·弗兰克著：《美国刑事法院诉讼程序》，陈卫东、徐美君译，中国人民大学出版社2002年版，第230页。

惑，检察官也会收集无罪证据或者放弃收集有罪证据，而放纵犯罪。要防止这两种错误偏向的发生，检察官必须承担客观全面收集证据的义务，而要保证检察官完成该项义务，不受外界的干扰和左右，必须赋予检察官在诉讼中的独立地位。同时，检察官作为国家的执法者，承担公诉的职责，其坚持客观立场的义务要求其必须客观公正地进行公诉。即客观公正地审查证据、公正地作出起诉或不起诉决定、客观公正地完成出庭公诉活动。检察官要完成上述公诉任务，就要求检察官必须具有独立的诉讼地位，这是因为公诉权的行使涉及当事人的核心利益和各种利益主体，尤其是有权力或其他资源影响公诉权行使的主体，往往通过各种渠道对公诉者施加影响，使公诉活动向相关利益偏斜。再加上侦查机关的影响和施压，社会舆论的压力等，都可能对公诉活动产生影响，因此，检察官在公诉活动中要有效地履行客观义务，就必须具有抵制外部干预的能力，保持独立性。此外，检察官坚持客观立场的义务，还要求检察官在诉讼中必须客观全面地维护各方的利益，包括国家和社会的利益、各诉讼参与人的利益。检察官要客观全面地维护这些利益，就必须在打击犯罪与保障人权，以及实体公正与程序公正之间寻求平衡点，为此必须保持检察官对案件证据、法律问题进行独立审查、思考判断的空间，不受外界的干扰和影响，这就必然要求检察官在办案中应当具有独立性。

（二）检察官忠实于事实真相要求检察官相对独立

检察官忠实于事实真相是检察官客观义务的核心内容，它要求检察官作为国家执法者，必须努力发现和尊重案件事实真相，并严格依据案件的事实真相进行诉讼活动。检察官忠实于事实真相不仅要发现事实真相，而且更要通过法律形式维护事实真相。这就要求检察官不仅要具有能力，更要具有勇气和担当，为此法律必须赋予检察官一定的职权，给予其特殊身份保障，赋予其相对独立的诉讼地位。检察官忠实于事实真相所包含的三方面内容，即全面审查和忠实于事实真相的义务、向被告方开示证据的义务、客观全面公正地向法庭提供证据的义务，都要求检察官在诉讼中应当具有相对独立的地位。

检察官要忠实于事实真相，首先，应当全面审查案件证据，并根据审查案件证据所得出的案件事实真相作出处理决定。检察官承担此项义务，决定并要求检察官在诉讼中应当具有独立的诉讼地位。这是因为检察官要对案件证据进行全面审查，既要审查有罪和罪重的证据，又要审查无罪和罪轻的证据，要做到不偏不倚的全面审查证据，并根据审查案件证据所得出的案件事实真相作出处理决定。检察官承担中立审查的义务，是所有国家将检察官称为法律官员以及“书桌官署”的原因，也是许多国家认为检察官具有法官特性的重要依据。例如法国 P. Truche 教授把检察官称为“第一受案法官”，称检察官在案件侦查清楚时决定不予起诉，他对案件的当事人已经作出了实质上的判决。而法官能否触到这个案件，全在于检察官是否决定提出公诉。① 检察官要做到客观全面审查证据，就必须具有超越控诉角色的意识和审前程序法官的意识，必须居中进行审查和判断，不能偏向任何一方，且不受任何外界的影响和干预，唯有赋予检察官独立的地位，才能保证其做到这一点。其次，检察官忠实于事实真相，还要求检察官承担向被告方开示证据的义务。检察官向被告方开示有关案件证据，不仅是"控辩平等"的要求，也是诉讼程序公开的必然要求。因而约翰·斯普莱克教授指出："英格兰和威尔士的刑事审判的一大重要特色，历来就是控方有将在他控制之下的证据向辩方披露的义务。这一义务的合理性在于王权一方（能够获得警察的侦查设施和诸如法医科学家的专家服务）和作为被指控犯罪的个人的另一方之间资源上的悬殊。为努力确保被指控者接受公平的审判，也为了尽可能地在王权和被指控者之间达到'平等的武装'，设立了一项由控方向辩方承担的普通法义务。"② 检察官要完成证据开示义务，必须站在程序公正的立场上进行审查判断，并作出有关开示决定，不受辩护方和有关人员的影响和干扰，这就要求检察官应当具有独立的诉讼地位。最后，检察官忠实于事实真相，还要求检察官承担客观全面公正地向法庭提供证据的义务。检察官向法庭提供证据，是其履行控诉职能的要求，也是法庭发现案件事实真相并作出公正判决的基础。检察官在向法庭提供证据时，要做到客观、全面和公正，就必须站在追求案件事实真相的立场上，不偏不倚地将案件所有证据向法庭提供，既不隐匿毁灭证据，也不伪造变造证据；既不受被告方的诱惑和影响，也不受外界的干扰和左右。要保证检察官做到这一点，应当赋予检察官独立的诉讼地位。

（三）检察官实现司法公正要求检察官相对独立

在检察官客观义务中，检察官实现司法公正的义务是其要达到的目标，它要求检察官作为国家的执法者，在诉讼中要促进和确保司法公正的实现，既要维护诉讼程序公正，又要确保实体公正的实现。检察官作为"护法使者"和公平正义的促进者，要求其在诉讼中应当具有中立的立场和独立的地位。检察官实现司法公正义务所包含的三方面内容，即对案件作出公正处理决定、追求案件的实体公正和维护程序公正，都决定和要求检察官在诉讼中应当具有相对

① 参见 P. Truche 教授在法国国家司法官学院 1995 年 5 月论坛开幕式上的致辞，转引自孙谦主编：《检察论丛》（第 17 卷），法律出版社 2012 年版。

② ［英］约翰·斯普莱克著：《英国刑事诉讼程序》（第 9 版），徐美君、杨立涛译，中国人民大学出版社 2006 年版，第 168 页。

独立的地位。

首先，检察官要履行实现司法公正的义务，应当对自己办理的案件作出公正的处理决定。检察官对案件作出处理决定，包括是否起诉的决定，这是所有国家检察官都有的职权，是否逮捕的决定，这是有的国家检察官拥有的职权。无论检察官能够对案件作出什么决定，在刑事诉讼中设置检察官这一官员，其基本目的之一，就是以一位独立于警方的法律官员对案件行使国家刑罚权的条件和必要性进行评估，并作出处理决定。国外有研究者指出："人们认为，负责或贴近侦查工作的警官，在有关该案的问题上很可能变得感情用事，从而不能作出客观的、公正的判断。""侦查人员首先就要在心理上表明相信这个案件的主体有罪，因而没有资格对是否起诉作出不带偏见的决定。""警方作出的起诉决定可能受到许多永远也拿不出来的证据（如这也许是告密者提供的证据）的因素的影响。"① 由此可见，检察官要对案件作出公正处理决定，就如同法官对案件作出裁判一样，要具有独立的诉讼地位。只有这样，检察官才能不受干扰而能心平气和地进行独立思考和判断，才能准确地适用法律和刑事政策，做到有罪则追究、无罪则释放，当宽则宽，当严则严，宽严相济，宽严有度，从而达到公正处理案件的目的。其次，检察官要实现司法公正，还应当追求案件裁判的实体公正。检察官提起公诉后，案件的裁判由法官作出。但是，根据检察官客观义务的要求，检察官不仅在法庭审理过程中应当追求案件裁判的实体公正，而且在法官作出裁判后，如果检察官发现裁判定罪错误，即无罪定有罪，或者轻罪判重罪，或者出现相反的情况，检察官都可以提出抗诉（或上诉），或者对已生效的错误裁判提请再审，以追求案件裁判的实体公正。可见，检察官在追求案件裁判的实体公正时，既可以为国家利益提起上诉（抗诉）、请求再审，也可以为被告人利益提起上诉（抗诉）、请求再审。要保证检察官能够对裁判进行客观公正的审查，并作出是否上诉（抗诉）、请求再审的公正决定，就应当保证检察官能够独立思考和判断，不受外界的干扰和影响，这就要求赋予检察官独立的诉讼地位。最后，检察官要实现司法公正，还应当维护整个诉讼程序的公正。在现代刑事诉讼中，检察官的产生就是为了维护程序的公正，即为了抑制警察的恣意侦查、防止法官兼具控诉职能而成为"全能法官"，才设置检察官以制约和监督警察和法官，从而实现程序的公正性。可见，检察官可谓"程序之子"，维护程序公正，可谓检察官的天然使

① 参见王晋、刘生荣主编：《英国刑事审判与检察制度》，中国方正出版社 1999 年版，第 67 页；［英］李约翰·丁·爱德华兹著：《英国总检察长——政治与公共权力的代表》，王耀玲等译，中国检察出版社 1991 年版，第 110 页。

命。检察官维护公正程序的使命，不仅要求检察官的一切检察活动都应当严格遵守法律程序，维护法律程序的权威和尊严，而且要求检察官发现警察、法官存在违反法律程序的行为时，应当进行程序性监督。检察官的程序性监督包括对轻微违法行为口头提出纠正意见、对较严重违法行为递交纠正违法通知书、对严重违法行为提出抗诉（上诉）。检察官要完成上述维护程序公正的使命，就要敢于对程序违法行为进行监督，并能独立自主地提出纠正意见，为此检察官就应当独立于警察和法官，不受警察、法官的干预和影响，这就必然要求赋予检察官独立的诉讼地位。

第三节　检察官办案责任制

检察官办案责任制或检察官办案责任制度，作为规范检察官行为的一项制度，各国法律对其都作出了明确的规定，因而检察官办案责任制本质上属于一种法律责任。该制度的建立不仅有助于防止司法腐败和司法不公，而且可以维护检察官的司法主体地位，从而成为检察官相对独立的一项重要理论基础。

一、检察官办案责任制的内涵

一般来说，检察官办案责任制或检察官办案责任制度，是指国家特定机关或特定主体根据法律规定，通过必要的程序确认检察官在办案中的行为是否违反法律规定，并决定其是否应当承担法律责任以及承担何种法律责任的一种制度。根据该定义，检察官办案责任制主要包含以下三方面的内容：

（一）承担责任的主体为检察官

承担责任的主体为检察官，即检察官在办案中如果存在违法行为，就应当对其行为承担相应的法律责任，而不能由检察机关或其他人员代替承担其法律责任。这里的“法律责任”是对违法行为的一种否定或制裁，而这种违法行为只有检察官在行使检察职权时才能产生的行为。与此相适应，对这种由检察职权行为所产生的法律责任也只能是由检察官个人来承担，而不能由检察机关或其他没有行使这种检察职权行为的人员来承担。

检察官对其办案行为承担相应的法律责任，这种法律责任的性质如何，则是由检察官的性质或检察职权的性质决定的。关于检察职权的属性，目前主要存在以下两种观点：一种观点认为检察职权是法律监督权。许多学者认为，我国不实行“三权分立”的体制，而实行人民代表大会制度。在这种体制中，国家机关都由人民代表大会产生，并对人民代表大会负责，接受人民代表大会监督。由于人民代表大会只能宏观监督国家机关的行为，具体监督责任则委托检察机关负责，因而检察机关具有法律监督的性质。同时，我国《宪法》第129条明确规定：“中华人民共和国人民检察院是国家的法律监督机关。”根据该规定，也可以得出我国检察机关行使的职权具有法律监督权性质的结论。① 另一种观点认为检察职权是国家司法权。一些学者认为，根据我国宪法规定，我国的司法机关应当包括审判机关和检察机关。同时，我国党中央推行的许多司法改革文件中，也是将法院和检察院作为我国司法机关对待的。由此可以认为我国的司法权包括审判权和检察权，司法官包括法官和检察官。②

我们认为，这两种观点都具有合理性，因为从我国宪法规定看，我国检察机关作为国家法律监督机关，其行使的检察职权就具有法律监督权的性质，因而认为我国检察职权是法律监督权是合理的。同时，从我国司法改革文件规定看，认为我国的司法机关包括法院和检察院，从而认为检察职权是司法权的观点，也具有合理性。但是，应当看到，无论认为检察职权具有法律监督权的性质，还是认为检察职权具有司法权的性质，都是不全面的。因为从检察职权的本质上看，检察职权既具有司法权的特性，也具有行政权的特征，因而检察职权是一种复合性的权力。但在司法权和行政权当中，检察职权的司法属性更多，占的比例更大，行政权的属性相对较少，占的比例也较小。因此，从本质上来看，可以将检察职权的性质划归为司法权，检察官可作为司法官。既然检察官为司法官，那么检察官承担的法律责任则为司法责任。司法责任就是司法人员（包括审判人员和检察人员）在实施司法职能的过程中，对其违反法律要求和自身职业道德的失职行为所应当承担的一种法律责任。

检察官承担的司法责任，是检察官违反其应尽的职责而由国家规定的一种强制性的法律后果，即国家给予的一种否定性结论。我国《检察官法》《国家赔偿法》《检察人员纪律处分条例（试行）》等法律法规，都对检察官应当承担的法律责任作出了明确规定，从而形成了我国检察官的法律责任体系。

（二）承担责任的对象是办案行为

承担责任的对象是办案行为，即检察官只能对自己的办案行为承担相应的法律责任。检察官在办案过程中可能实施多种行为，并不是所有的行为都要承担法律责任，只有当其实施的行为不符合法律要求时才导致国家对其不法行为进行否定性评价和谴责，才承担相应的法律责任。根据法学的一般理论，检察官对自己的办案行为承担法律责任，应当具备以下条件：一是检察官的行为违反法律规定，具有违法性；二是检察官的违法行为造成一定的后果；三是检察官在主观上存在故意或过失。

在现代法治社会中，为了防止公权力滥用而侵犯公民权利，国家通过法律

① 参见朱孝清、张智辉主编：《检察学》，中国检察出版社 2010 年版，第 172—178 页。

② 参见陈业宏、唐鸣著：《中外司法制度比较》，商务印书馆 2004 年版，第 2 页。

规定了各种权力的行使范围、条件和程序，因而检察官在行使检察职权时，就必须遵守国家法律的各种规定，即检察官必须遵守国家实体法和程序法。具体来说，检察官在办案过程中，在认定犯罪嫌疑人和被告人行为的性质和确定罪名时，必须依据我国刑法的有关规定，而不能依据判例和有关法学著作。在我国，因为判例、法学著作及论述不具有法律效力，只具有一定的参考价值，因而检察官不能将其作为办案依据，否则即不具有合法性。同时，检察官办理案件也要符合程序法，程序合法性原则要求检察官的办案活动应当符合程序，严格依照程序规定办事，不允许违背法定程序侵犯当事人的诉讼权利，即一切按照法定的程序进行。如果检察官在办案过程中违反了实体法和程序法的规定，其行为就存在违法性，检察官就应当对此承担相应的法律责任。

检察官对自己的行为承担法律责任，不仅要求其具有违法性，而且要求其行为应当造成一定的法律后果。从司法实践看，一般来说，检察官在办案中的程序违法行为通常会造成侵犯犯罪嫌疑人、被告人诉讼权利和合法权益的后果；其实体违法行为则会造成冤假错案的后果。无论是侵犯当事人的合法权益，还是造成冤假错案，都说明其违法行为会造成一定的法律后果。违法行为造成一定的法律后果，是检察官对其违法行为承担法律责任的事实基础，如果检察官的违法行为较轻没有造成一定的法律后果，检察官就不应当承担法律责任。

检察官对自己的行为承担法律责任，还要求检察官在实施违法行为时主观上存在故意或者过失，即检察官明知自己的行为会造成一定的法律结果，并且希望或者放任这种结果发生，或者应当预见自己的行为可能造成一定的法律后果，由于疏忽大意或者过于自信而没有避免结果的发生。在司法实践中，对于过错的认定应当从严掌握。如果因为检察官的能力所限或对法律的理解上或对案件的事实和证据的认识上出现偏差而导致错误的，则属于工作失误而不应当承担法律责任，只有当检察官出于故意或重大过失而造成一定的法律后果时才属于应受追究的范围。检察官故意造成案件错误处理的，无论出于何种动机，都应当追究其法律责任；构成犯罪的，还应当追究其刑事责任。

（三）法律责任的认定为特定机构

法律责任的认定为特定机构，即检察官承担的法律责任需要由特定机构经过法定程序予以认定。由于检察官承担的法律责任是一种司法责任，因而对该责任的认定应当由特定机构严格依照有关程序进行。对检察官承担的责任由特定机构进行认定，而不能由一般组织和人员认定，是因为检察官具有特殊的身份保障和社会影响力，出于对其身份的尊重，对检察官的惩戒应当十分慎重，以免影响其身份和依法行使职权。

对检察官有特殊身份保障的大陆法系国家，都建立了特殊机构专门负责检察官的惩戒问题。例如在德国，对检察官的惩戒，由纪律惩戒法庭负责。德国联邦最高普通法院设纪律惩戒法庭，各州亦在州高等法院设立自己的纪律惩戒法庭，分别负责审理违法违纪的联邦检察官、州检察官的惩戒案件。① 在法国，专门在司法部设立了“检察官惩戒委员会”（由检察总长任委员会主席、一名最高法院院长、两名副总检察长、两名资历最深的司法部官员以及三名检察官组成），负责检察官的纪律惩戒审查。在对案件进行审查时，涉案的检察官要在检察官惩戒委员会出庭，可以自由陈述辩护事由，检察官惩戒委员会在听取辩护意见后进行秘密合议，而后公开判决。② 此外，我国台湾地区也专门成立了司法官惩戒委员会。该委员会受理由司法总长交办的对检察官和法官进行惩戒的案件。一旦惩戒委员会决定受案，则要通知被指控人在一定的期限内，到有关机关提出答辩。惩戒委员会根据指控和答辩，展开调查。对决定应予以惩戒的司法官，由惩戒委员会提出惩戒意见，上报总统批准，再交由司法部依法定程序予以执行。

在我国，从目前实践看，对检察官的惩戒主要由人事部门、检察机关和法院负责。检察机关负责警告、记过等较轻的纪律处分，人事部门负责降职、降级等较严重的纪律处分，法院负责追究刑事责任。可见，我国对检察官的纪律惩戒，没有建立专门的惩戒机构，难以保证惩戒的公正性。为此，在本轮司法改革中，中央司法改革文件要求，对司法官员的追责，要建立专门的惩戒委员会。最高人民法院和最高人民检察院在各自的深化司法改革意见中，要求各地要建立法官惩戒委员会和检察官惩戒委员会。上海市于 2014 年 12 月建立了法官惩戒委员会和检察官惩戒委员会。在不久的将来，我国各地都将建立起法官惩戒委员会和检察官惩戒委员会，专门负责司法官员的纪律惩戒事宜，这样可以更好地保证对司法官员惩戒的客观性和公正性。

二、检察官办案责任制对检察官相对独立的要求

检察官办案责任制作为检察官相对独立的理论基础，其丰富的内容要求检察官具有相对独立的地位。检察官办案责任制的上述三项主要内容，即承担责任的主体为检察官、承担责任的对象为办案行为、法律责任的认定为特定机构，从根本上要求检察官在办案中应当具有相对独立性。

---

① 参见林中梁、殷明胜、刘树德：《德、法司法制度考量》，载《人民法院报》2004 年 11 月 10 日。

② 参见施鹏鹏、谢鹏程：《法国有一套严格的司法官惩戒程序》，载《检察日报》2015 年 1 月 20 日。

（一）检察官作为司法官承担责任要求检察官相对独立

在检察官办案责任制中，检察官是作为司法官对自己的办案行为承担责任的，检察官是承担责任的主体，这就是所谓的“谁办案，谁负责”。而检察官在办案中是司法官，其所承担的责任不是政治责任、道德责任，而是一种法律责任、司法责任。检察官作为司法官的性质和所承担责任的司法性质，决定并要求检察官在办案中应当具有相对独立的地位。所谓“司法性”，有的学者认为，司法性表现为被动性、公开性和透明性、多方参与性、亲历性、集中性和终结性六大特征。① 也有的学者认为，司法性还应当包括司法的能动性。② 但是，我们认为，司法最基本的两大特性，即独立性和裁断性。

检察官作为司法官对自己的办案行为承担司法责任，其司法的独立性则必然要求检察官在办案中应当具有独立性，否则，检察官将不为司法官，而是行政官员，其承担的责任也将为行政责任，而不是司法责任。司法的裁断性则要求检察官对自己办案的有关事项，应当根据自己的法律知识和理性，自主地作出判断和裁定，这主要包括对证据的审查判断、对案件事实的认定、对有关法律的适用、对案件作出最终的处理决定等。要保证检察官对这些案件事项作出正确、合理的认识和裁定，就必须给检察官进行独立思考问题的空间和自由，尊重和保证检察官的独立思维和判断力，因为只有建立在检察官理性思考的基础上，其对案件作出的判断和决定才具有合理性和正确性。由此可见，司法的裁定性也要求检察官在办案中应当具有独立性。

（二）办案行为作为承担责任对象要求检察官相对独立

在检察官办案责任制中，检察官承担责任的对象是自己的办案行为，而不是领导的行为或其他检察官的办案行为，这就是所谓的“谁的行为，谁负责”。众所周知，有权必有责，有责必担当，这是司法的要求，也是公正的保障。也就是说，司法办案人员对自己所办理的案件必须承担责任，一旦出现冤假错案就必须被追究相应的责任，这是天经地义的常理，也是无可非议的法理。如果司法人员不对自己所办的案件负责，出了冤假错案也无须担责，这不仅不符合常理，更是违背法理。检察官对自己的办案行为承担责任，不仅要求其行为存在违法性，并造成一定的后果或者不利影响，而且要求检察官在主观上存在一定的过错（故意或者过失），否则，检察官就不应当承担责任。

根据检察官责任制的要求，检察官只对自己的办案行为承担相应的法律责任，而不应当对其他人员的办案行为承担任何责任。所谓“自己的办案行

① 参见陈瑞华：《司法权的性质》，载《法学研究》2000 年第 5 期。

② 参见周赟：《司法能动性与司法能动主义》，载《政法论坛》2012 年第 3 期。

为”，是指检察官在办案过程中，受自己主观意志支配而自主作出的一定诉讼行为。如果不是出于自己的主观意志而为的行为，而是受他人控制或者支配的行为或者他人的行为，都不能认定是检察官自己的办案行为。由此可见，检察官对自己的办案行为承担法律责任，就是对自己自由决断的诉讼行为负责，对于不是由自己自由决断的行为，比如由上级领导决断的行为，检察官就不承担责任。检察官对自己决断的行为负责，就是要求检察官在决断行为时具有意志自由和自主性，能够独立自主地作出行为的决断，是自己行为的主宰者，而不是他人行为的工具。因此，检察官对自己的办案行为负责，就必然要求检察官能够独立自主地作出自己的行为，在办案中具有独立的主体地位。

（三）特定机构作为责任认定主体要求检察官相对独立

在检察官办案责任制中，检察官承担的责任由特定机构进行调查和认定，而不是由检察机关自己进行调查和认定，这就是所谓的“特定主体，特殊对待”。一般来说，对检察官承担责任的调查和认定，可以有以下两种方式：一是由检察机关自己来进行调查和认定；二是由特定机构来进行调查和认定。其中，由检察机关自己进行调查和认定的方式，虽然比较快捷方便，并且能够有效地贯彻有关领导的意见，但也存在为了维护检察机关自己的名声，或者为了满足社会或者当事人的要求，会对违法违纪的检察官处罚过轻或者不予处罚，大事化小小事化了，或者处罚过重，小题大做或者杀一儆百。更为重要的是，这种调查和认定的方式是一种内部处理方式，是把检察官作为自己可以控制的下属，没有将检察官作为独立的主体，也不要求检察官具有独立的地位，因而是一种行政的处理方式。显然，这种行政的处理方式不适合我国检察官的特殊身份，目前正在进行检察改革，建立检察官惩戒委员会这种特定机构，专门负责检察官责任的调查和认定工作。

由特定机构（无论是检察官惩戒委员会，还是司法官惩戒委员会等）负责调查和认定检察官的责任有无及大小，已成为大陆法系国家的普遍做法。这种特定机构一般由资深的法官、检察官、律师及人大代表（议员）等人员组成，不仅具有较强的专业性，而且具有较高的独立性和中立性。因此由这种特定机构进行调查和认定的方式，能够保证其调查活动和认定结果的客观真实性和公正性，可以有效克服检察机关自己调查和认定可能存在的不公开和欠公允的情况发生，切实保护检察官的合法权益，也能够得到社会公众、当事人和检察官自己的认可。更为重要的是，这种由独立且中立的特定机构进行调查和认定的方式，一般适用于法官和检察官这一特殊群体，符合对等的原则，也是“特殊情况特殊对待”这一公正原则在检察官责任认定方面的具体体现。通过这种方式来认定检察官的责任，不仅体现了而且要求检察官具有独立的地位，只有检察官具有独立的地位，才有必要建立这种责任认定方式，因为只有建立独立且中立的特定机构，才能有资格来调查和认定检察官的办案行为是否存在违法情况，也才能有资格对违法的检察官作出处理意见或者决定，从而撼动或者改变检察官的独立地位和特殊身份。因此，对检察官在办案过程中是否存在违法行为，由特定机构负责进行调查和认定，不仅可以保证对检察官责任认定的客观性和公正性，更决定了检察官具有特殊身份，在办案中具有独立的地位。

第五章　检察官相对独立的权限

我国检察官相对独立，是指检察官在行使国家检察权的过程中，有权以事实为根据，以法律为准绳，在职权范围内自主处理有关事务，不受行政机关、社会团体和个人的干涉。也就是说，检察官在行使检察权方面具有相对独立性。检察官独立的相对性表现在哪些方面、检察官的权限范围多大等，都直接影响并决定着检察机关依法独立行使检察权。因此，研究检察官独立的相对性、检察官的权限范围等，对于保障检察官依法公正行使检察权，具有重要的现实意义。

第一节　检察官独立的相对性

检察官独立的相对性，是指检察官在依法独立行使检察权的过程中，应当受到一些方面的限制，使得检察官的独立具有相对性。在我国的宪法体制下，检察官在执法过程中，不仅要受党的领导、人大的监督，而且要受检察一体制、民主集中制和法律规定的约束，因而检察官独立行使检察权具有相对性。

一、检察官依法独立行使检察权

我国检察官的相对独立，首先表现在检察官依法独立，即检察官依法独立行使检察权，不受行政机关、社会团体和个人的干涉，但要受法律的约束。在现代法治社会，检察官依法独立行使检察权，不仅是法治的要求，而且是其行为具有法律效力的保证。因此，检察官的地位和行为要受法律的约束，这是现代法治社会的基本特征。在我国，检察官独立行使检察权受法律约束，主要表现在以下几个方面：

（一）检察官行使检察权的范围受法律约束

检察官行使检察权的范围受法律约束，即检察官在办案过程中享有哪些具体权力，要有法律的明确规定，受法律的限制。这里的法律规定，既指作为检察官办案依据的法律规定，也包括关于检察官权限范围的有关规定。依据国家公权力必须赋予的理论，只有法律赋予检察官某些权力，检察官才能行使这些权力，法律没有授权的，检察官则不能行使。因此，检察官独立办案的权限范围，应当严格受到法律的限制，如果检察官超越了法律规定的范围，就是违法行为。具体来说，我国检察官只有在法律规定的权限范围内，或者在检察长授权的范围内，才能独立行使办案权；法律明确规定由检察长或检察委员会行使的权力，或者检察长没有授权的权力，检察官则不能独立行使办案权。

（二）检察官行使检察权的程序受法律约束

检察官行使检察权的程序受法律约束，即检察官在行使法律授予的权力时，应当严格依照法律规定的程序行使。法定程序是对权力最有效的规制，可以说是权力的制度“笼子”，只有将权力关进“笼子”里，才能保证权力的正确行使，因而可以说依法治国就是依程序治国。只有将国家所有的权力都关进“笼子”里，才能保证国家权力的正确行使，才能真正实现国家的法治。检察权是国家权力体系中的一项重要权力，检察官是行使该项权力的重要主体，只有将检察官行使的检察权关进“笼子”里，以法律程序来约束检察官行使的检察权，才能保证检察权依法正确行使，保证司法的公正性，树立司法的权威性，也才能实现依法治国。因此，检察官行使检察权的行为必须受到法律程序的限制，这是法治的要求，也是人们的期盼。

（三）检察官的违法行为要受到法律追究

检察官的违法行为要受到法律追究，即检察官在办案过程中，如果其行为超越了法律规定的权限范围或者违反了法律规定的程序，就属于违法行为，就要承担相应的法律责任，受到法律的追究。检察官的违法行为受法律追究，这是检察官独立行使检察权受到法律约束的一个重要方面，也是保障检察官能够依法公正行使检察权的重要措施。检察官作为国家的执法人员，其依法遵守法律规定，不仅是公正司法的保障，而且也为社会公众的行为树立榜样，也是树立司法公信力的重要途径。对检察官的违法行为进行法律追究，是对检察官独立行使检察权的一种有效限制措施，它有助于防止检察官任意司法和出现司法腐败，维护司法的权威和公信力。

二、检察官的独立与党的领导

检察官的独立受党的领导，是指检察官是在党的领导下的一种独立，而不是脱离党的领导的超然或绝对独立。在中国特定的政治体制下，检察官依法独立行使检察权是相对的，不能脱离党的领导。检察官的独立要接受党的领导，受党的领导的制约，这主要表现在以下几个方面：

（一）检察官必须在党的领导下进行检察工作

在我国，中国共产党是执政党，党的领导是中国特色社会主义最本质的特征，既是建设各项社会主义事业的根本保证，也是中国特色社会主义法治最根本的保证；中国共产党代表和维护的是全国各民族人民的根本利益，坚持党对司法工作的领导有利于实现司法的中立和公正，坚持中国共产党领导是历史的必然、人民的选择，并已载入宪法。在中国这样一个幅员辽阔、人口众多、深受封建主义传统影响的多民族大国，各项事业包括依法治国，都只有坚持中国共产党领导才能取得成功。因此，检察工作包括检察官执法办案工作当然要接受党的领导，这也是发展检察事业、保证检察工作顺利开展的重要的政治条件。党的领导、人民当家做主和依法治国的有机统一，是我国社会主义法治建设的一条基本经验，它体现在检察工作中，就是党的领导、人民当家做主和依法独立行使检察权的有机统一。因此，检察官必须在党的领导下进行检察工作。

（二）检察官的执法工作要接受党在政治思想上的领导

检察官的执法工作不仅是一项司法工作，而且是一项政策性较强的社会管理工作，党作为国家各项事业的领导者，其制定的各项方针政策特别是司法政策，对检察官的执法活动必然具有约束作用。因为司法政策是法律的灵魂，对司法工作具有更高的指导作用，检察官作为具体的司法者，在具体办案过程中，不仅要执行现行的法律规定，而且要贯彻执行司法政策，只有将执行法律规定和贯彻司法政策有机地统一起来，才能真正做到执法公正合理，实现司法的公正性。同时，应当注意的是，对于检察机关的具体案件，根据党的十八届四中全会《中共中央关于全面推进依法治国若干重大问题的决定》的规定，各级党政机关和领导干部要支持司法机关依法独立公正行使职权，而不得“干预司法活动、插手具体案件的处理”，违者，予以记录、通报和责任追究。因此，对于检察官的执法工作，党的领导主要“管方向、管政策、管原则，不是包办具体事务”。

（三）检察官的执法工作要接受党在组织管理上的领导

检察官作为国家法律的执行者和国家的公务员，应当接受党在组织上的管理。即检察官在检察机关中的晋升，应当接受党委的考察和审批，而检察官的执法行为如何，直接反映了其是否坚持了党的领导。在我国，检察官不仅要严格依法办案，而且要严格贯彻党的方针政策，要把执行法律规定与执行党的政策统一起来，使检察工作服从和服务于国家经济和政治的大局，把办案的政治效果、社会效果和法律效果统一起来。检察官在检察工作中遇到重大问题、疑难问题或具有政治敏感性的案件，应当及时向党委请示汇报；在办案中遇到困难和阻力时，要主动取得党在政策和策略上的支持，争取有利的执法环境。同时，检察官在执法过程中应当秉公执法，清正廉洁。这些都是坚持党的领导的重要表现。对于表现优秀的检察官，党委在干部考核和任命中会予以奖励、晋升和提拔重用。因此，检察官的执法工作还要受到党在组织管理上的约束。

三、检察官的独立与接受人大监督

检察官的独立要接受人大的监督，即检察官的独立是在人大监督下的独立。人民代表大会制度是我国根本的政治制度，检察工作包括检察官的执法办案工作当然要接受人大监督，因而我国检察官在相对独立的执法办案过程中，也要受人大监督的制约，这主要表现在以下几个方面：

（一）检察官的任免和职务晋升由人大决定

在我国，法律对检察官的任免和职务晋升作出了明确规定，即《检察官法》第12条规定："最高人民检察院检察长由全国人民代表大会选举和罢免，副检察长、检察委员会委员和检察员由最高人民检察院检察长提请全国人民代表大会常务委员会任免。地方各级人民检察院检察长由地方各级人民代表大会选举和罢免，副检察长、检察委员会委员和检察员由本院检察长提请本级人民代表大会常务委员会任免。地方各级人民检察院检察长的任免，须报上一级人民检察院检察长提请该级人民代表大会常务委员会批准。在省、自治区内按地区设立的和在直辖市内设立的人民检察院分院检察长、副检察长、检察委员会委员和检察员由省、自治区、直辖市人民检察院检察长提请本级人民代表大会常务委员会任免。"可见，要成为一名检察官或者由一般普通检察官晋升为副检察长、检察长等职务，都要经过人大审议并作出决定。同时，人大对检察长、副检察长和一般检察官也享有免除其职务的权力。因此，人大对检察官任免和职务晋升的权力，对检察官相对独立行使检察权必然具有一定的限制和制约作用。

（二）检察官行使某种权力要经人大许可

根据我国法律规定，检察官在办案过程中，需要逮捕县级以上人大代表的，需要经本级人民代表大会或常务委员会许可。即我国《宪法》第74条规定："全国人民代表大会代表，非经全国人民代表大会会议主席团许可，在全国人民代表大会闭会期间非经全国人民代表大会常务委员会许可，不受逮捕或者刑事审判。"《中华人民共和国地方各级人民代表大会和地方各级人民政府组织法》第35条规定："县级以上的地方各级人民代表大会代表，非经本级人民代表大会主席团许可，在大会闭会期间，非经本级人民代表大会常务委员会许可，不受逮捕或者刑事审判。如果因为是现行犯被拘留，执行拘留的公安机关应当立即向该级人民代表大会主席团或者常务委员会报告。"《中华人民共和国全国人民代表大会和地方各级人民代表大会代表法》第32条规定："县级以上的各级人民代表大会代表，非经本级人民代表大会主席团许可，在本级人民代表大会闭会期间，非经本级人民代表大会常务委员会许可，不受逮捕或者刑事审判。如果因为是现行犯被拘留，执行拘留的机关应当立即向该级人民代表大会主席团或者人民代表大会常务委员会报告。对县级以上的各级人民代表大会代表，如果采取法律规定的其他限制人身自由的措施，应当经该级人民代表大会主席团或者人民代表大会常务委员会许可。乡、民族乡、镇的人民代表大会代表，如果被逮捕、受刑事审判、或者被采取法律规定的其他限制人身自由的措施，执行机关应当立即报告乡、民族乡、镇的人民代表大会。”可见，检察官行使某种权力要经人大的许可，也是对检察官独立性的一种有效限制和制约。

（三）检察官的执法活动要接受人大的监督检查

从我国宪法规定的人大及其常委会的职权上看，人大对检察机关的监督主要是五个方面的监督：（1）权限监督，即通过立法形式，规定检察机关的职权范围和行为模式；（2）人事监督，即通过选举、决定、任命和罢免检察机关的领导干部及工作人员，考核其任职资格和履行职责的情况，保障其正确实施宪法和法律；（3）工作监督，即通过审议和听取工作报告，组织专项检查和执法检查等方式，监督检察机关的工作情况；（4）财政监督，即通过审查批准国家预算，决定检察机关的经费供给并监督国家财政使用情况；（5）质询监督，即通过对具体问题或个别案件的质询，监督检察机关执行宪法和法律的情况。由此可见，人大对检察机关的监督是非常全面的，其中，第三项和第五项内容涉及检察官的执法活动，即人大可以对检察官的执法活动进行监督检查和个案质询，这对检察官的独立性也是一种有效的监督和制约。

四、检察官的独立与“检察一体制”

在现代检察制度中，“检察一体制”不仅是检察机关的一项组织原则，而且也是检察机关的一项重要活动原则。因此，检察官执法活动的独立性必然要受“检察一体制”原则的制约。具体来说，“检察一体制”中的上级指令权、事务调取权和事务转移权等，对检察官的独立性具有重要影响。

（一）检察官的独立受上级指令权的制约

在检察系统中，上级检察机关或检察官领导下级检察机关或检察官，上级享有对下级的指令权，是检察一体制的一项重要内容。我国检察机关的检察活动也遵循检察一体制原则，上级检察机关或检察官对下级检察机关或检察官享有指令权，我国法律对此作了明确规定。例如《人民检察院组织法》第 10 条第 2 款规定：“最高人民检察院领导地方各级人民检察院和专门人民检察院的工作，上级人民检察院领导下级人民检察院的工作。”第 3 条第 1 款规定：“各级人民检察院设检察长一人，副检察长和检察员若干人。检察长统一领导检察院的工作。”可见，在我国检察系统中，上级检察机关或检察官对下级检察机关和检察官享有领导权，因而上级通过行使指令权可以制约和影响检察官的独立性。

（二）检察官的独立受上级事务调取权的制约

根据“检察一体制”原则的要求，上级检察机关或检察官可以对下级检察机关或检察官行使事务转移权，即上级检察机关或检察官在必要的时候，可以将下级检察机关或检察官管辖和办理的案件调由自己管辖和办理。我国对此也有明确的规定，例如《人民检察院刑事诉讼规则（试行）》第 14 条规定："上级人民检察院在必要的时候，可以直接立案侦查或者组织、指挥、参与侦查下级人民检察院管辖的案件。"第 360 条规定："人民检察院受理移送审查起诉案件，应当指定检察员或者经检察长批准代行检察员职务的助理检察员办理，也可以由检察长办理。"由此可见，我国上级检察机关或检察官可以依据"检察一体制"原则，对下级检察机关或检察官行使事务调取权，这对检察官的独立具有重要的限制作用。

（三）检察官的独立受上级事务转移权的制约

在现代检察活动中，上级检察机关或检察官对下级检察机关或检察官享有事务转移权，是"检察一体制"原则的一项重要内容，即上级检察机关或检察官在必要的时候，可以将下级检察机关或检察官管辖或办理的案件，交由其他检察机关或检察官管辖和办理。我国对此也有明确规定，例如《人民检察院刑事诉讼规则（试行）》第 18 条规定："上级人民检察院可以指定下级人民检察院立案侦查管辖不明或者需要改变管辖的案件。"由此可见，我国上级检察机关或检察官依据"检察一体制"原则的要求，在必要的时候，可以对下级检察机关或检察官行使事务转移权，这对检察官的独立具有重要的制约作用。

五、检察官的独立与民主集中制

我国宪法规定，国家机构实行民主集中制原则。民主集中制是民主基础上的集中和集中指导下的民主相结合的制度，是群众路线在国家机构组织建设和行为活动中的具体体现和要求。检察机关作为国家的法律监督机关，依法履行法律监督职责，其执法活动必须遵循民主集中制原则。就检察官来说，其在执法活动中的独立性也必然要受到民主集中制原则的制约，这主要表现在以下两个方面：

（一）检察官的独立受民主讨论机制的制约

民主集中制中的"民主"，就是要求在作出任何决定之前，应当进行讨论并广泛征求意见。民主既是保证决策正确的有效措施，也是体现公正公开的程序保障。检察机关作为国家的法律监督机关，在执法办案中，要保证对案件作出正确的处理决定，也必须坚持民主原则。目前，检察机关在实行检察官相对独立办案时，也需要组成一个相对固定的办案组，主任检察官在对案件作出决定之前，应当组织小组的成员进行讨论，听取他们对案件的意见。这种民主决策的形式，不仅可以保证主任检察官对案件作出正确的决定，而且可以对主任检察官的决策起到监督制约的作用。因为办案小组的任何成员，如果认为自己正确的意见没有被主任检察官采纳，都可以向主任检察官提出，如果意见不被接受，还可以向主管检察长或检察长提出，主管检察长或检察长认为意见正确的，则可以向主任检察官行使指令权等权力，从而起到对主任检察官监督制约的作用。

（二）检察官的独立受集中制的制约

民主集中制中的“集中”，就是在重大问题上，经过民主讨论后，应当由领导（少数精英）进行决策。在民主集中制原则中，民主是集中的前提和基础，集中是民主得以实现的必要条件和保障。只有集中，民主讨论的意见才能得到正确的反映，才能保证正确的意见得以实现。因为在民主讨论的过程中，各种意见都是从各个主体的角度和利益提出的，难免具有一定的局限性和片面性，只有经过少数精英的比较分析和甄别，才能集中出最合理的意见，作出正确合理的决定。因此，检察官在独立办案过程中，如果遇到重大案件或者重大问题，应当及时向检察长汇报，由检察长或者检察委员会按照民主集中制的原则讨论决定。由此可见，在重大案件或者重大问题上，检察官的独立性要受集中制的制约。

总之，以公正作为主要价值追求的检察执法活动贯彻民主集中制原则，不仅可以集思广益，有利于保证对案件作出正确决定，而且可以使检察人员互相监督，限制检察官的独立性，防止其主观片面性、独断专行，防止其徇私舞弊，从而有利于保证检察权依法行使，有效实现司法公正。

六、检察官独立与法官独立的异同

在我国，从性质上看，检察官与法官二者具有相同的司法属性，按照司法独立的国际基本原则，我国检察官和法官都应当具有独立性，因而检察官独立与法官独立具有相同的理论基础。同时，从司法实践看，检察官和法官都是负责办理案件的主体，检察官独立和法官独立是保证案件依法公正处理的重要措施，因而检察官独立与法官独立具有相同的实践要求。虽然检察官独立与法官独立具有一定的相同性，但是，由于检察机关的性质、活动原则和职能不同于法院，因而检察官独立与法官独立又具有一定的差异性，这种差异性主要表现在以下三个方面：

（一）独立在法律规定上的差异性

根据我国宪法和法律的规定，人民检察院和人民法院在依法独立行使职权上不存在任何区别，但是，法律在规定检察官和法官的独立性上却存在明显的区别。例如在刑事诉讼中，我国法律明确规定，检察权行使的主体是人民检察院，案件的决定权归于检察长和检察委员会；而审判权行使的主体却主要是法官（含独任制法官和合议制法官及陪审员），只有对于疑难复杂重大案件，合议庭认为难以作出决定的，才由合议庭提请院长决定提交审判委员会讨论决定。可见，院长和审判委员会都只有在“合议庭认为难以作出决定”、并向院长提请的前提下，院长和审判委员会才能被动性地分别行使“决定提交”和“讨论决定”的权力。由此可见，从法律规定上看，检察官的独立性要比法官的独立性小得多，二者的独立存在明显的不同。

（二）独立在体制上的不同

在我国，虽然检察机关和法院都属于司法机关，但二者在组织体制上是不同的，检察机关实行上级领导下级的体制，而法院则实行上级监督下级的体制。也就是说，检察机关上下级是领导关系，而法院的上下级是监督关系。这是因为检察机关不仅具有司法属性，同时具有行政属性，其行政属性决定了其实行上级领导下级的体制，而法院是纯司法属性，因而在体制上只能实行上下级的监督体制。正是由于体制上的不同，检察官的独立必须受“上命下从”体制的限制，上级检察机关或检察官可以对下级检察机关或检察官行使指令权、调取权和转移权等，而法官的独立则不受上级的领导，上级只对下级具有监督的职责。由此可见，从组织体制上看，检察官的独立性要受上级的限制，而法官的独立性则不受上级的限制。

（三）独立在内容和形式上的不同

根据我国法律规定，虽然检察官和法官作为司法官都具有一定的独立性，但是，由于受体制和职能的影响，检察官独立与法官独立在内容和形式上也不完全相同。从内容上看，检察官不仅对重大案件和重大事项没有独立决定权，而且对终止案件诉讼程序的事项也没有独立决定权，如案件不起诉决定、撤销案件决定等，检察官只对一般案件推进诉讼活动的事项享有独立的决定权，如讯问犯罪嫌疑人、审查案件证据、案件的起诉权等；而法官虽然对重大案件和重大事项没有独立决定权，但对一般案件的终止和逆诉讼程序的事项都享有独立的决定权，如对一般案件作出判决或裁定，对有关证据不足的案件可以退回检察机关，要求其补充有关证据等。从形式上看，目前检察官独立的形式主要是主任检察官或者主诉（办）检察官的独立，一般检察官则不具有独立性；而法官独立的形式包括审判员独立（对适用简易程序的案件法院实行审判员独任制）和合议庭独立（对适用普通程序的案件法院实行审判员或审判员和人民陪审员合议制）两种。

第二节　检察官的权限范围

检察官的权限范围，是指检察官在执法过程中，依法享有的一些具体权力。检察官依法享有权力，是其依法独立的基础和保障，检察官享有的权力越大，其独立性就越强。在任何国家，检察官作为实际的办案者，要依法公正地处理案件，就应当享有一定的权力。根据有关法律规定，在检察实践中，检察官主要享有提出和发表办案意见的权力、一定的办案决定权、抵制干扰权、抗命权、豁免权等权力。

一、提出和发表办案意见的权力

提出和发表办案意见的权力，是指检察官有权对承办的案件独立提出自己的意见，任何机关、团体和个人都无权干涉或要求改变。这既是检察官司法亲历性的要求，也是检察官办案独立性的表现。检察官的这种权力是针对自己没有决定权的案件或案件事项，虽然检察官对这类案件和案件事项没有决定权，但由于检察官亲历案件，对案件情况最为了解，因而其提出和发表的办案意见对正确处理案件具有重要价值。因此可以说，对承办案件独立提出自己的意见，是检察官起码的权力，也是检察官相对独立的最基本内容，任何机关、团体和既个人都无权采取施压、授意、劝说、诱导甚至下命令等方式予以干涉或者要求改变，除非检察官经听取他人意见后真正接受了他人意见。如果检察长作出不同于检察官意见的决定，检察官应当服从，但他有权保留自己的意见。这里的“保留自己的意见”，既包括存在于自己内心的意见，也包括在办案报告（如侦查终结报告、审结报告等）中所提出的见之于书面的意见。即使检察官所提的意见后来被检察长否定，但检察官载于办案报告中的意见有权不作违心修改或不被他人修改，以便事后查验，分清责任。当前，有的地方当部门负责人或部门集体讨论后不同意承办人意见时，就要求承办检察官修改自己意见的做法，显然侵犯了检察官可以独立提出和发表办案意见的权力。在我国，根据法律规定和检察实践，检察官对自己办理的案件，享有广泛的提出和发表办案意见的权力，具体包括以下几方面的内容：

（一）提出批捕或不批捕意见的权力

提出批捕或不批捕意见的权力，即检察官对案件审查后，认为应当逮捕或者不应当逮捕犯罪嫌疑人时，有权提出自己的意见，报检察长或者检察委员会决定。根据我国法律规定，对犯罪嫌疑人批准逮捕或不批准逮捕是检察长或者检察委员会的一项权力，对此检察官只能提出自己的意见。我国《刑事诉讼法》第 87 条规定：“人民检察院审查批准逮捕犯罪嫌疑人由检察长决定。重大案件应当提交检察委员会讨论决定。”《人民检察院刑事诉讼规则（试行）》第 303 条规定：“人民检察院审查批准或者决定逮捕犯罪嫌疑人，由侦查监督部门办理。”第 304 条规定：“侦查监督部门办理审查逮捕案件，应当指定办案人员进行审查。办案人员应当审阅案卷材料和证据，依法讯问犯罪嫌疑人、询问证人等诉讼参与人、听取辩护律师意见，制作审查逮捕意见书，提出批准或者决定逮捕、不批准或者不予逮捕的意见，经部门负责人审核后，报请检察长批准或者决定；重大案件应当经检察委员会讨论决定。”可见，对公安机关移送要求逮捕犯罪嫌疑人的案件，检察官审查后有权提出批捕或不批捕的意见。

（二）提出批捕或不批捕复议、复核意见的权力

提出批捕或不批捕复议、复核意见的权力，即对于公安机关不服不逮捕决定而要求复议、复核的案件，检察官审查后，有权提出批捕或不批捕的意见，报检察长或检察委员会决定。我国《刑事诉讼法》第 90 条规定：“公安机关对人民检察院不批准逮捕的决定，认为有错误的时候，可以要求复议，但是必须将被拘留的人立即释放。如果意见不被接受，可以向上一级人民检察院提请复核。上级人民检察院应当立即复核，作出是否变更的决定，通知下级人民检察院和公安机关执行。”《人民检察院刑事诉讼规则（试行）》第 323 条规定：“对公安机关要求复议的不批准逮捕的案件，人民检察院侦查监督部门应当另行指派办案人员复议，并在收到提请复议书和案卷材料后的七日以内作出是否变更的决定，通知公安机关。”第 324 条规定：“对公安机关提请上一级人民检察院复核的不批准逮捕的案件，上一级人民检察院侦查监督部门应当在收到提请复核意见书和案卷材料后的十五日以内由检察长或者检察委员会作出是否变更的决定，通知下级人民检察院和公安机关执行。”可见，对于公安机关要求复议、复核的不批捕案件，检察官审查后有权提出批捕或不批捕的意见。

（三）提出是否变更羁押或延长羁押期限意见的权力

提出是否变更羁押或延长羁押期限意见的权力，即对于犯罪嫌疑人、被告人及其辩护律师要求变更强制措施的案件，或者公安机关要求延长羁押期限的案件，检察官审查后，有权提出是否变更羁押或延长羁押期限的意见，报检察长或检察委员会决定。我国《刑事诉讼法》第 95 条规定：“犯罪嫌疑人、被告人及其法定代理人、近亲属或者辩护人有权申请变更强制措施。人民法院、人民检察院和公安机关收到申请后，应当在三日以内作出决定；不同意变更强制措施的，应当告知申请人，并说明不同意的理由。”第 154 条规定：“对犯罪嫌疑人逮捕后的侦查羁押期限不得超过二个月。案情复杂、期限届满不能终结的案件，可以经上一级人民检察院批准延长一个月。”第 156 条规定：“下列案件在本法第一百五十四条规定的期限届满不能侦查终结的，经省、自治区、直辖市人民检察院批准或者决定，可以延长二个月：（一）交通十分不便的边远地区的重大复杂案件；（二）重大的犯罪集团案件；（三）流窜作案的重大复杂案件；（四）犯罪涉及面广，取证困难的重大复杂案件。”第 157 条规定：

“对犯罪嫌疑人可能判处十年有期徒刑以上刑罚，依照本法第一百五十六条规定延长期限届满，仍不能侦查终结的，经省、自治区、直辖市人民检察院批准或者决定，可以再延长二个月。”可见，对于要求变更羁押的案件或延长羁押期限的案件，检察官审查后有权提出是否变更羁押或延长羁押期限的意见。

（四）提出和发表不起诉意见的权力

提出和发表不起诉意见的权力，即对于公诉案件，检察官在办理案件过程中，如果认为应当或可以对犯罪嫌疑人作出不起诉决定时，有权提出和发表不起诉意见，交由检察长或检察委员会决定。在我国检察实践中，对于终结案件的权力，一般没有赋予检察官，而是由检察长或检察委员会行使，因而对案件作出不起诉决定的权力属于检察长或检察委员会。但是，检察官作为案件的承办人，通过审查案件有关证据，如果认为应当或可以对犯罪嫌疑人不起诉的，则有权提出和发表不起诉意见，我国司法解释对此作出了明确规定，如《人民检察院刑事诉讼规则（试行）》第 286 条规定：“对于自侦案件，检察官经过侦查后，如果认为犯罪情节轻微，依照刑法规定不需要判处刑罚或者免除刑罚的，应当写出侦查终结报告，并且制作不起诉意见书，报侦查部门负责人审核，检察长批准。”第 376 条规定：“办案人员对案件进行审查后，应当制作案件审查报告，提出起诉或者不起诉以及是否需要提起附带民事诉讼的意见，经公诉部门负责人审核，报请检察长或者检察委员会决定。”由此可见，检察官对公诉案件，享有提出和发表不起诉意见的权力。

（五）提出撤诉、变更起诉意见的权力

提出撤诉、变更起诉意见的权力，即对于已经提起公诉的案件，在法庭审理过程中，检察官如果发现案件事实发生变化，有权提出撤销、变更公诉的意见。我国司法解释对此作出了明确规定，即《人民检察院刑事诉讼规则（试行）》第 458 条规定：“在人民法院宣告判决前，人民检察院发现被告人的真实身份或者犯罪事实与起诉书中叙述的身份或者指控犯罪事实不符的，或者事实、证据没有变化，但罪名、适用法律与起诉书不一致的，可以变更起诉；发现遗漏的同案犯罪嫌疑人或者罪行可以一并起诉和审理的，可以追加、补充起诉。”第 459 条规定：“在人民法院宣告判决前，人民检察院发现具有下列情形之一的，可以撤回起诉：（一）不存在犯罪事实的；（二）犯罪事实并非被告人所为的；（三）情节显著轻微、危害不大，不认为是犯罪的；（四）证据不足或证据发生变化，不符合起诉条件的；（五）被告人因未达到刑事责任年龄，不负刑事责任的；（六）法律、司法解释发生变化导致不应当追究被告人刑事责任的；（七）其他不应当追究被告人刑事责任的。”第 461 条规定：“变更、追加、补充或者撤回起诉应当报经检察长或者检察委员会决定，并以书面方式在人民法院宣告判决前向人民法院提出。”可见，检察官在公诉过程中，如果发现案件事实发生了变化，依法享有提出撤销、变更公诉意见的权力。

（六）提出纠正违法意见的权力

提出纠正违法意见的权力，即检察官在执法过程中，如果发现公安机关或者法院存在严重违法行为时，有权提出纠正违法意见，报检察长或检察委员会决定。由于对公安机关、法院较为严重的违法行为发《纠正违法通知书》，是检察机关履行法律监督的一项重要权力，不宜由检察官个人行使，而应当由代表检察机关的检察长或检察委员会行使，但检察官可以向检察长提出纠正违法的意见和建议。《人民检察院刑事诉讼规则（试行）》第566条规定，检察人员发现公安机关侦查活动中的违法行为，如果违法情节较重而不构成犯罪的，应当报请检察长批准后，向公安机关发出《纠正违法通知书》。第580条规定，人民检察院在审判活动监督中，如果发现人民法院或者审判人员审理案件违反法律规定的诉讼程序，应当向人民法院提出纠正意见。出席法庭的检察人员发现法庭审判违反法律规定的诉讼程序，应当在休庭后及时向检察长报告。第626条规定，检察人员发现同级或者下级公安机关、人民法院超期羁押的，应当报经本院检察长批准，向该办案机关发出纠正违法通知书。由此可见，检察官在执法过程中，如果发现公安机关、法院存在较为严重的违法行为时，有权向检察长提出纠正违法的意见和建议，经检察长批准后，向公安机关、法院发《纠正违法通知书》。

二、一定的办案决定权

一定的办案决定权，是指检察官在办案过程中，对案件有关事实和事项，享有独立决定的一项权力。这是检察权司法属性的必然要求，也是检察官独立性的突出表现。在目前检察实践中，除法律明确规定由检察长或检察委员会行使的权力外，其他各项具体的检察职权，都可以由检察长授权检察官来行使。因此，检察官可以享有许多办案的决定权。

但是，在具体的检察实践中，检察长到底应当赋予检察官多大的自主决定权，除了要考虑本院案件的数量、检察官的整体素质和体现检察官相对独立性的需要外，还要考虑不同检察职权的不同特点。根据我国法律规定，检察机关拥有批捕权、公诉权、职务犯罪侦查权和诉讼监督权等多项职权，这些检察职权都是法律监督的表现形式。按照各项检察职权行使的特点，可以把法律监督分为以下三大类：第一类是制约型法律监督，即法律监督是诉讼的必经环节，非经检察机关审查不能进入下一个诉讼环节，如审查批捕权、审查起诉权即属此类。第二类是侦查型法律监督，即采取侦查的方法对公职人员履职中涉嫌犯罪的行为进行的法律监督，职务犯罪侦查权即属此类。第三类是督察型法律监督，即法律监督并非诉讼的必经环节，检察机关对监督对象在诉讼中的履职情况进行督察，一旦发现违法，即启动监督程序，诉讼监督权即属此类。对于上述三种不同类型的法律监督职权，检察长可以赋予检察官不同的具体检察职权。

（一）检察官制约型的检察职权

根据我国法律规定，检察机关享有一定的制约型法律监督的职权，如批捕权、起诉权等。这类检察职权具有较强的司法属性，需要检察官亲历案件过程，才能保证这类职权的正确行使。同时，这类检察职权的行使，要受到侦查机关、审判机关和当事人、辩护律师等诉讼参与人等方面的监督和制约，其被滥用的可能性较小。因此，基于制约型检察职权的上述特点，这类职权可以较多地授予检察官，除重大疑难复杂案件、认定的案件事实和性质与侦查机关有重大分歧的案件仍由检察长决定之外，其余案件的决定权可以赋予检察官，从而使其具有较大的独立性。具体来说，检察长可以将下列检察职权赋予检察官：（1）较轻案件的批捕权；（2）适时介入侦查活动并提出引导侦查取证意见的权力；（3）要求侦查机关复验、复查案件的决定权；（4）排除非法证据的决定权；（5）退回侦查机关补充侦查的决定权；（6）对一般案件的起诉权；（7）对公诉案件建议法院适用简易程序的权力等。

（二）检察官侦查型的检察职权

在我国，法律赋予了检察机关以职务犯罪侦查权。对于这类侦查型的检察职权是否应当赋予检察官独立行使，有观点认为，这类职权具有积极主动的特点和较强的行政属性，是典型的纵向管理关系的行政行为，侦查人员应当坚决服从上级指令，而没有法律上的独立性；同时，侦查中的决策都事关重大，应当通过慎重研究甚至审批才能作出决定，鉴于此，各国检察机关的侦查官员一般不列入检察官建制。故不应赋予负责职务犯罪侦查的检察官以相对独立性。① 我们认为，该观点持之有据且在理，但是，第一，职务犯罪侦查除了较强的行政属性外，也具有司法属性。因为司法是国家专门机关根据法定职权，通过诉讼的方式处理案件的专门活动，即“司法是办理案件的专门诉讼活动”②。而侦查是诉讼中的重要环节，它既要执行法律，运用侦查措施收集证据、查明事实，也要适用法律，根据所查明的事实提出是否移送起诉或撤销案件的意见，故我国刑法明确规定侦查人员属于“司法工作人员”。第二，侦查的核心是收集证据、查明事实，而证据和事实是整个刑事诉讼的核心。尽管侦查的很多环节都需报检察长决定，但侦查人员始终要对证据和事实负全部责

① 参见龙宗智：《论依法独立行使检察权》，载《中国刑事法杂志》2002年第1期。
② 参见陈光中著：《论检察》，中国检察出版社2013年版，第15页。

任。赋予侦查的检察官以相对独立性，有利于强化其对证据和事实的责任。第三，赋予负责侦查的检察官以相对独立性，有利于排除干扰，有利于抵制违法指令、防止“检察一体”的弊端，有利于紧急状态下临场决策，有利于强化侦查人员责任等。因此，我们认为，应当赋予侦查型法律监督的检察官一定的独立性。当然，由于该类职权的行政属性较强、司法属性较弱，且该权力的行使还关涉公职人员的政治生命和自由权利，故赋予检察官自主决定的权限可小一点。具体来说，检察长可以将下列职权赋予检察官：（1）一般线索的初查核实权；（2）采取任意性侦查措施①的权力，如讯问犯罪嫌疑人、询问有关证人等，收集案件证据等；（3）紧急情况下非重大事项的临场决策权等。

（三）检察督察型的检察职权

我国法律赋予了检察机关以诉讼监督权，如《刑事诉讼法》第8条规定：“人民检察院依法对刑事诉讼实行法律监督。”我国民事诉讼法和行政诉讼法也都规定，检察机关依法对民事和行政诉讼实行法律监督。我国《刑事诉讼法》第73条第4款规定：“人民检察院对指定居所监视居住的决定和执行是否合法实行监督。”第98条还明确规定：“人民检察院在审查批准逮捕工作中，如果发现公安机关的侦查活动有违法情况，应当通知公安机关予以纠正，公安机关应当将纠正情况通知人民检察院。”同时，我国检察机关对行政执法机关的违法行为也享有监督权。可见，我国检察机关享有广泛的监督权。检察机关的这种监督权属于督察型法律监督，该类法律监督既具有被动、中立的特点，但该类监督程序一旦启动，又具有主动性和进攻性，因而督察型的监督权受制约的程度不如前述制约型的法律监督权。但是，由于督察型的监督权所监督的违法行为的性质一般较轻，与职务犯罪侦查权所关涉的当事人政治生命和自由权利有质的区别，因而赋予督察型监督检察官的独立性应当大于侦查检察官而小于制约型法律监督的检察官。具体来说，检察长可以赋予督察型监督的检察官以下职权：（1）一般违法行为的调查决定权。即检察官在执法过程中或通过其他途径，发现公安机关和侦查人员存在一般违法行为线索的，有权决定进行调查。（2）提出口头纠正违法意见的权力。即检察官在执法过程中，如果发现侦查人员或者审判人员存在一般违法行为的，有权口头向其提出纠正

① 任意性侦查措施是与强制性侦查措施相对的侦查措施，它是指不采用强制手段，不对相对人的权益强制性地造成损害，而由相对人自愿配合而实施的侦查措施。强制性侦查措施则是采用强制手段并对相对人的权益强制性地造成损害的侦查措施，它包括对人的强制（如各种强制措施）、对物的强制（如搜查、扣押、冻结）和对隐私的强制（如技术侦查）。

违法行为的意见或者建议。《人民检察院刑事诉讼规则（试行）》第566条规定：“人民检察院发现公安机关侦查活动中的违法行为，对于情节较轻的，可以由检察人员以口头方式向侦查人员或者公安机关负责人提出纠正意见，并及时向本部门负责人汇报；必要的时候，由部门负责人提出。”（3）提出完善有关制度建议的权力。即检察官在执法过程中，如果发现有关国家机关或单位在制度上存在缺失或漏洞，容易出现腐败犯罪的，检察官有权口头向其提出完善制度和改进工作的建议。

三、抵制干扰权

抵制干扰权，是指检察官在执法办案过程中，对于由自己决定的案件事项，依法独立行使检察职权，不受任何机关、团体和个人干涉。也就是说，检察官在办案过程中，要依法独立行使法律和检察长赋予的检察职权，有权抵制来自各方的影响和干扰。检察官享有抵制干扰权，不仅是司法独立的必然要求，而且也是有效防止司法中出现人情案、关系案、金钱案的重要措施，从而可以有效保证实现司法公正。

检察官享有抵制干扰权，不受任何机关、团体和个人干涉。这里需要说明的是，这里的“不受任何干涉”，决不是说检察官可以不接受党的领导、人大监督和上级检察院的领导，而是说党委、人大和上级检察院关于个案的意见要通过本院检察长下达，而不能越过检察长直接通知检察官，这是领导科学中“统一指挥（领导）原则”的必然要求。在办案工作中，统一指挥有两方面的含义：一是指整个办案工作要服从一个指挥，防止政出多门，各行其是；二是指一个下级人员只接受一个上级领导人的直接指挥，并对这个领导人负责，在正常的情况下，上级领导人不能越级指挥，下级人员也不能越级请示汇报工作。统一指挥原则是使办案工作协调有序的重要保证，如果指挥不统一，不仅难以统一意志，统一行动，而且会使下级或者同级领导人之间由于越级指挥或者意见不一致而产生隔阂、猜疑，影响执法办案工作。同时，把检察机关的上级领导与一线检察官作适当的区隔，也有利于防止上级检察机关对检察官办案的不当干预。因此，在“服从本院检察长或检察委员会决定”中，已经包含了党的领导、人大监督和上级检察院的领导。从目前检察实践看，检察官享有抵制干扰权，主要应当包括以下内容：

（一）抵制行政机关、社会团体等单位干预具体案件处理的权力

我国《宪法》第131条规定：“人民检察院依照法律规定独立行使检察权，不受行政机关、社会团体和个人的干涉。”我国刑事诉讼法也有相同的规定。因此，根据上述法律规定，检察官作为相对独立行使检察职权的主体，为了保证检察职权的依法独立行使，在执法过程中依法享有抵制机关团体干预司

法的权力。

（二）抵制各级党政领导干部干预案件处理的权力

为了确保司法机关依法独立公正行使职权，2015 年 3 月，中共中央办公厅、国务院办公厅印发了《领导干部干预司法活动、插手具体案件处理的记录、通报和责任追究规定》。该规定第 2 条规定："各级领导干部应当带头遵守宪法法律，维护司法权威，支持司法机关依法独立公正行使职权。任何领导干部都不得要求司法机关违反法定职责或法定程序处理案件，都不得要求司法机关做有碍司法公正的事情。"第 4 条规定："司法机关依法独立公正行使职权，不得执行任何领导干部违反法定职责或法定程序、有碍司法公正的要求。"根据上述规定，检察官作为相对独立行使检察职权的主体，应当享有抵制各级党政领导干部干预案件处理的权力。

（三）抵制司法机关内部人员干预案件处理的权力

为了防止司法机关内部人员干预办案，确保公正廉洁司法，2015 年 3 月，中央政法委印发了《司法机关内部人员过问案件的记录和责任追究规定》。该规定第 2 条规定："司法机关内部人员应当依法履行职责，严格遵守纪律，不得违反规定过问和干预其他人员正在办理的案件，不得违反规定为案件当事人转递涉案材料或者打探案情，不得以任何方式为案件当事人说情打招呼。"第 3 条规定："司法机关办案人员应当恪守法律，公正司法，不徇私情。对于司法机关内部人员的干预、说情或者打探案情，应当予以拒绝；对于不依正当程序转递涉案材料或者提出其他要求的，应当告知其依照程序办理。"可见，根据上述规定，检察官在具体办案过程中，应当享有抵制司法机关内部人员干预案件处理的权力。

四、抗命权

抗命权，是指检察官在执法过程中，对上级领导的违法或错误指令，享有拒绝服从的一种权力。这里的"上级领导"，是指检察院内部的部门负责人和主管检察长、检察长以及检察委员会，不包括上级检察机关的领导，因为上级检察机关的领导不能直接对下级检察官发出指令，只能对下级检察机关或检察长发出指令。根据我国法律规定，检察机关的职责是维护法律统一正确实施，因而检察官的执法活动，以维护法制为使命。虽然检察机关实行上级领导下级的体制，检察官应当遵守"上命下从"的原则，但是，"上命下从"是以维护法制为目的，而不得违法指令，这是现代法治的要求。因此，从维护法制的角度出发，检察官在执法过程中，对于违法或错误的指令，享有抗命权。

检察官享有抗命权，不仅是法律具有最高权威的要求，而且也是检察官办案责任制的要求。检察官享有抗命权，不仅是对上级指令权的有效限制，而且也是检察官的司法属性高于“上命下从”的行政属性的必然体现。根据法律规定和检察实践，检察官享有抗命权主要包括以下内容：

（一）拒绝执行违法指令的权力

拒绝执行违法指令的权力，根据检察机关的领导体制和“上命下从”原则，检察长和检察委员会对案件的决定，检察官应当服从，但对违法的指令，检察官有权拒绝执行。因为检察官以维护法制为使命，更不能违反法律。如果上级指令违法，检察官有权拒绝执行，否则，就有违检察官的职责使命，应对此承担责任，而不因执行上级指令而免责。我国《公务员法》第54条规定：“公务员执行公务时，认为上级的决定或者命令有错误的，可以向上级提出改正或者撤销该决定或者命令的意见；上级不改变该决定或命令，或者要求立即执行的，公务员应当执行该决定或者命令，执行的后果由上级负责，公务员不承担责任；但是，公务员执行明显违法的决定或者命令的，应当依法承担相应的责任。”由此可见，法律高于“上命下从”，只要越过法律底线，尽管是执行上级指令，也应承担责任。我国检察官也属于“公务员”的范围，也应当执行这一规定。这里需要说明的是，公务员法规定的底线是“明显违法”，鉴于检察官既是司法者，又是法律监督者，应当比一般公务员更熟悉法律，也应当更加自觉地遵守和维护法律，故应当将检察官的底线规定为“违法”这一更高的要求，即检察官对于违法的指令，依法享有拒绝执行的权力。

（二）拒绝执行错误指令的权力

拒绝执行错误指令的权力，即检察官对于上级的错误指令，也享有拒绝执行的权力。所谓“错误指令”，是指违反检察官依据案件事实和法律对案件定性处理形成的内心确信，并会造成案件定性或适用法律错误的指令，特别是会造成冤假错案的指令。如果要求检察官违心执行违反自己内心确信的指令，那么在该检察官看来，就不符合“以事实为依据，以法律为准绳”的办案原则，也是违反其职业良知和职业道德的。特别是如果造成冤假错案，就会严重侵犯当事人人权，损害司法公信力，影响党和政府的形象。“一个错案的负面影响，足以摧毁九十九个公正裁判积累起来的良好形象，执法司法中万分之一的失误，对当事人就是百分之百的伤害”。因此，防止冤假错案是检察机关和每一位检察官必须坚守的底线；当检察官认为上级的指令会造成冤假错案时，当然有权拒绝服从。如果检察长坚持错误的指令，检察官有权向检察长提出不继续承办该案的要求，而由检察长行使职务收取权或职务移转权，改由检察长自己办理或交其他检察官办理。由此可见，检察官对于错误的指令，享有拒绝执行的权力，同时，检察官还有权对错误指令一事向发指令的上一级检察机关反映，以使错误的指令得到纠正。

第六章　我国检察官相对独立的制度构建

为了保证我国检察权依法公正行使，凸显检察机关的司法属性，以有效维护司法公正，我国在司法改革过程中，应当在我国检察制度中确立检察官相对独立制度，并不断增强我国检察官的相对独立性。由于检察官的相对独立性涉及检察职权分配、办案组织模式、职业保障等多方面内容，因而要确立和增强检察官的相对独立性，就需要研究检察官相对独立的职业保障制度、检察官相对独立与检察机关办案模式的完善、检察官相对独立与检察一体制的完善、检察官相对独立与监督制约机制的完善、检察官相对独立制度的立法完善等问题。

第一节　检察官相对独立职业保障制度的完善

为了使检察官能够更好地依法履行职责，实现司法公正，国家必须为检察官提供职权上的保障、身份上的保障和经济上的保障，使检察官在行使检察权时享有应有的独立性，不必听命受制于他人或受其他因素的干扰，同时还能够体面地生活。这是现代法治国家的普遍做法，我国也不例外。我国法律建立了检察官职业保障制度，比较有效地保证了检察官依法独立行使检察权，但目前该制度尚存在一定的问题，需要不断予以完善，为检察官提供更好的职业保障。

一、我国检察官职业保障制度

检察官职业保障，是指为了保证检察官能够依法独立行使检察权，实现司法公正，国家法律为检察官提供行使职权、身份、经济等方面的保障。检察官职业保障制度就是国家法律有关检察官职业保障方面的一系列规定，它对于保障检察官的独立地位，避免检察官受制于他人或受其他因素干扰，正确履行客观公正义务，都具有重要的意义。根据我国法律规定，检察官职业保障制度包括职权保障、身份保障和经济保障三方面的内容。

（一）检察官职权保障

检察官职权保障，是指检察官应当依法享有一定的职权，法律保障检察官依法相对独立地行使职权。检察官的职权，是法律赋予检察机关职权的再分配，是基于检察官职务而产生的，是检察官处理职责范围内事务的一种支配权力。检察官职权是依附于检察官职务的权力，只有检察官才享有该项权力，也只有检察官履行职务时才能行使该项权力。检察官职权保障是检察权保障的具体体现，也是检察权得以实现的重要措施。检察官职权保障应当包括以下两方面的内容：一方面国家法律应当赋予检察官一定的职权，检察官以职务享有一定的检察职权；另一方面国家法律应当保障检察官依法独立行使职权，不受行政机关、社会团体和个人的干涉。

为了保证检察官依法独立行使检察权，我国法律对检察官职权保障作出了一些规定，例如《检察官法》第2条规定："检察官是依法行使国家检察权的检察人员，包括最高人民检察院、地方各级人民检察院和军事检察院等专门人民检察院的检察长、副检察长、检察委员会委员、检察员和助理检察员。"第4条规定："检察官依法履行职责，受法律保护。"第9条规定，检察官"依法履行检察职责不受行政机关、社会团体和个人的干涉。"为了保障检察官能够依法公正地履行职责，国家法律除了必须赋予检察官相应的职权外，还应提供必要的工作条件，如办公场所、办公用品、技术装备以及交通通讯设备等，以保障其能够相对独立地行使职权。

为了保证检察官真正成为司法办案的主体，我国正在进行检察官司法责任制改革，积极推行员额检察官制度，全国检察机关都在实行员额检察官办案责任制，为此各省检察院都制定了检察官权力清单，将检察长享有的大部分职权下放给员额检察官，使员额检察官真正成为了司法办案的主体。例如上海市人民检察院制定的《上海市各级人民检察院检察官权力清单》规定，市院检察官享有以下职权：（1）参与线索、案件的评估研判，参与线索的核查、初查和案件的侦查工作，提出工作意见或建议；（2）根据初查方案、侦查计划等，执行初查措施、侦查措施；（3）负责讯问犯罪嫌疑人、询问证人、调查和调取证据，扣押、冻结、处理涉案财物等，并收集和固定有关证据材料；（4）执行和宣布立案、不立案、撤销案件、移送起诉、移送不起诉等侦查阶段的诉讼决定；（5）送交执行强制措施，负责操作变更、解除、撤销强制措施、案件移送及其衔接工作；（6）撰写案件请示报告，制作侦查阶段法律文书；（7）负责接待律师及案件相关人员；对承办案件线索开展释法说理、答复工作；（8）协助主任检察官和指导检察官助理开展司法办案工作；（9）完成主任检察官交办的其他办案事项。

（二）检察官身份保障

检察官身份保障，是指检察官的身份不得被随意改变方面的法律保障，主要包括检察官依照严格的法定程序任免，非因法定事由、非经法定程序不被免职、降职、辞退或者处分，以及检察官对检察机关的免职、降职、辞退或者处分决定不服的，可以依法提出申诉或者控告等。为了保证检察官敢于依法惩治贪污腐败官员，依法公正处理案件，国家法律必须为其提供身份保障。检察官身份保障是检察官职权保障的前提，也是检察官依法独立行使检察权的根本。检察官身份保障应当包括以下三方面的内容：一是检察官的资格要依法取得，检察官要依照严格的法定程序任免；二是检察官的资格具有终身制的性质，非因法定事由、非经法定程序不被免职、降职、辞退或者处分；三是检察官的资格具有救济性，检察官对于有关自己资格的处理不服时，可以依法向有关机关提出申诉或者控告予以救济保护等。

为了保障检察官的身份不被剥夺或影响，我国法律作出了明确规定，例如《检察官法》第 12 条规定："检察官职务的任免，依照宪法和法律规定的任免权限和程序办理。最高人民检察院检察长由全国人民代表大会选举和罢免，副检察长、检察委员会委员和检察员由最高人民检察院检察长提请全国人民代表大会常务委员会任免。地方各级人民检察院检察长由地方各级人民代表大会选举和罢免，副检察长、检察委员会委员和检察员由本院检察长提请本级人民代表大会常务委员会任免。地方各级人民检察院检察长的任免，须报上一级人民检察院检察长提请该级人民代表大会常务委员会批准。在省、自治区内按地区设立的和在直辖市内设立的人民检察院分院检察长、副检察长、检察委员会委员和检察员由省、自治区、直辖市人民检察院检察长提请本级人民代表大会常务委员会任免。人民检察院的助理检察员由本院检察长任免。"第 9 条规定，检察官享有"非因法定事由、非经法定程序，不被免职、降职、辞退或者处分""其人身、财产和住所安全受法律保护"的权利，以及对人民检察院关于本人的处分不服的，享有申诉的权利，并对国家机关及其工作人员侵犯检察官合法权利的行为，有权提出控告等。此外，该法第 50 条还规定，对检察官处分或者处理错误的，应当及时予以纠正；造成名誉损害的，应当恢复名誉、消除影响、赔礼道歉；造成经济损失的，应当赔偿；对打击报复的直接责任人员，应当依法追究其责任。这些规定为检察官依法行使检察权提供了必要的身份保障，符合目前我国检察官职务保障的实际需要。

为了保证检察官的高素质和身份不被剥夺，我国正在进行检察官任免制度改革，各省级检察院成立了检察官遴选委员会和检察官惩戒委员会，负责检察官的选任和惩戒工作。例如，山西省成立的检察官遴选委员会由 17 名委员组成。其中，主任委员 1 人，由德高望重、法律实践经验丰富的同志担任；副主任委员 6 人，由省委组织部、省委政法委、省人大法制委员会、省法院、省检察院、省人社厅等有关单位的负责同志担任；委员 10 人，包括省人大代表 1 人、省政协委员 1 人、省法学会推荐的教授级法学专家 2 人、省司法厅推荐的律师代表 1 人、省委政法委、省法院、省检察院、省公安厅、省司改办各推荐代表1人。这样，除6名副主任委员和省法院、检察院推荐的2名代表外，社会各界代表为9人，超过委员总人数的50%。可以说，遴选委员会不属于现有的任何一个党政部门，是一个第三方机构，遴选委员会委员来自法律界的方方面面，既熟悉司法程序和法律知识，又能站在法检两院以外的角度对检察官进行评价，负责从专业资格和能力的角度提出检察官遴选意见。

（三）检察官经济保障

检察官经济保障，是指为了使检察官能够依法独立公正地行使职权，国家设定检察官在职和退休后获得经济收入、物质待遇方面的法律保障。为了保证检察官能够体面地生活和工作，国家法律必须为其提供经济保障。检察官经济保障是检察官职务保障的基础，也是检察官依法独立行使检察权的前提。检察官经济保障主要包括以下三方面的内容：一是检察官应当享有相应的工资待遇；二是检察官应当享受相应的职务津贴；三是检察官应当享受住房、医疗等方面的福利待遇。

为了保障我国检察官能够依法履行责任，我国《检察官法》专设“工资保险福利”一章，确立了我国检察官的经济保障。其具体包括以下三方面的内容：一是检察官的工资制度和工资标准。我国《检察官法》第39条规定，根据检察工作特点，由国家根据检察工作的特点来规定。二是检察官实行定期增资制度。即在规定期限内，检察官的工资应按照相应的规定定期增加的一项基本制度。也就是说，在检察官任职期间，只要符合基本条件，检察官就应当得到定期增加工资的待遇。我国《检察官法》第40条规定，检察官经考核确定为优秀、称职的，可以按照规定晋升工资；有特殊贡献的，可以按照规定提前晋升工资。三是检察官享受国家规定的检察津贴、地区津贴、其他津贴以及保险和福利待遇。这里的“津贴”，是指由于检察工作的艰巨性和特殊性，以及检察官在不同地区工作的环境不同所应享受的物质上的补助等。“福利待遇”，是指检察官依法享受医疗保险、住房保障、休假等方面的待遇。我国《检察官法》第41条规定，检察官享受国家规定的检察津贴、地区津贴、其他津贴以及保险和福利待遇。

为了保障检察官的经济待遇，我国正在进行检察官保障制度改革。按照中央的要求，各省检察院在实行员额检察官改革的同时，提高了员额检察官的经济待遇，即各省对员额检察官的基本工资提高50%。

二、我国检察官职业保障制度存在的问题

我国法律虽然对检察官职业保障制度作了较全面的规定，但是，从目前检察实践看，有的地方的检察官尚不能依法大胆办案，有的地方的检察官因办案而遭到打击报复，有的地方的检察官因待遇低而辞去检察官职务等，这些都反映出我国检察官职业保障制度尚不完善，还存在一定的问题。

（一）检察官职权保障存在的问题

在目前检察实践中，虽然检察官在办案过程中享有一定的办案职权，但是，从法律规定和检察改革的情况看，检察官的职权保障尚存在以下主要问题：

1. 检察官的职权不明确。我国刑事诉讼法只规定了检察机关的职权，没有明确规定检察官的职权，因而造成检察官的职权不明。虽然我国《检察官法》第6条规定："检察官的职责：（一）依法进行法律监督工作；（二）代表国家进行公诉；（三）对法律规定由人民检察院直接受理的犯罪案件进行侦查；（四）法律规定的其他职责。"但是该规定也较原则，没有对检察官办案的具体职权作出明确规定。

2. 改革中赋予检察官的职权不统一。从目前各地检察改革情况看，虽然各省检察机关在检察官办案责任制改革中赋予了员额检察官一定的职权，但是员额检察官的职权都来源于检察长的授权或放权，有的地方放权大一些，有的地方放权则较小，造成各地员额检察官的职权大小不统一。

3. 检察官办案保障机制尚不完善。在我国，根据法律规定，检察机关实行上级领导下级的体制，上级检察官可以对下级检察官行使指令权，但是，由于我国法律对上级检察官行使指令权没有明确的限制性规定，造成上级检察官行使指令权的随意性，从而对检察官的办案带来不利影响甚至干预，使得检察官办案缺乏应有的保障。

（二）检察官身份保障存在的问题

为了保证检察官能够依法独立地行使职权，我国法律对检察官的身份保障作出了一些规定，但从目前检察实践看，我国检察官的身份保障制度尚不完善，主要存在以下三方面的问题：

1. 检察官的选任和惩戒机制尚不完善。根据司法官选任和惩戒规律，检察官的选任和惩戒不仅要有严格的条件和程序，而且要有独立的选任和惩戒机构或委员会进行选任。我国在检察改革中，许多省检察院都成立了检察官选任和惩戒委员会，负责对检察官的选任和惩戒工作，但是各地在检察官选任和惩戒委员会的人员组成、选任和惩戒程序等方面尚不统一，因而难以保证检察官选任和惩戒的规范性和统一性。

2. 检察官的身份保障内容较为简单。我国法律对检察官的身份保障只规定了"非因法定事由、非经法定程序，不被免职、降职、辞退或者处分""其人身、财产和住所安全受法律保护"，不仅缺乏具体的保障机构，而且缺乏改变工作单位保护、迁徙外地居住保护等内容。

3. 检察官的身份缺乏终身制保障。从国外经验看，司法官的身份需要终身保障，即实行司法官终身制。在我国，检察官作为司法官，其身份应当需要终身保障，但目前我国法律却没有明确规定检察官身份的终身制度，检察官随意调动、处罚、惩戒的现象还较为突出，影响了检察官的司法独立性。

（三）检察官经济保障存在的问题

为了解除检察官后顾之忧，保证其能够安心工作，我国法律规定了检察官的经济保障，但从检察实践看，我国检察官的经济保障尚不完善，主要存在以下三方面的问题：

1. 我国尚没有建立独立的检察官工资制度。根据目前法律规定，我国检察官的工资基本上是比照国家公务员的工资制度来执行的，我国没有根据检察官的职业特点，建立独立的检察官工资制度，因而难以体现检察官为国家司法官员的特性。

2. 我国尚没有建立检察官高薪制度。根据国外通例，为了防止司法腐败，保证司法公正，许多国家对司法官员实行高薪制，即司法官员的工资远远高于行政机关和其他机关相应人员的工资。但是我国却没有对检察官建立高薪制，因而对检察官的经济保障显得不够充分，也不利于建立公正廉洁的司法队伍。

3. 我国检察官的经济保障内容尚不完善。从国外情况看，司法官员的经济保障内容十分广泛，比如高额的国家保险金、高额的廉洁金、住房优先优惠、退休年龄延长、子女就学优先优惠等制度。我国检察官的经济保障尚缺乏上述内容，难以有效解除检察官的后顾之忧，使其全身心地投入检察工作。

三、完善我国检察官职业保障制度的建议

针对目前我国检察官职业保障制度存在的问题，要有效发挥检察官职业保障在检察官相对独立中的应有作用，我国法律应当从检察官的职权保障、检察官的身份保障、检察官的经济保障三个方面，进一步完善我国检察官职业保障制度。

（一）完善检察官的职权保障

为了保障检察官依法独立行使检察权，保证检察官的办案质量，实现司法公正，针对目前检察实践中检察官职权保障方面存在的问题，我们建议从以下三个方面完善我国检察官的职权保障：

1. 明确检察官的职权范围。我国应当通过修改《检察官法》，明确规定检察官办案的职权范围，以便检察官依法独立行使职权。具体来说，我们认为，检察官在办案中应当享有以下职权：证据收集权、调查讯问权、询问权、采取非羁押性强制措施权、提起公诉权、不起诉建议权、提出口头检察建议权等。

2. 统一员额检察官的办案职权。从目前检察改革看，各地检察机关在进行员额检察官改革试点时，都赋予员额检察官一定的办案职权，但各地赋予员额检察官的职权范围尚不统一，因此要保证员额检察官统一行使职权，应当统一员额检察官的办案职权。具体建议如下：最高人民检察院和省级人民检察院员额检察官的办案职权由最高人民检察院统一规定，省级以下各级检察院员额检察官的办案职权由省级人民检察院统一规定。

3. 有效限制上级检察官的指令权。要切实保障检察官能够依法独立行使职权，必须限制上级检察官的指令权。为此建议我国法律应当对上级检察官的指令权行使的范围、条件、程序和具体形式作出明确的规定，比如上级检察官只能对重大案件行使指令权，指令权必须采取书面的形式等。

（二）完善检察官的身份保障

针对我国目前检察官身份保障制度存在的问题，为了更有效地保障检察官能够依法独立办案，正确行使检察权，确保司法公正，我们建议，我国法律应当从以下三个方面完善检察官的身份保障制度：

1. 完善检察官的选任和惩戒机制。为了保证检察官选任和惩戒的公正性和独立性，维护检察官的身份终身制，我们认为，不仅需要提高检察官的选任和惩戒条件，而且更为重要的是要统一检察官选任和惩戒委员会的人员组成、选任和惩戒程序，建议检察官的选任和惩戒委员会应当包括多方面的人员，主要应当包括人大代表、政协委员、法学专家、法官、检察官、政府官员、律师等人员；选任和惩戒程序应当公开透明，每次选任和惩戒委员应当采取随机抽取产生等。

2. 完善检察官身份保障的内容。由于我国检察官身份保障的内容较为简单，应当借鉴国外的做法，完善我国检察官身份保障的内容。例如《俄罗斯联邦检察院组织法》第45条规定了检察长和侦查员的法律保护机构与措施，在联邦一级的检察机关内设立检察机关工作人员人身保护和个人安全保障局，在联邦主体一级设有分支机构，为检察长和侦查员提供特殊的保护，这种保护还包括他们的近亲属和财产。同时，为了使这种保护落到实处，在《法官、护法机关和监察机关公职人员国家保护法》以及其他的规范性法律文件中，对检察长和侦查人员的国家保护规定了具体的内容，如人身保护、住宅保护、改变工作单位、迁徙外地居住，而且检察官还有权持有、携带、使用枪支和特种武器等。

3. 建立检察官身份终身保障制度。为了保证对检察官的高素质和独立性，我们建议，我国应当建立检察官身份终身保障制度。即检察官非因犯罪、严重违纪，不得剥夺检察官的身份。同时，应当完善我国《检察官法》，明确规定检察官严重违纪的情形，并应当规定对检察官的身份剥夺，必须经过检察官惩戒委员会审查并提出建议，以确保检察官的身份不被任意剥夺。

（三）完善检察官的经济保障

从目前检察实践看，我国检察官的经济保障尚不完善，还存在一些问题。为了更好地为检察官提供经济保障，针对目前的问题，我们建议，我国法律应当从以下三个方面完善我国检察官的经济保障制度：

1. 建立独立的检察官工资制度。为了实现按劳分配原则，必须保证工资制度与职业特点相适应，能够体现职业特点。我国检察官作为司法官员，其职业素质要求比行政官员高，工作也较为辛苦，其工资待遇不应当执行行政官员的工资制度，而应当建立与检察官职业特点相适应的、独立的工资制度。

2. 建立检察官高薪制度。为了有效防止司法腐败，切实保证司法公正，我国应当借鉴国外的经验，在提高检察官和法官素质、减少检察官和法官数量的前提下，建立国家统一的司法官员高薪制度，使我国检察官和法官的工资远远高于行政机关相应人员的工资。

3. 完善我国检察官经济保障的内容。我国可以借鉴国外的经验，完善我国检察官经济保障的内容。例如在法国，检察官的工资待遇很高，其工资起点相当于高级公务员的起点工资，实行单独的工资等级和标准。法国规定检察官的退休年龄为65岁，而普通公务员的退休年龄为60岁。在德国，检察官与法官采用同一的工资标准，高于同级公务员的工资水平。在俄罗斯，检察官是一个受人尊敬的职业，其待遇也相当丰厚。根据《俄罗斯联邦检察院组织法》的规定，俄罗斯联邦总检察长的职务工资，相当于联邦最高法院院长职务工资的98%，检察机关工作人员的工资远远高于其他机关和机构相应人员的工资；检察官有权免费乘坐除出租车外的交通工具；房租、水费、电话费等享受减半优惠；家属的退休费支付、医疗费用报销等诸多保障。

第二节　检察官相对独立与检察机关办案模式的完善

检察官相对独立的程度影响着检察机关的办案模式，同时检察机关的办案模式又决定着检察官的相对独立，因而检察官相对独立与检察机关的办案模式之间具有十分密切的关系。因此，研究我国检察机关办案模式的现状、存在的主要问题及其完善问题，对于保证检察官的相对独立性具有重要价值。

一、我国检察机关办案模式及其形成原因

检察机关办案模式，是指检察机关办理案件所采取的标准化的组织和程式。检察机关办案模式主要涉及检察机关办案组织、决策程序和责任主体等问题。在我国，长期以来，检察机关办理案件采取“检察人员承办、部门负责人审核、检察长或者检察委员会决定”的办案模式，简称“三级审批制”。检

察机关的这种办案模式是历史形成的。在新中国成立初期，我党在总结历史经验教训的基础上，确立了民主集中制的原则，即在广泛民主的基础上，进行集中决策。彭真同志曾指出："一切重要问题都经过集体决定，这就是集体领导、民主集中制的具体表现。"① 民主集中制作为我党的一项活动原则，它适用于我国各个党政机关的活动。检察机关作为国家的一个重要机关，其活动也必然要贯彻民主集中制原则。正如彭真同志所说，我们检察院组织法规定最高人民检察院领导全国的检察工作，但是各级检察院又有自己的职权，都设立了检察委员会，实行民主集中制，各级检察院都要实行集体领导，而不是实行一长制。1954 年起草检察院组织法时，为了这一条，彭真同志曾与苏联专家发生过激烈争论。他们不同意检察院实行集体领导，彭真同志反问他们，列宁在哪里说过集体领导不如个人？他们也讲不出来。有趣的是，1959 年 12 月，苏联通过法令，规定苏联和加盟共和国两级检察院设立检察委员会；1979 年 11 月，苏联通过的检察院组织法又规定，市、州以上各级检察院都设立检察委员会。他们自己已经把民主集中制的原则应用于检察机关了。② 检察机关在办案时，实行"层层审批"的方式最符合民主集中制原则。同时，在检察机关成立之时，由于缺乏懂法律的人员，检察人员来自各行各业，检察人员的素质不高，在这种情况下，为了保证检察机关正确行使检察权，就需要实行民主集中制，因为集体的智慧要高于一个人的智慧，集体决策要比一个人决策更能够防止出现错误。在民主集中制原则的指导下，我国检察机关就形成了逐级审批的检察办案机制。

检察机关为什么实行"三级审批制"的办案模式而不实行法院那样的办案模式③，除了上述的历史原因外，我们认为，还具有以下现实和理论方面的原因：一是客观条件不允许检察机关采取合议制的办案模式。在检察实践中，检察机关对案件的决策是在诉讼程序推进的过程中进行的，案件的证据和事实都在变动当中，而不像法院判案那样处在诉讼的最后环节，调查取证活动都已结束，各方准备都已就绪。因而检察机关不可能像法院庭审那样，要求所有证据都在检察机关办案者、决策者面前展示一遍，而只能根据当时在案的事实和

---

① 参见《彭真文选》，人民出版社 1991 年版，第 30 页。

② 参见高建言：《建设有中国特色的人民检察制度——纪念彭真同志诞辰 100 周年》，载《人民检察》2002 年第 11 期。

③ 根据我国法律规定，法院的办案模式包括合议制和独任制两种模式，这两种模式都是以办案人直接参加案件审理，亲身经历控辩双方举证、质证、辩论等庭审活动为前提的，因而可将其称为"独立办案模式"。

证据作出阶段性的决策。否则，如果要检察机关采取直接言词、集中展示的办法，既不可能也无必要，而且国家的司法资源也难以承受。退一步来说，即使检察机关不采取直接言词的方式，而是采取3名检察官书面审理并在某些情况下当面讯（询）问和听取意见、然后进行合议的方式，司法资源也是难以承受的。二是与检察机关兼具司法与行政双重属性有重要关系。检察机关的司法属性要求承办检察官尽可能直接亲历案件事实和证据，如讯问犯罪嫌疑人、听取律师意见、调查核实证据等，而其行政属性（包括检察长负责制）又决定了不能要求所有参与案件办理和决策的检察官都像法院合议庭成员那样直接亲历案件的事实和证据，而应允许在一线检察官亲历案件事实和证据的基础上，其他检察官（包括检察长）采取审阅书面报告和有重点地审阅案卷材料的方式参与决策，即审批制度。由此可见，检察机关兼具司法与行政双重属性决定了其可以采取审批制，而不能照搬法院的办案方式。

二、我国检察机关办案模式存在的主要问题

我国检察机关采取“三级审批制”的办案模式，将办理案件区分为承办、审核与决定三个环节，依上命下从的管理机制，将案件的决定权集中于检察长或者检察委员会，因而具有典型的行政化管理特征。这种办案模式虽然有利于检察机关保证检察权行使的集中性和统一性，在实践中也发挥了积极的作用。但是，随着我国依法治国的推进和人民群众民主意识的提高，检察机关司法性的不断增强，这种办案方式逐渐暴露出以下弊端：

一是忽视了检察工作的司法规律性，不利于树立检察机关的司法权威。在我国，根据法律规定，检察机关是国家专门的法律监督机关，具有司法和行政双重属性，其中，司法属性更为主要和突出，因而与法院一起被列入我国司法机关之列。为了突出司法属性，检察机关应当按照司法规律来进行检察活动，其办案模式也应当体现司法属性，即应当体现办案人员的独立性。而“三级审批制”的办案模式具有较强的行政色彩，不符合检察机关司法属性的要求，不利于树立检察机关的司法权威。

二是以行政方式管理司法活动，不利于检察官“忠于法律”精神的培养，也为行政干预司法提供了方便，容易导致司法腐败。我国检察机关作为司法机关，则要求检察官在办案中应当体现司法属性，办案中不仅应当具有独立性，而且应当依法办案，即要“忠于法律”。如果以行政审批的方式来管理检察官的办案活动，不仅使检察官丧失办案中独立思考的能力，而且会使检察官按照上司的意识来办案，丧失对法律的敬畏和钻研，不利于其“忠于法律”精神的培养。更为重要的是，在检察机关的领导缺乏独立性的情况下，以行政的方式审批案件，就会为当地行政机关干预司法提供了方便，容易导致司法腐败。

三是导致案件职责不明，责任分散，不利于错案责任追究制的落实。在司法活动中，错案追究制是保证司法公正较为重要的措施。对错案的责任追究，坚持“谁决定谁负责”的原则。然而，在检察机关办案人员不独立，案件的处理结果需要层层审批的情况下，由于案件的处理决定由多个主体决定，甚至是由检察委员会集体决定的，决定主体的多元性就造成责任的分散，难以追究具体办案人员的责任，更无法追究检察委员会集体的责任，从而出现错案无法追究错案责任的现象。正由于办案责任的分散无法追究错案责任，就必然导致我国错案责任追究制难以落实。

四是造成案件的审查权和决定权相分离，出现“审而不定，定而不审”的现象，不利于保证案件的质量。根据司法的一般规律，司法官员只有亲历案件的审查过程，才能掌握案件的有关证据，了解案件当事人的情况，全面准确地把握案情，也才能对案件作出正确的处理决定。也就是说，只有保证司法官员对案件的审查权和决定权相统一，才符合司法亲历性的要求，才能保证司法的公正性。而目前检察机关“三级审批制”的办案模式，不符合司法亲历性的要求，必然导致案件的审查权与决定权的分离，出现“审而不定，定而不审”的现象，因而不利于保证案件的质量。

五是检察官在办案中的权限过小，不利于充分调动检察官的积极性，增强其责任感。从司法实践看，检察官作为司法人员，负责具体承办案件，在办案过程中总希望自己能够通过对案件的审查，能够根据自己了解案件的情况，对案件作出正确的决定，以体现自己司法者的价值，并产生职业的成就感。这种职业成就感不仅可以调动检察官的潜在能力和办案的积极性，而且可以增强对案件的责任心和事业心。而检察机关“三级审批制”的办案模式，剥夺了检察官对案件的决定权，不利于其在办案中产生职业成就感，必然影响检察官办案的积极性和对案件的责任心。

六是办案环节多，不符合诉讼经济原则，造成办案效率低下，容易导致案件积压。根据现代司法的要求，司法工作不仅需要公正，而且需要效率，因而经济效率是司法工作的一项重要价值。就具体办案来说，只有司法者自己亲自审查案件并决定案件，才有利于保证司法公正，也才能有效提高司法效率。而检察机关“三级审批制”的办案模式，增加了多个审批的办案环节，必然造成办案时间的延长，耗费更多的人力物力和财力，不符合诉讼经济原则，造成办案效率低下，容易导致案件积压。

三、我国检察机关办案模式的改革探索

为了提高司法效率，增强检察官的独立性，2000 年 1 月，最高人民检察院决定在全国实行主诉（办）检察官制度，对检察机关的办案模式进行改革探索。为了推行主诉（办）检察官制度，最高人民检察院先后下发了《关于在审查起诉部门全面推行主诉检察官办案责任制的工作方案》《关于在民事行政检察部门推行主诉检察官办案责任制的意见》和《关于在检察机关侦查部门开展主办检察官办案责任制试点工作的意见》，对主诉（办）检察官办案责任制的组织形式，主诉检察官的选任、职责与职权、办案纪律及考核与奖惩等内容，作出了明确规定。到2003年底，全国共有2897个检察机关实行了主诉（办）检察官制度，任命了12633名主诉（办）检察官。到2004年12月，全国90%以上的检察机关都实行了主诉（办）检察官制度。

主诉（办）检察官制度实行初期，产生了较大影响，取得了明显效果，初步解决了以下五个方面的问题：一是“审者不定，定者不审”的问题。司法活动讲究亲历性，但过去案件最后都是由领导审批决定的，承办人的意见难以得到体现。实行主诉（办）检察官制度以后，主诉（办）检察官可以直接决定案件，很好地体现了“审定合一”的司法亲历性。二是“办案环节多，诉讼效率不高”的问题。过去案件要层层审批，办案环节多，诉讼效率不高，实行主诉（办）检察官制度以后，对授权范围内的案件和事项，主诉（办）检察官自己可以决定，大大减少了办案的环节，提高了诉讼效率。三是“检察官缺乏办案积极性”的问题。过去由于案件的处理都由领导审定，检察官的作用不大，导致检察官缺乏办案积极性。实行主诉（办）检察官制度以后，打破了过去论资排辈的惯例，使一批优秀的年轻检察官脱颖而出，他们的能力得到了承认和展示，充分调动了他们办案的主观能动性。四是“无法落实国家赔偿法”的问题。过去由于案件是集体讨论决定的，有的是检察委员会作出的决定，错案追究很难落到实处。主诉（办）检察官制度实行以后，办错案就可以直接由主诉（办）检察官承担，可以有效落实国家赔偿法。五是“办案质量难以保障”的问题。过去由于承办案件的检察官能力有限，再加上缺乏责任心，存在依赖领导的心理，办案不认真，难以保证案件质量。实行主诉（办）检察官制度以后，由于主诉（办）检察官都是经过严格选拔、任用的优秀检察官，由这些有能力、有经验的主诉（办）检察官来承办案件，就可以有效地提高并保证办案的质量。①

但是，经过十多年的实践，由于受到各种因素的影响和制约，截至目前，各地主诉（办）检察官制度悄悄地发生了变化，基本上被废止或者名存实亡。

---

① 参见林世钰：《专访：主诉检察官制度仍然具有重要意义》，载《检察日报》2008年8月13日。

有的检察院废止了主诉（办）检察官制度，或者不再实行主诉（办）检察官制度，办案方式又回到原来的“三级审批制”模式。有的检察院名义上还在实行主诉（办）检察官制度，即在起诉部门全员都是主诉检察官，在其他业务部门全员都是主办检察官，没有非主诉（办）检察官，主诉（办）检察官各自承办案件，互不干涉，但主诉（办）检察官仍由部门负责人统一领导，案件仍要由部门负责人审查把关，主诉（办）检察官制度实际上“名存实亡”。

主诉（办）检察官制度作为“放权检察官”或者说“还权检察官”的制度，其赋予主诉（办）检察官一定的独立办案权，符合检察机关作为司法机关应有的司法的判断性、独立性、亲历性、目的性等特征和规律①，也符合检察官分类管理的规律要求。② 但是，理想与现实总是有差距的，主诉（办）检察官制度出现变化，反映了该制度在实践运行中遇到了以下一些现实问题：(1) 主诉（办）检察官为部门下的办案组，缺乏法律主体地位。由于主诉（办）检察官制是在检察机关公诉部门、侦查部门等业务部门内实行的主诉（办）检察官相对独立的办案责任制，主诉（办）检察官只是业务部门下的一个办案小组，因而缺乏独立的法律主体地位。(2) 职级晋升不明，难以留住主诉（办）检察官。由于主诉（办）检察官不是行政级别，在晋升部门负责人或副检察长时，都要求具有一定的行政级别和年限，而担任主诉（办）检察官本身则不具有一定的行政级别和任职年限，往往没有资格参与竞争，影响了主诉（办）检察官在职级上的进步。同时，主诉（办）检察官又没有自己独立的职级序列，无法在该位置上继续晋升，只能参与其他行政级别更高职务

---

① 参见龙宗智：《为什么要实行主诉检察官办案责任制》，载《检察日报》2000 年 8 月 27 日。

② 法官主审、检察官主诉，是法官、检察官这一角色的“题中应有之义”，不能主审和主诉的法官、检察官就不应当赋予其法官和检察官资格。然而，在目前我国司法机关人事制度下，对具备检察官资格而不能从事检察官工作的检察官作硬性淘汰难以实施，因而采取这种与主审法官制具有相似功能，有利于实现司法官员精英化，又能起到有效淘汰作用的改革措施是“相对合理”的检察官管理办法。

的竞争，这就会造成主诉（办）检察官的流失。[①]（3）责权利不统一，难以调动主诉（办）检察官的积极性。由于情况的变化，比如检察长的更换、阳光工资的实行、检察机关从事营利性活动被禁止等，使得检察机关难以得到当地财政的有效支持，也难以通过其他途径获得额外的经费，从而难以保证主诉（办）检察官能够得到一定的岗位津贴或者办案补助，出现主诉（办）检察官的责权利难以统一，大大挫伤了主诉（办）检察官的积极性。（4）主诉（办）检察官的权力过小，难以有效提高诉讼效率。由于各地检察机关赋予主诉（办）检察官的权力过小，导致大量案件仍采用"三级审批制"，因而难以有效提高诉讼效率。

正是由于遇到上述现实问题，使得主诉（办）检察官缺乏积极性，而部门负责人和检察长又不愿放权，再加上目前法律没有明确主诉（办）检察官的地位及责权利，实践中对其存在不同的认识，从而导致主诉（办）检察官制度被废止或名存实亡。

四、完善我国检察机关办案模式的建议

从目前司法实践看，虽然主诉（办）检察官制度在运行中遇到了一些问题，但是，我们认为，主诉（办）检察官制度改革总的方向是正确的，因为它符合司法活动的规律[②]，也符合我国未来司法改革的根本目标和要求。党的十八大报告明确提出："进一步深化司法体制改革，坚持和完善中国特色社会主义司法制度，确保审判机关、检察机关依法独立公正行使审判权、检察权。"可见，确保独立行使职权是深化司法改革的根本目标。主诉（办）检察官制度是近些年为数不多的符合这一根本目标的司法改革措施[③]，因而应当坚

① 《检察日报》曾以主诉检察官制度的发源地之一——北京市海淀区人民检察院为观察视角，评述主诉检察官制度，称："把优秀的年轻人推向前台，历经大风大浪后，他们迅速成长。10年来海淀区人民检察院培养出3名全国十佳公诉人，1名全国优秀公诉人，3名北京市优秀公诉人。公诉队伍的'海检现象'让全国检察机关为之侧目。"但同时又指出："10年来海淀区人民检察院先后任命了31名主诉检察官，目前在主诉岗位的仅14人，不到半数。他们中在主诉岗位上工作10年的只有4人，调离的15个主诉检察官，6人提拔到外单位任领导职务，5人院内提拔，其他人辞职或退休。……一些主诉检察官把晋升行政职务作为自己的价值目标。这已经成了主诉检察官制度发展中的主要障碍。"参见林世钰：《主诉检察官制度"十岁"遭遇人才流失难题》，载《检察日报》2008年8月13日。

② 司法规律要求司法主体直接审查案件，确定案件事实并适用法律，即司法应当具有亲历性、判断性和独立性。

③ 近25年来，真正符合这个目标的司法改革措施还有两项：一是实行统一的国家司法考试制度，为司法官独立行使职权提供了素质保障；二是建立"分类负担、收支脱钩、全额保障"的司法经费体制，为司法机关独立履行职责提供了基本的财政保障。

持、发展和完善该制度。

目前，检察机关“三级审批制”的办案模式虽然具有一定的合理性。它在承办检察官亲历的基础上，通过审核把关的方式让多人参与决策，有利于防止承办人个人决策所可能出现的偏差，提高办案质量。但该模式也存在检察长对决策权统得过死、办案与定案相分离、检察官主体地位体现不够、影响检察官主观能动性和积极性发挥、层层审批影响效率、办案责任不够清晰等问题，需要在主诉（办）检察官制度探索的基础上，对我国检察机关的办案模式进行改革完善。改革的目标主要是：突出检察官在办案中的主体地位，体现其相对独立性；赋予承办检察官适当的定案权，使办案与定案适当结合、权利与责任基本统一；简化审批环节，实行“扁平化”管理①，提高效率；进一步明确检察官办案责任。

按照上述目标，检察机关办案模式的改革方向是实行检察官办案责任制，即在检察长或检委会的领导下，承办检察官对职责内或授权范围内的事项，依法独立行使决定权，并承担相应责任。其具体做法是，给检察官配备若干检察辅助人员，组成办案组织；当所办案件需要投入较多人员时（如侦查职务犯罪），则由若干检察官和检察辅助人员组成办案组织，由其中一名检察官为主负责办理；检察官直接向检察长负责，对职责范围内的事项和检察长授权的事项，检察官有权作出决定；法律规定应由检察长决定的事项，报检察长决定。② 在责任主体上，检察官对所办案件负主要责任；检察长改变或部分改变检察官意见的，改变部分由检察长负责，检察官仅对事实和证据负责。

但在目前，一步到位实行检察官办案责任制，并由检察官直接向检察长负责，条件还不大成熟。这是因为：一方面，检察官办案责任制需与中央部署的司法人员分类管理、健全司法人员职业保障等改革同步进行，目前这几项改革尚未完全展开。另一方面，目前有些检察官的素质和能力还不尽如人意，难以适应“相对独立”和承担主要办案责任的需要。为此，有以下两种办案模式，可以作为以后实行的检察官办案责任制的过渡，进行改革试点：

---

① “扁平化”管理，是相对于“等级式”管理的一种管理模式，它是指通过减少管理层次、压缩职能部门和机构，使检察机关的决策层与操作层之间的中间管理层级尽可能减少，以便提高检察机关办案效率而建立起来的呈扁平式的一种管理模式。它可以较好地解决等级式管理的“层次重叠、冗员多、组织结构运转效率低下”等弊端，从而加快信息流转速率，提高决策效率。

② 一般先报分管副检察长，副检察长有权在分工负责或检察长授权的范围内决定案件；分管副检察长因案件重大复杂疑难敏感等原因认为需要报告检察长的，则报检察长决定；检察长认为需提交检察委员会讨论的，由其提交检察委员会讨论决定。

一种是主任检察官办案责任制，其做法是在检察业务部门选拔若干具备良好政治素质和职业道德、具有丰富检察实践经验、工作实绩突出的检察官为“主任检察官”，并以主任检察官为单位，配备其他检察官和检察辅助人员若干名，组成办案组织，在主任检察官的主持下开展办案工作。同时，赋予主任检察官相应的决定权，主任检察官对其下辖检察官的办案活动负有领导、监督、审核之责，并直接对检察长负责。如果主任检察官不同意承办检察官的意见，对于主任检察官职权范围内的事项，主任检察官有权作出决定；对于不在其职权范围的事项，主任检察官应当将承办检察官的意见和自己的意见，一并报检察长决定。在责任主体上，承办检察官对案件的事实、证据和自己提出的意见负责；主任检察官则对自己职权范围内所作的决定负责；检察长改变或部分改变主任检察官意见的，改变部分由检察长负责，承办检察官和主任检察官仅对事实和证据负责。当然，主任检察官办案责任制可有多种方式，各试点单位完全可以根据本地实际大胆探索，积累经验，然后由上级检察院在分析各种方式利弊的基础上，择其善者而推行之。

另一种是检察官办案责任制加审核制，即在检察官素质普遍较高、都能独立承办案件的地方，直接实行检察官办案责任制，但在过渡期内增加一个由主任检察官审核的环节。需要说明的是，这里的审核不是审批，而是“审查核实”之意。如果主任检察官不同意承办检察官的意见，主任检察官不能直接否定承办检察官的意见，而应将自己的审核意见和承办检察官的意见一并报检察长决定。采取这种审核方式的理由是：(1)“检察一体、上命下从”主要指检察院的下级在工作中应当服从上级的领导，但是，关于对案件的决策，却不意味着任何一个层级的个人都可以直接否定其下级的意见。根据法律规定的精神，决定案件的权力在检察长，故采取这种审核方式并不违反“检察一体、上命下从”的原则。(2) 采取审核方式符合上级监督下级的“检察一体”的要求，由主任检察官对承办检察官的意见进行审查核实，可以对承办检察官的办案活动进行审查监督，有利于保证案件的质量，也是上级监督下级的必要途径和方式。(3) 采取这种审核方式，让检察长全面审阅办案报告和承办人、审核人的不同意见后，斟酌权衡作出决定，丝毫不会影响审核作用的发挥，却有利于尊重检察官在办案中的主体地位，培养检察官负责任地提出并坚持自己意见的勇气，树立检察官的职业自信心。在这种办案模式中，由承办检察官负主要责任；如果审核的主任检察官和检察长不同意承办检察官的意见，且检察长和主任检察官意见一致的，检察长和主任检察官对改变部分负责，承办检察官仅对其事实、证据负责；如果检察长既不同意承办人的意见，也不同意主任检察官的意见，则检察长对自己作出的决定负责，承办检察官对事实、证据负责，主任检察官对自己的审核意见负责。

无论采取上述何种办案模式，办案部门都可设立由该部门全体主任检察官参加的主任检察官会议，并在该部门负责人或首席主任检察官的主持下，讨论由主任检察官提请的案件。如果讨论意见与办案组织及（后一种办案模式中）负责审核的主任检察官的意见不一致，则讨论意见也一并报检察长决定。

此外，还有一个问题需要研究，就是检察长负责制或主任检察官办案责任制下检察长或主任检察官在职权范围内否定下属意见的方式问题。借鉴一些国家和地区的做法，应采取先沟通后决定的方式，即检察长或主任检察官应当先当面与下属沟通，双方都充分听取对方的意见及其理由。增设一个沟通程序，有利于体现检察长或主任检察官对检察官主体地位和相对独立性的尊重，营造民主和谐氛围；有利于双方兼听则明，更全面、准确地分析判断案件。沟通后如果意见达成一致，就按一致的意见办；沟通后如果下属仍坚持己见，检察长或主任检察官认为有执行自己意见的必要，就作出决定。下属如果认为检察长或主任检察官的意见违法，则应当拒绝执行；如果认为检察长或主任检察官的意见错误甚至会造成冤假错案，而自己不愿违心继续承办此案，则可报请检察长或主任检察官行使职务收取权或职务移转权，改由检察长或主任检察官自己办理或交其他检察官办理。下属还有权将此情况报告上一级检察院检察长或本院检察长，以使违法和确有错误的决定得到纠正。

第三节　检察官相对独立与检察一体制的完善

检察官的独立性与检察一体制（原则）具有密切的关系，要确保检察官的相对独立性，必须协调好检察官独立与检察一体制之间的关系，明确检察一体制的有关内容，完善检察一体制的相关制度。

一、检察一体制的基本内涵

“检察一体制”，又称“检察一体”“检察一体化”“检察一体原则”，是世界各国特别是大陆法系国家的检察机关用于规范内部权利义务关系，使整个检察系统成为协调统一整体的一种组织体制。在现代检察制度中，检察一体制既是检察机关的一项组织原则即领导体制的一项重要内容，也是检察职权或者检察职能的运行方式，它与检察官相对独立构成了检察制度所独有、且最能反映检察职能特点的一项基本原则。检察一体制为世界各国检察制度所采纳，世界各国特别是大陆法系国家都把检察系统和检察职能的一体化作为保障检察机关或检察官统一有效地行使检察权，从而维护国家统一和法制统一的制度安排和检察活动的基本原则。从各国的检察制度规定和检察一体制的运作情况看，检察一体主要包括以下几方面的基本内涵：

（一）全国检察机关是由不同等级的检察机关构成的一个完整体系

从现代检察制度看，各国检察机关是由不同等级的检察机关构成的一个完整的体系，即检察系统。这是检察一体的首先内涵，也是检察一体对检察机关的组织要求。在世界各国，按照检察一体的要求，国家在对检察机关进行组织构建时，应当设置不同等次的检察机关，并使这些检察机关形成一个完整统一的检察体系。具体来说，检察一体要求全国检察机关的组织结构，应当具有以下几方面的特点：（1）层次性。即从结构上看，全国检察机关分为若干个层次，表现为“阶层式建构”，使得全国检察机关具有层次性的特征。（2）等级性。即从权力大小看，全国各层次的检察机关具有大小不同的权力，层次高的权力大，层次低的权力小，从而使全国检察机关表现出等级性。（3）统一性。即从功能上看，全国各层次、各等级的检察机关行使同样的检察职能，从而使全国检察机关具有统一性。

从实行检察一体制的国家或地区的法律规定看，其全国检察机关都是由不同等级的检察机关构成的一个完整体系。例如在大陆法系的法国，根据《司法组织法典》规定，法国的检察院设在法院之中，但是独立的机构，而法国的普通法院系统从低到高分为三个级别：大审法院（一审法院）、上诉法院和最高法院。与之相对应的检察系统则包括驻大审法院的检察院、驻上诉法院的检察院和驻最高法院的检察院。① 在英美法系的英国，英格兰和威尔士的检察机关创立于1986年，称为皇家检察署，皇家检察署是单独设立的，其下设的地区检察院几经变化，目前设有42个地区检察院，其管辖范围与当地的警察署管辖范围相同。在我国，检察机关是由不同等级构成的一个完整的结构体系（检察体系），而且检察机关对外是具有独立性的。例如《宪法》第131条规定：“人民检察院依照法律规定独立行使检察权，不受行政机关、社会团体和个人的干涉。”《人民检察院组织法》第2条规定：“中华人民共和国设立最高人民检察院、地方各级人民检察院和军事检察院等专门人民检察院。地方各级人民检察院分为：（一）省、自治区、直辖市人民检察院；（二）省、自治区、直辖市人民检察院分院，自治州和省辖市人民检察院；（三）县、市、自治县和市辖区人民检察院。省一级人民检察院和县一级人民检察院，根据工作需要，提请本级人民代表大会常务委员会批准，可以在工矿区、农垦区、林区等区域设置人民检察院，作为派出机构。”可见，我国检察机关体系分为四级和专门人民检察院，即最高人民检察院、省级人民检察院、省级人民检察院分院或市级人民检察院、县级人民检察院，以及军事检察院等专门人民检察院，这

① 参见魏武著：《法德检察制度》，中国检察出版社2008年版，第18—21页。

些人民检察院构成一个完整的检察体系。

（二）上级检察机关或检察官领导下级检察机关或检察官

上级检察机关或检察官领导下级检察机关或检察官，是检察一体的一项重要内容，它体现了在检察系统中上下级检察机关和检察官之间存在上命下从的领导关系。也就是说，在检察系统中，这种上命下从的领导表现为上级检察机关对下级检察机关的领导、上级检察官对下级检察官的领导、最高检察机关对地方各级检察机关和专门检察机关的领导。这种领导表现为最高检察机关的决定，地方各级检察机关和专门检察机关必须执行；上级检察机关的决定，下级检察机关必须执行；上级检察官的命令下级检察官必须执行。上级检察机关或检察官对下级检察机关或检察官的领导，主要体现在检察业务上的领导、检察人员上的领导和行政管理方面的领导。

上级检察机关或检察官领导下级检察机关或检察官，主要包括以下几方面的内容：（1）上级检察机关或检察官在检察业务上领导下级检察机关或检察官。在检察业务上，为了体现检察一体，保证国家法律的统一正确实施，要求上级检察机关或检察官领导下级检察机关或检察官。这种领导主要体现在以下两个方面：一方面，下级检察机关或检察官必须遵守上级检察机关制定的有关检察业务方面的制度规定，下级检察官必须执行上级检察官的业务上指令；另一方面，最高检察机关可以撤销或者变更地方各级检察机关和专门检察机关的决定；上级检察院可以撤销或者变更下级检察院的决定。例如我国《刑事诉讼法》第 221 条规定："地方各级人民检察院对同级人民法院第一审判决、裁定的抗诉，应当通过原审人民法院提出抗诉书，并且将抗诉书抄送上一级人民检察院。……上级人民检察院如果认为抗诉不当，可以向同级人民法院撤回抗诉，并且通知下级人民检察院。"（2）上级检察机关或检察官提名任免、处罚下级检察机关或检察官。在检察组织和检察人员上，为了体现检察一体，保证上级检察机关领导权的落实和检察人员素质，要求上级检察机关或检察官有权任免、处罚下级检察机关或检察官。一方面，上级检察机关或检察官任免或者提名任免下级检察官；另一方面，上级检察机关或检察官有权处罚下级检察机关或检察官。例如在法国，检察官分为三级，从低至高分别为二级检察官、一级检察官和最高级检察官。新上任的检察官由共和国总统在司法部部长的提议下，以法令的形式予以任命。检察官的晋升，须由共和国总统依司法部部长之提名，以法令的形式作出决定。依《法兰西第五共和国宪法》第 65 条之规定，司法官最高委员会可提出"一般性意见"，但并无拘束力。总检察长的任命亦无须听取司法官最高委员会的意见，而由部长理事会决定。① 关于检察官的纪律惩戒，根据1958年《法官身份法》第59条规定，对于检察官的违纪行为②，司法官最高委员会中的检察官纪律惩戒委员会仅可提出一般的纪律惩戒意见（必要的前置条件），由司法部部长负责作出最终的纪律惩戒决定。③（3）上级检察机关或检察官在检察行政管理上领导下级检察机关或检察官。在检察行政管理上，为了体现检察一体，保证检察机关或检察官依法独立行使检察权，要求上级检察机关或检察官领导下级检察机关或检察官。这种领导主要体现在以下两个方面：一方面，最高检察机关制定检察行政管理方面的规定，地方各级检察机关和专门检察机关或检察官都必须遵照执行；另一方面，上级检察机关对下级检察机关或检察官的行政违法行为或者决定，有权进行处罚或者予以变更或撤销。例如在日本，检事总长是最高检察厅的首长，拥有掌管厅务和指挥监督检察厅的所有职员的权限。所谓“厅务”，是指除了对职员指挥监督以外的最高检察厅的行政事务。④

（三）各地和各级检察机关或检察官之间具有职能协助义务

各地和各级检察机关或检察官之间具有职能协助义务，是检察一体的又一项重要内容，它体现了在检察系统中全国各地和各级检察机关是执行检察职能的统一整体，虽然各地检察机关、各级检察机关以及专门检察机关都具有明确的管辖范围，但是在执行检察职能的过程中，如果确实需要其他检察机关的协助，例如，调查取证、扣押等侦查措施和强制措施的适用，相应的检察机关有进行职能协助的义务。这种协助主要有以下两种方式：一是代为执行有关检察职能；二是协助其他检察机关的检察官在本辖区执行有关检察职能。例如在德

① 参见施鹏鹏、谢鹏程：《法国检察官选任和晋升制度较为完善》，载《检察日报》2015年1月27日。

② 根据1958年《司法官身份法》第43条的规定，对于检察官在履行职责过程中存在“个人过错”的，应予以纪律惩戒。检察官的“个人过错”包括以下内容：其一，违背司法官“国家义务、荣誉、正直或尊严”的行为；其二，违背职业义务的行为，如泄露合议秘密、违背不得兼职之义务等；其三，违背“上令下行”的义务。

③ 根据《司法官身份法》第45条的规定，对检察官的纪律惩戒包括以下9种形式：（1）训诫并记入档案；（2）调任；（3）撤销某些职务；（4）在最长5年的期限内禁止任命或委派为独任检察官；（5）降级；（6）在最长1年的期限内暂时免职，并全部或部分停发薪酬；（7）降职；（8）强制退休或者在检察官未有退休金的情况下终止其职务；（9）撤职。参见施鹏鹏、谢鹏程：《法国有一套严格的司法官惩戒程序》，载《检察日报》2015年1月20日。

④ 参见甄贞等著：《检察制度比较研究》，法律出版社2010年版，第376页。

国，根据法律规定，各级检察院对案件的管辖是与法院对应的，但各级检察院的检察官可以被指派在若干个地方高等法院或地方法院所辖区域对特定类型的犯罪行为进行追诉、执行判决、处理司法协助申请等。①

在我国，根据有关规定，同级检察机关之间具有职能协助义务，这是检察一体的一项重要内容，它有助于各地检察机关之间在执行检察职能时形成统一整体，保证检察权得到依法独立行使。例如《人民检察院刑事诉讼规则（试行）》第175条规定："对案件进行初查的人民检察院可以委托其他人民检察院协助调查有关事项，委托协助调查应当提供初查审批表，并列明协助调查事项及有关要求。接受委托的人民检察院应当按照协助调查请求提供协助；对协助调查事项有争议的，应当提请双方共同的上级人民检察院协调解决。"第232条规定："人民检察院办理案件，需要向本辖区以外的有关单位和个人调取物证、书证等证据材料的，办案人员应当携带工作证、人民检察院的证明文件和有关法律文书，与当地人民检察院联系，当地人民检察院应当予以协助。必要时，可以向证据所在地的人民检察院发函调取证据。调取证据的函件应当注明取证对象的具体内容和确切地址。协助的人民检察院应当在收到函件后一个月内将调查结果送达请求的人民检察院。"可见，我国各地检察机关之间具有职能协助义务，这有利于保证我国检察权统一高效行使。

（四）上级检察机关或检察官对下级检察机关或检察官可以进行事务调取和转移

上级检察机关或检察官对下级检察机关或检察官可以进行事务调取和转移，是检察一体的又一项重要内容，它体现了上下级检察机关和检察官在检察职能上的一体化和整体性，它有利于防止下级检察机关或检察官滥用检察权而损害司法的公正性。一方面，上级检察机关或检察官在必要的时候，可以调取下级检察机关或检察官行使的某种检察权或承担的某种检察事务，由自己来行使；另一方面，上级检察机关或检察官也可以将某个下级检察机关或检察官行使的检察职权转移给另一个下级检察机关或检察官来行使。

许多国家对检察官的事务调取和转移作了明确规定，例如在日本，根据《检察厅法》第12条的规定，检事总长、检察长或者检事正可以自行处理受其指挥、监督的检察官的事务，也可以交由受其指挥、监督的其他检察官处理。检事总长、检察长或者检事正可以自行领取处于其指挥监督下的检察官的事务，以自己的名义作出处理（事务调取权），也可以使处于自己指挥监督之

① 参见甄贞等著：《检察制度比较研究》，法律出版社2010年版，第181—182页。

下的其他检察官，以该检察官的名义作出处理（事务转移权）。[①] 在我国，《人民检察院刑事诉讼规则（试行）》第 14 条规定："上级人民检察院在必要的时候，可以直接立案侦查或者组织、指挥、参与侦查下级人民检察院管辖的案件，也可以将本院管辖的案件指定下级人民检察院立案侦查；下级人民检察院认为案情重大、复杂，需要由上级人民检察院立案侦查的案件，可以请求移送上级人民检察院立案侦查。"第 18 条规定："上级人民检察院可以指定下级人民检察院立案侦查管辖不明或者需要改变管辖的案件。"

（五）检察机关或检察官之间可以进行职务上的相互承继和代理

检察机关或检察官之间可以进行职务上的相互承继和代理，是检察一体化的又一项重要内容，它体现了各地检察机关或检察官在检察职能上的不可分性，即各地检察机关或检察官是代表国家行使检察权，其所作出的决定代表整个检察机关，具有法律效力。检察职能上的整体性或不可分性，要求检察机关或检察官之间可以进行职务上的相互承继和代理，它有助于保证检察机关"打击的力量"更加有效、迅速。从检察官的角度来说，某检察官在执行职务的过程中因故不能继续执行职务或者检察长认为其不适宜继续执行某项职能，检察长或上级检察官有权指派其他检察官承继或者代理其职务，有关诉讼程序可以继续进行，不必重新开始。这是检察官职务与法官职务的重要区别之一。[②] 例如在法国，检察职能的不可分性可以使检察院的检察官在任何时间进行相互替代，因此，在轻罪法院开庭提审案件时，如果一个检察官不能出席，甚至不能参与案件，其他同事可以接替他。但是对于法官则没有这种可能性。在案件开庭提审时，如果法官缺席，案件将全部被重新提审。[③]

检察机关实行检察一体制，有利于检察机关形成纵向指挥有力、横向协作紧密、反应快速灵敏、运转高效有序的工作机制，保证检察机关内部的协调统一；有利排除各种阻力、干扰，形成同违法犯罪作斗争的强大力量；有利于统一法律适用，保证法律实施的统一性和正确性。同时，检察一体也存在某些弊端，因为上级是人而不是神，也有可能犯错误，出现恣意滥权、发违法或明显不当指令、利用职权不当干预下级检察院或检察官依法办案等情况。此外，检察一体制还会导致层层审批、文牍主义、效率低下；导致相互推诿、无人负责、发生错案时无法追究责任；还会抑制作为执法办案主体的检察官的主观能

① 参见甄贞等著：《检察制度比较研究》，法律出版社 2010 年版，第 387 页。

② 参见谢鹏程：《什么是检察一体化》，载《检察日报》2006 年 4 月 18 日。

③ 参见甄贞等著：《检察制度比较研究》，法律出版社 2010 年版，第 35 页。

动性和责任心。① 因此，赋予检察官相对独立性，有利于抵制上级违法或错误指令，增强检察官的责任心和主观能动性，提高检察工作的效能和质量，并使办案责任制落到实处。

二、检察一体制与检察官独立之间的关系

检察机关或检察官在执法过程中，要有效贯彻检察一体制和检察独立性原则，就必须正确理解和认识二者之间的关系。关于检察一体制与检察独立之间的关系，目前学术界存在不同的观点。一种观点认为，检察一体制的完整内涵包含一定意义的检察独立。即认为检察官相对独立是检察一体的一项内容。如有的学者认为，对“检察一体制”应当作如下理解：检察一体制的等级性、统一性、检察官相对独立是其基本内容，它们是对检察制度基本组织特征的概括。② 也有的学者认为，如果说“检察独立与检察一体化”不矛盾，因为检察独立是指检察机关（而非检察官）独立于行政机关、社会团体和个人的干预，而且从域外的检察实践和理论看，排除外部尤其是政府方面的不当干预，是“检察一体”的应有之义，就此而言，检察独立和检察一体是一致的。③ 另一种观点认为，检察一体与检察独立是一种体用关系。有的学者认为，检察独立是“体”，是根本目的，检察一体化是“用”，是保障和手段，检察一体是为检察独立服务的。从这个意义上来讲，检察独立是一种更充分、更彻底的独立。而检察一体，其监督指挥、职务收取和职务转移其实是为了防范和救济这种独立可能带来的弊端而设置的。④

我们认为，检察官相对独立与“检察一体制”（原则）都是保证检察权依法公正行使的重要制度，二者之间的关系是辩证统一、相辅相成的，一方面，“检察一体制”是检察官相对独立基础之上的一体，检察官独立是“检察一体”下的相对独立，二者互为条件，缺一不可，统一于检察制度之中。我们可以说，没有检察官独立的检察一体制是纯粹的行政体制，没有检察一体的检察官独立是纯粹的司法体制，都不符合检察工作的特点和要求；另一方面，“检察一体制”与检察官相对独立之间具有一定的矛盾，二者存在一定的对立

---

① 参见陈卫东、李训虎：《检察一体与检察官独立》，载《法学研究》2006 年第 1 期。

② 参见邵晖：《检察一体的历史与现实》，载《国家检察官学院学报》2013 年第 1 期；邹绯箭、邵晖：《“检察一体”与中国上下级检察院组织关系构建》，载《中国刑事法杂志》2013 年第 8 期。

③ 参见张志铭：《对中国“检察一体化改革”的思考》，载《国家检察官学院学报》2007 年第 2 期。

④ 参见王栋：《主任检察官制度改革应理顺“检察一体化”与“独立性”之关系》，载《法学》2014 年第 5 期。

性。因此，在贯彻执行这两种制度时，如果处理不好二者之间的关系，就会产生一定的矛盾，造成一方对另一方不适当的侵分。为此，有必要协调二者之间的关系。就检察官相对独立这一方面来说，一是上级的指令除违法和错误外，检察官必须服从，不得以“相对独立”为由抗命不遵；二是凡法律或《规则》规定应当由检察长行使之权，除检察长授权外，检察官不得行使。具体来说，“检察一体制”与“检察官独立”之间的关系，主要表现在以下几方面：

（一）“检察一体制”与“检察官独立”的根本目的具有统一性

从检察制度发展看，“检察一体制”和“检察官独立”作为检察活动的基本原则，是在特定条件下确立的。自从检察制度产生后，有关检察权的性质一直存在争论，有的主张检察权是行政权，有的认为检察权是司法权，但大多数主张检察权兼具行政权和司法权的特性，是一种“准司法权”或“特殊的行政权”。正基于对检察权的这种认识，为了体现检察权的行政权特性，确立了检察权行使的“检察一体”原则，为了体现检察权的司法权特性，确立了“检察官独立”行使检察权原则。从世界各国看，将检察权确定为“特殊行政权”的国家，则更加强调“检察一体”原则，而把检察权确定为“准司法权”的国家，则更加侧重于“检察官独立”原则。无论怎样，“检察一体”和“检察官独立”已成为各国检察活动的基本原则。虽然“检察一体”和“检察官独立”确立的原因不同，但是，它们却有着共同的目的，即保证国家法律的统一正确实施，实现司法公正。从“检察一体”原则确立来看，其直接目的是形成同违法犯罪和各种阻力干扰作斗争的强大整体力量，以避免检察官个人在同腐败官员作斗争时所面临的风险，保护反腐败的检察官队伍；其根本目的或最终目的在于保证国家法律的统一正确实施，实现司法公正。从确立“检察官独立”原则来看，其直接目的是防止外界特别是行政权对检察权行使的干扰，保证检察官独立理性地分析处理案件；其根本目的是保证检察官正确适用法律，实现司法公正。可见，“检察一体制”与“检察官独立”的根本目的是统一的。

（二）“检察一体制”与“检察官独立”的活动方式具有对抗性

从检察活动的方式来看，检察机关或检察官行使检察权应当采取主动、合法的方式，即检察机关或检察官作为追诉者，在追诉和打击犯罪时，不仅应当主动出击，采取积极主动的方式，而且应当根据法律规定的条件，采取合法的程序、手段或措施来追诉和打击犯罪，而不得任意追诉犯罪，或者为了追诉犯罪而不择手段。但是，“检察一体”和“检察官独立”要求检察机关或检察官在检察活动方式上，往往会存在一定的冲突或对抗。具体来说，“检察一体”作为检察机关或检察官进行检察活动的一项基本原则，它要求检察机关或检察官在检察活动中应当采取上命下从的方式（服从上级或上司的指令），即上级检察机关或检察官通过行使指令权，对下级检察机关或检察官的执法活动进行指挥和监督，下级检察机关或检察官对于上级检察机关或检察官的指令，除明显违反法律规定外，有义务遵照执行，否则，会受到检察机关的纪律处罚。可见，“检察一体”要求检察活动的方式是服从上级或上司的指令。而“检察官独立”作为检察活动的一项基本原则，则要求检察官在执法活动中，应当采取独立思考、排除外界（包括上级检察机关或检察官）干扰的方式，依照法律的规定和自己的良心或内心确信（确信自己对案件事实的认识和法律的理解），对案件作出处理决定。可见，“检察官独立”要求检察活动的方式是只服从法律的规定和自己的良心，不应当屈从上级或上司的指令。因此，“检察一体”与“检察官独立”作为检察活动的基本原则，在对检察活动方式的要求上，存在一定的冲突性或对抗性。

（三）“检察一体制”与“检察官独立”的有效实现具有协调性

“检察一体制”和“检察官独立”作为检察活动的基本原则，检察机关或检察官在执法办案中就应当遵照执行，但是，由于“检察一体制”与“检察官独立”之间存在一定的对抗性，如果严格遵循“检察一体”原则，或者对“检察一体”的过分强调，就完全有可能侵蚀检察官的个人独立，因为要求检察官严格按照其上级或上司的指令来处理案件，就会妨碍检察官个人的独立思考和判断，甚至在检察官的意见与其上级或上司指令不一致的情况下，还会发生“检察一体制”与“检察官独立”之间的冲突与矛盾。因此，在检察实践中，检察机关或检察官要贯彻执行“检察一体”和“检察官独立”原则，就应当正确处理二者之间的关系，不能绝对化或者僵化，而要以合法性和实现司法公正为根本目标，统筹协调处理好遵守“检察一体”与“检察官独立”之间的关系。具体来说，检察机关或检察官在遵守“检察一体”原则时，不应当绝对化，在保证上级检察机关或检察官的意志得以实现，并防止下级检察机关或检察官滥用权力的同时，应当受到检察官依法独立行使检察权原则的制约，也要受到法定程序和内部工作机制的制约。检察机关或检察官在遵守“检察官独立”原则时，也不能绝对化，在上级或上司的指令不违反法律规定的情况下，应当服从上级或上司的指令，按照上级或上司的书面指令要求，处理案件或者有关事务。因此，检察机关或检察官在具体执行“检察一体”和“检察官独立”原则时，应当保持二者的协调统一。由此可见，“检察一体”和“检察官独立”原则不是绝对的，而是相对的，二者具有协调统一的关系。

三、完善我国检察一体制的建议

在我国检察实践中，由于长期以来对检察官相对独立未给予足够的重视，因而需要重点研究的问题是，如何规范“检察一体”制，防止其不当侵分检察官的相对独立性。根据我国的政治制度和检察制度，并借鉴域外的有益做法，我们认为，我国法律应当对“检察一体”制进行如下规范：

第一，应当规定上级指令权行使的主体范围。即行使上级指令权的上级所包括哪些具体的检察机关和检察官。对行使上级指令权的主体进行限制，可以有利于防止上级滥用指令权，有效保证办案检察官的独立性。我国法律明确规定了上级检察机关领导下级检察机关，检察长领导本院的检察工作。但是，对于上级检察机关能否越级对下级检察机关行使指令权，上级检察机关或者检察官能否直接对下级检察机关的检察官行使指令权，以及检察机关内部没有隶属关系的领导能否对办案检察官行使指令权，我国法律都没有明确规定，导致各地做法不一，影响了检察官的独立性。为了寻求上级指令权与检察官独立之间的平衡，防止上级不适当地侵分检察官的权力，其他国家和地区一般通过限制行使上级指令权的主体来限制上级的指令权。他们一般先将上级指令权分为外部指令权和内部指令权①，然后，对外部指令权的行使主体加以严格的限制，对内部指令权的行使主体作必要的限制。例如在德国、日本等国家，只有主管检察机关的官员（一般为司法部长或法务大臣）才享有对检察机关的指令权，其他中央和地方官员都不享有这种权力。这就大大限制了有权发出指令的人员范围，有利于防止检察机关受到政治干预。同时，《日本检察厅法》第 14 条还规定，法务大臣对检察官职务权限内的检察事务，可以对检察官行使一般性指令权，但对于个别案件的侦查或处分，则仅仅有权指令检事总长。② 这有利于防止法务大臣越过检察长就具体案件对检察官发号施令。因此，借鉴国外的经验，我们建议，应当通过修改《检察官法》《刑事诉讼规则》等，对上级指令权行使的主体范围作出以下规定：上级人民检察院可以对其管辖的下级人民检察院行使指令权，但一般不得越级对下级人民检察院进行指令，也不得对下级人民检察院负责办案的检察官直接发出指令；在人民检察院内部，检察长可以对所有检察官行使指令权，各副检察长和部门负责人可以对其负责部门的所有检察官行使指令权，但不得对其他部门的检察官直接行使指令权。

第二，应当规定上级指令权在内容上的底线。即上级在行使指令权时应当坚持的最低限度。根据“检察一体”原则，虽然上级可以在必要时对下级行

① “外部指令权”是指检察机关外部对检察机关发指令的权力；“内部指令权”是指检察系统内部包括上级检察院对下级检察院或本院检察长对检察官发指令的权力。

② 参见龙宗智著：《检察制度教程》，中国检察出版社 2002 年版，第 209、211 页。

使指令权，下级对上级的指令应当服从，但是，对于上级在行使指令权时，在指令内容上作何限制，目前法律没有明确规定，这就容易导致上级指令的滥用。因此，为了规范上级的指令权，应当对上级指令权在内容上进行限制。从目前各国的经验来看，应当对上级行使指令权的底线作出明确规定，即上级指令权在内容上的底线是：不得违反法律规定和造成冤假错案等错误。具体来说，上级在行使指令权时，应当在内容上坚守以下两方面的底线：一方面，上级指令不得违反法律规定，即法律底线。在依法治国的现代社会，法律是至高无上的，任何人都不得违反，否则，就要受到法律的制裁。作为检察官的上级也不得违反法律发出指令，这是法治的基本底线。而对于办案的检察官来说，在法律和上级指令之间，法律永远是具有最高效力的，在上级指令与法律相冲突的情况下，检察官只能选择遵守法律，而不得执行上级指令。对于违法的上级指令，检察官有权拒绝执行。如果检察官执行了违法的上级指令，就违背了检察官维护法制统一正确实施的使命，就应当承担相应的法律责任，而不能因为是执行上级的指令而免除其责任。另一方面，上级指令不得造成冤假错案等错误，即错误底线。这里的“错误指令”，是指违反检察官依据案件事实和法律对案件定性处理所形成的内心确信，并会造成案件定性或适用法律错误的指令，特别是会造成冤假错案的指令。对于错误指令，检察官也有权拒绝服从。因为违反检察官内心确信的指令，对于检察官来说，就是不符合“以事实为依据，以法律为准绳”的办案原则，也是违反其职业良知和职业道德的，因而是错误的指令。从尊重检察官主体地位上考虑，应当允许办案检察官拒绝执行该错误指令。由此可见，为了防止冤假错案等错误的发生，上级指令不得造成冤假错案等错误，应当成为一条底线。但是，办案检察官的内心确信并非永远正确，因而在允许办案检察官有权拒绝执行其认为错误的上级指令时，如果上级坚持其指令的，办案检察官有权要求上级行使职务收取权或职务移转权，将案件改由上级领导亲自办理或交由其他检察官来办理。

第三，应当规定上级行使职务收取权、职务移转权的条件。即上级检察机关或检察官在什么情况下才能行使职务收取权和职务转移权。在现代检察活动中，上级行使职务收取权和职务转移权是保证“检察一体”的两项重要措施，所谓“职务收取权”，是指上级检察机关或检察官在必要的时候，可以收取下级检察机关或检察官行使的某种检察职权或承担的某种检察职务，由自己亲自来行使；“职务转移权”，是指上级检察机关或检察官在必要的时候，也可以将某个下级检察机关或检察官行使的某种具体检察职权或承担的某种检察职务，转移给另一个下级检察机关或其他检察官来行使。从目前检察实践看，在贯彻检察一体原则时，没有明确规定上级行使职务收取权、职务转移权的具体条件，往往干扰或影响了检察官行使检察权的相对独立性。因此，在目前增强检察官相对独立性的检察改革中，要有效协调检察官相对独立与检察一体制的关系，我国法律或规则就应当明确规定上级行使职务收取权、职务转移权的条件。根据目前检察改革的精神，我们建议，上级行使职务收取权、职务转移权的条件如下：各级检察院和各个检察官在其法定管辖范围内和职权分工范围内行使办案职权，上级一般不得随意行使职务收取权、职务转移权。只有当下级检察院或检察官行使职权不利于或者难以依法客观公正办案时，上级始得行使职务收取权和职务移转权。在检察实践中，“不利于或者难以依法客观公正办案”具体可以包括以下情况：有证据证明由下级检察院或检察官办理案件或行使检察职务，难以排除阻力、干扰或难以秉持客观公正的；由下级检察院或检察官办理案件不利于在较大范围内调集人力、物力，从而影响对案件的依法查证、处理的；下级检察院或承办检察官对上级的决定有异议，不收取、移转职务不利于依法办案的；下级检察院或承办检察官主动提出职务收取、职务转移的要求，上级认为理由成立且正当的；其他不利于依法客观公正行使职能的。至于检察长对本院检察官行使职务收取权、职务移转权的条件，也可参照上述精神，以是否有利于检察官依法客观公正办理案件为标准，作出具体规定。

第四，应当规定上级行使指令权的形式要件。即上级在行使指令权时应当具备的法定形式要件。为了保证指令权的正确行使，不仅应当对上级行使指令权的内容作出明确规定，而且应当对上级行使指令权的形式要求作出明确规定。从目前检察实践看，上级行使指令权的形式较为随意，既有书面的，也有口头的。虽然口头的指令方式灵活、简便，但是随意性大，容易导致指令权被滥用的现象，且难以追究指令者的责任。因此，我们建议，法律应当明确规定，上级行使指令权的形式原则上应当书面化并附理由，在特殊情况下，上级可以先口头发出指令，后补发书面指令，或者承办人对口头指令先进行记录，后由发出指令的上级检察机关盖章或上级领导签字。所谓“上级行使指令权的书面化”，是指在具体案件的办理过程中，上级检察机关或领导对案件处理所发出的任何指令，以及检委会对具体案件所作出的任何决定，一律要以书面的形式发给承办案件的检察官，作为承办人处理案件的依据，并要存入办案人员的工作档案。① 上级行使指令权的书面化是许多国家的普遍做好，例如在法国，其《刑事诉讼法典》第36条规定：“检察长得以书面指令或者以归入诉

① 参见张智辉：《检察执法环节领导指令书面化之必要性》，载《检察日报》2002年1月25日。

讼案卷的指令，命令共和国检察官提起追诉或者指派人员提起公诉，或者向有管辖权的法院提出检察长认为适当的意见要求。”① 上级指令之所以要采取书面形式，在于对上级可以起到一定的约束作用，“事前可以慎重，使下令者三思是否介入个案；事中可臻明确，避免受命者误解指令之内容及形式效力；事后则可厘清权责，防范双方推诿，各说其话。”② 由此可见，上级检察机关或领导行使指令权的书面化，具有以下主要作用：一是有助于促使上级检察机关和领导慎重行使指令权，减少指令者随意对具体案件发号施令的现象，防止上级违法干预办案，减少“关系案”“人情案”和“金钱案”。二是有利于办案人员正确理解和贯彻执行上级的指示，避免由于指令不明确所引起的误解。三是有助于明确案件的责任，增强办案人员自主办案的责任心，保证案件的正确处理。

第五，应当规定下级检察机关或检察官提出异议的渠道和程序。即下级检察机关或检察官认为上级的指令不正确时，依法可以向谁提出异议及应当遵守的相关程序。在检察一体制和检察官相对独立的关系中，下级的异议权及其程序也是对上级指令权的一定限制，有助于保持检察官的相对独立性。但在我国，目前法律对下级检察机关对上级检察机关的异议权及其程序，作出了一些规定，例如《人民检察院刑事诉讼规则（试行）》第589条规定：“上一级人民检察院对下级人民检察院按照第二审程序提出抗诉的案件，认为抗诉正确的，应当支持抗诉；认为抗诉不当的，应当向同级人民法院撤回抗诉，并且通知下级人民检察院。下级人民检察院如果认为上一级人民检察院撤回抗诉不当的，可以提请复议。上一级人民检察院应当复议，并将复议结果通知下级人民检察院。”但是规定得尚不全面，即没有对提出异议的范围、形式等作出统一明确的规定，更没有规定在上级检察机关不接受异议时，是否可以再向更高一级检察机关提出异议。同时，我国法律和司法解释也没有对下级检察官不服上级指令时，如何向上级提出异议及具体程序。因此，为了更有效地维护办案检察官的独立性，我们建议，应当规定办案检察官不服上级指令时，应当有权提出异议，并规定相应的程序。具体来说，可以通过《人民检察院刑事诉讼规则（试行）》明确规定，如果受指令的下级（含检察官）认为上级指令违法或会造成冤假错案等错误时，则有权向上级提出改正或撤销指令的意见，其意见应当以书面的形式提出，并附理由。上级在接到下级书面异议后，应当在15日之内作出是否变更的决定，并及时通知下级检察机关或检察官。如果下级检

① 参见《法国刑事诉讼法典》，罗结珍译，中国法制出版社2006年版，第33页。

② 林钰雄著：《检察官论》，法律出版社2008年版，第226页。

察机关或检察官仍认为上级的指令违法或错误时，可以要求上级检察机关行使职务收取权或职务转移权，也可以越级报告，向更高一级的检察机关提出。接受报告的更高的上级如果认为指令违法或会造成冤假错案等错误的，应当撤销指令；如果认为指令并无不当，可以要求指令者行使职务收取权或职务移转权。

第四节　检察官相对独立与监督制约机制的完善

为了保证检察权的正确行使，在检察官相对独立性不断增强的情况下，应当加大对其的监督制约力度。可见，检察官相对独立与监督制约机制之间具有十分密切的关系。因此，在研究我国检察官相对独立时，必须研究相关的监督制约机制。

一、我国检察官的监督制约机制

检察官的监督制约机制，是指由检察系统内部或外部的组织、部门或人员，依照一定的权限和特定的程序对检察官的执法活动进行监督或制约，纠正违法违纪行为，防止检察权的滥用的工作机制。可见，检察官的监督制约机制的内容十分广泛，从种类上看，检察官的监督制约机制可分为外部监督制约机制和内部监督制约机制两大类。其中，检察官的外部监督制约机制是检察系统之外的组织、部门或人员对检察官执法活动的一种监督制约机制，包括权力监督制约（如党委、人大、公安、法院等）与非权力监督制约（如律师、诉讼当事人、人民监督员、媒体等）；检察官的内部监督制约机制是检察系统内部的组织、部门或人员对检察官执法活动的一种监督制约机制，包括上级检察机关或检察官、检察机关内设部门对检察官执法活动的监督制约。

上述各种监督制约机制，对于保障检察官行使检察权的公正性和独立性，都具有重要作用。但是，从目前司法实践看，律师监督制约机制、检务公开机制和案件管理机制，是社会公众十分关注且是检察机关着力建设和完善的三项机制。

（一）律师监督制约机制

律师监督制约机制，是指律师通过行使诉讼权利对检察官的执法活动进行监督或制约，纠正违法违纪行为，防止检察权被滥用的一种机制。在检察活动中，律师与检察官的关系极为密切，二者之间既是合作者，也是竞争和对抗者。在案件证据的收集方面，律师是从有利于当事人的角度，收集有关的案件证据，检察官则从有利于和不利于当事人的角度，收集有关的案件证据，只有二者之间加强密切合作，才能保证全面收集案件证据。在案件事实和性质的认定方面，律师的责任是从认定犯罪嫌疑人无罪、罪轻的角度，提出自己的辩护意见，而检察官的责任是从认定犯罪嫌疑人有罪的角度，提出自己的主张和要求，二者之间存在一定的竞争和对抗性。

正是由于律师与检察官之间在诉讼活动中具有密切的关系，律师对检察官的执法活动较为了解，因而律师对检察官的执法活动能够进行有效的监督和制约。从我国法律规定和检察实践看，律师对检察官的监督制约机制主要表现在以下几方面：

1. 律师在诉讼中与检察官具有平等的诉讼地位。根据我国法律规定，在刑事诉讼中，我国实行控辩双方平等对抗的诉讼制度，即辩护律师与检察官是控辩的双方，二者处于平等的诉讼地位，在诉讼中二者互相对抗，完成各自的诉讼职能。我国《刑事诉讼法》第35条规定："辩护人的责任是根据事实和法律，提出犯罪嫌疑人、被告人无罪、罪轻或者减轻、免除其刑事责任的材料和意见，维护犯罪嫌疑人、被告人的诉讼权利和其他合法权益。"《人民检察院刑事诉讼规则（试行）》第435条规定："在法庭审理中，公诉人应当客观、全面、公正地向法庭出示与定罪、量刑有关的证明被告人有罪、罪重或者罪轻的证据。"《刑事诉讼法》第193条规定："经法庭审理过程中，对与定罪、量刑有关的事实、证据都应当进行调查、辩论。经审判长许可，公诉人、当事人和辩护人、诉讼代理人可以对证据和案件情况发表意见并且可以互相辩论。"由此可见，律师与检察官是控辩的双方，二者在诉讼中的地位平等，但职责不同，律师的职责是针对检察官的指控进行辩护，发现指控在事实和适用法律上的不足，从而可以有效地对检察官的执法活动进行监督和制约。

2. 律师享有广泛的诉讼权利。即律师在诉讼活动中享有广泛的权利，从而对检察官的执法活动进行监督和制约。根据我国法律规定，律师在刑事诉讼中主要享有以下诉讼权利：会见犯罪嫌疑人和被告人的权利、收集有关证据的权利、申请人民检察院收集或调取有关证据的权利、查阅和复制案卷的权利、申请人民检察院变更强制措施的权利、提出有利于被告人证据的权利、申请人民法院排除非法证据的权利、要求公诉人出示有关证据的权利、对公诉人的指控进行辩护的权利等。可见，辩护律师在刑事诉讼中享有广泛的权利，这些诉讼权利不仅有利于维护犯罪嫌疑人、被告人的合法权益，而且可以对检察官的执法活动进行有效的监督和制约，特别是与检察机关有关的一些诉讼权利，如申请人民检察院收集或调取有关证据的权利、申请人民检察院变更强制措施的权利和辩护权等，可以直接对检察官的执法活动进行监督和制约。

3. 律师对检察官的违法行为可以提出申诉或者控告。即律师在诉讼活动中发现检察官存在违法行为的，可以向其所在的人民检察院或上级人民检察院提出申诉或控告。这是律师对检察官执法活动最有效和最直接的监督和制约，我国法律对此作出了明确规定，例如《刑事诉讼法》第 115 条规定：“当事人和辩护人、诉讼代理人、利害关系人对于司法机关及其工作人员有下列行为之一的，有权向该机关申诉或者控告：（一）采取强制措施法定期限届满，不依法予以释放、解除或者变更的；（二）应当退还取保候审保证金不退还的；（三）对与案件无关的财物采取查封、扣押、冻结措施的；（四）应当解除查封、扣押、冻结不解除的；（五）贪污、挪用、私分、调换、违反规定使用查封、扣押、冻结的财物的。受理申诉或者控告的机关应当及时处理。对处理不服的，可以向同级人民检察院申诉；人民检察院直接受理的案件，可以向上一级人民检察院申诉。人民检察院对申诉应当及时进行审查，情况属实的，通知有关机关予以纠正。”

（二）检务公开机制

检务公开机制，是指检察机关和检察官对自己管辖和办理案件的情况，依法向社会公众和诉讼参与人公开，并接受其监督的一种制度。检务公开是程序公开原则的必然要求，也是推动检察权在阳光下规范运行的有效方法。检察官相对独立的执法活动，是行使检察权的一种活动，只有实行检务公开，才能接受社会公众和诉讼参与人的监督，才能保证检察权的正确行使，促进检察官廉洁执法，提高检察执法公信力，树立检察机关的权威。

正由于检务公开制度对于保证检察官公正执法具有重要作用，最高人民检察院十分重视检务公开，并制定了一系列规定，以保证检务公开的真正落实，如《关于在全国检察实行“检务公开”的决定》（1998 年）、《关于进一步深化人民检察院“检务公开”的意见》（2006 年）、《人民检察院案件信息公开工作规定（试行）》（2014 年）等。这些文件和规定，对检察机关实行检务公开的原则、检察机关应当公开的内容、检务公开的审批程序、检务公开的时机、检务公开应当采取的方式等内容，作出了明确的规定。其中，以下要求对检察官的执法活动具有重要监督作用：

1. 依法公开执法活动的有关内容。即检察官应当严格按照有关法律和司法解释的规定，对应当向社会公众和诉讼参与人公开的执法活动的信息和事项予以公开。依据法律规定，除了涉及国家秘密和案件当事人隐私外，对办案程序、复查案件的工作规程、各个诉讼阶段诉讼参与人的权利和义务、执法办案的结果等依法应该公开的事项，都应当充分公开，如实公开。由于检察执法活动往往涉及一定的国家秘密和案件当事人的隐私，因而检务公开应当依法公开，对不应当公开的内容应当保密，对应当公开的内容应当依法公开。我国法律和司法解释对检务公开的内容作出了明确规定，例如《刑事诉讼法》第 95 条规定：“犯罪嫌疑人、被告人及其法定代理人、近亲属或者辩护人有权申请变更强制措施。人民法院、人民检察院和公安机关收到申请后，应当在三日以内作出决定；不同意变更强制措施的，应当告知申请人，并说明不同意的理由。”第174条规定：“不起诉的决定，应当公开宣布，并且将不起诉决定书送达被不起诉人和他的所在单位。如果被不起诉人在押，应当立即释放。”《人民检察院案件信息公开工作规定（试行）》第3条规定：“人民检察院应当通过互联网、电话、邮件、检察服务窗口等方式，向相关人员提供案件程序性信息查询服务，向社会公开重要案件信息和法律文书，以及办理其他案件信息公开工作。”第4条规定：“人民检察院对涉及国家秘密、商业秘密、个人隐私和未成年人犯罪的案件信息，以及其他依照法律法规和最高人民检察院有关规定不应当公开的信息，不得公开。”这里规定的“重要案件信息”，主要包括有较大社会影响的职务犯罪案件的立案侦查、决定逮捕、提起公诉等情况；社会广泛关注的刑事案件的批准逮捕、提起公诉等情况；已经办结的典型案例情况；重大、专项业务工作的进展和结果信息以及其他重要案件信息。“法律文书”，是指人民检察院制作的法律文书。依照法律规定，法律文书应当及时向当事人、其他诉讼参与人和有关单位送达、宣布。人民检察院应当公开的法律文书包括人民法院所作判决、裁定已生效的刑事案件起诉书、抗诉书；不起诉决定书；刑事申诉复查决定书等。人民检察院作出撤销案件、不批准逮捕等决定的法律文书，可以通过在本院设立电子触摸显示屏等方式提供查阅。人民检察院在案件信息公开系统上发布法律文书，应当采取符号替代等方式对下列当事人及其他诉讼参与人的姓名做匿名处理：刑事案件的被害人及其法定代理人、证人、鉴定人；不起诉决定书中的被不起诉人；被判处三年有期徒刑以下刑罚以及免予刑事处罚，且不属于累犯或者惯犯的被告人。人民检察院在公开法律文书时，应当屏蔽下列内容：自然人的家庭住址、通讯方式、身份证号码、银行账号、健康状况等个人信息；未成年人的相关信息；法人以及其他组织的银行账号；涉及国家秘密、商业秘密、个人隐私的信息；根据文书表述的内容可以直接推理或者符合逻辑地推理出属于需要屏蔽的信息；其他不宜公开的内容。由此可见，检察机关依法公开以上内容，可以对检察官的执法活动启动有效的监督作用。

2. 及时公开执法活动的有关内容。即检察机关或检察官应当按照有关规定，及时向社会公众和案件当事人公开检察执法活动中的有关案件信息和事项。检察机关或检察官及时进行检务公开，是保证社会公众和案件当事人及时了解检察机关或检察官执法办案情况、及时行使法律赋予的诉讼权利和监督权的有效措施，也是对检察官执法活动进行有效监督的重要保障。我国法律和司法解释对检察机关和检察官执法活动的公开作出了明确规定，例如《刑事诉讼法》第33条规定，人民检察院自收到移送审查起诉的案件材料之日起三日以内，应当告知犯罪嫌疑人有权委托辩护人。犯罪嫌疑人在押期间要求委托辩护人的，人民检察院应当及时转达其要求。第44条规定，人民检察院自收到移送审查起诉的案件材料之日起三日以内，应当告知被害人及其法定代理人或者其近亲属、附带民事诉讼的当事人及其法定代理人有权委托诉讼代理人。第95条规定，犯罪嫌疑人、被告人及其法定代理人、近亲属或者辩护人有权申请变更强制措施。人民检察院收到申请后，应当在三日以内作出决定；不同意变更强制措施的，应当告知申请人，并说明不同意的理由。《人民检察院案件信息公开工作规定（试行）》第7条规定："人民检察院应当依法、及时履行法律规定的通知、告知、送达、公开宣布等职责。当事人及其法定代理人、近亲属、辩护人、诉讼代理人，可以依照规定，向办理该案件的人民检察院查询案由、受理时间、办案期限、办案部门、办案进程、处理结果、强制措施等程序性信息。"由此可见，及时公开执法办案的情况是检察机关和检察官的一项义务，也是对检察官执法活动进行监督的重要保障措施。

3. 采取多种方式予以公开。即人民检察院通过互联网、新闻媒体、电话、邮件、检察服务窗口等多种方式，向社会公众和诉讼参与人公开、宣传"检务公开"的内容，以保障社会公众和当事人的知情权，以便其行使参与权和监督权。根据有关规定，在检察实践中，人民检察院实行检务公开时，主要可以采取以下几种方式：一是网络系统。即人民检察院通过案件信息公开网络系统，向社会和当事人公开有关案件情况。目前，最高人民检察院建立了统一的人民检察院案件信息公开系统，各级人民检察院互联网网站已经与人民检察院案件信息公开系统建立了链接，可以及时公开有关案件信息。二是新闻发布。即人民检察院通过新闻发言人、召开新闻发布会、提供新闻稿等方式对外发布重要案件信息。目前最高人民检察院和地方各级人民检察院，都已经建立了新闻发布制度、新闻发言人制度，定期发布和通报有关案件情况。三是告知制度。即人民检察院在办理案件过程中，依据法律和有关规定，告知诉讼参与人依法应当享有的诉讼权利和承担的诉讼权利义务。四是其他方式。即人民检察院通过设置咨询台、电子显示大屏幕、自动触摸屏等设备，向社会和诉讼参与人公开有关案件的情况。由此可见，检察机关采取以上公开方式，可以保证社会公众和案件当事人及时了解有关案件情况，有效行使对检察官执法活动的监督权。

（三）案件管理机制

案件管理机制，是指为了加强对检察执法活动的监督，检察机关对检察官办理的案件实行统一受理、流程监控、质量管理、统计分析、综合业务考评等管理活动的有关制度。加强案件管理是提高执法水平和办案质量的需要，是维护司法公正的需要。案件管理是一项综合性管理工作，主要包括对检察官办理的案件进行统一受理、对检察官办案程序进行流程监控、对案件质量进行管理、对案件数量和质量进行统计分析、对案件办理的情况进行综合考评等内容。

近年来，案件管理受到各级检察机关的高度重视，最高人民检察院在建立健全案件管理制度方面做了大量工作。为了有效监督检察官的执法活动，保证办案质量，最高人民检察院制定并下发了《关于加强检察信息工作的通知》（1995 年）、《关于加强案件管理的规定》（2003 年）、《最高人民检察院案件管理暂行办法》（2012 年）等，对案件管理的原则、内容、管理责任部门、程序等作出了全面规定，可以有效对检察官的执法活动进行监督，保证检察官的办案质量。具体来说，案件管理机制主要包括以下内容：

1. 统一受理案件。即按照“统一入口和出口”的管理原则，检察官办理的刑事案件由检察机关内部设立的案件管理办公室统一受理和分办。对案件进行统一受理，有利于对检察官办理案件进行及时监督，保证办案的效率。最高人民检察院制定的《案件管理暂行办法》对案件统一管理作了明确规定，即人民检察院管辖的下列案件，由案件管理办公室统一受理：同级侦查机关或者本院侦查部门依法提请批准逮捕、移送审查逮捕或者移送审查起诉的案件；本院侦查部门移送或者下级人民检察院提请延长侦查羁押期限的案件；下级人民检察院报请核准追诉的案件；下级人民检察院提请向本级人民法院赔偿委员会提出重新审查意见的国家赔偿监督案件；下级人民检察院书面请示的案件；下级人民检察院报请或者同级侦查机关等商请指定管辖的案件；需要由案件管理办公室统一受理的其他案件。案件管理办公室接收案卷材料后，应当立即进行审查，并分别情形作出处理：符合受理条件的，应当及时登记、分办，并将案卷材料和《案件受理登记表》移送办案部门；案卷材料不齐全的，应当通知移送单位或者部门补送；不符合受理条件的，经案件管理办公室负责人决定，制作《不受理案件通知书》，连同案卷材料退回移送单位或者部门。办案部门收到分办的案件后，应当在三个工作日内将办案人员名单告知案件管理办公室。侦查机关、人民法院向本院送达的有关执行拘留、逮捕、释放决定的回执和判决书、裁定书等法律文书，由案件管理办公室负责接收。案件管理办公室应当即时登记，并在收到的当日移送办案部门。

2. 统一监控办案流程。即案件管理办公室对本院检察官办理的案件，统一监控其办案程序是否合法。程序合法是实体公正的基础和前提，只有对检察官办案程序的合法性进行有效监督，才能有效防止出现违法办案行为，也才能切实有效保证办案的质量。为了对检察官的办案流程进行统一有效及时监控，最高人民检察院已在全国建立了办案网络，实现了网上办案。同时，最高人民检察院制定的《关于加强案件管理的规定》和《案件管理暂行办法》，对检察官办案程序进行统一监控作出了明确规定。根据规定，案件管理办公室在对案件统一受理和登记后，对检察官的办案程序和办案期限进行跟踪、预警和监控。其中，对于纳入流程监控范围的案件，案件管理办公室应当按照下列规定的时间要求对办案期限进行预警提示：办案期限在七日以下的，在期限届满一日前；办案期限在七日以上二十日以下的，在期限届满二日前；办案期限在二十日以上二个月以下的，在期限届满三日前；办案期限在二个月以上的，在期限届满七日前。办案部门依照有关规定延长办案期限的，应当在决定当日书面告知案件管理办公室，以便案件管理办公室进行办案流程监控。对于办案期限届满未办结案件的，案件管理办公室应当向办案人员了解情况，提醒督促。经提醒督促仍未在限定时间内办结的，应当向其发送《案件流程监控通知书》。办案人员收到《案件流程监控通知书》后三个工作日内，将未办结原因和办理情况书面回复案件管理办公室。案件管理办公室在办案流程监控过程中，如果发现检察官办案活动违反法律规定或者执法办案规范的，应当分别情形予以处理：情节轻微的，可以向办案部门或者办案人员进行口头提示；情节较重的，应当向办案人员发送《案件流程监控通知书》，提示办案人员及时查明情况并纠正。办案人员应当自收到《案件流程监控通知书》后五个工作日内，将查明和整改情况书面回复案件管理办公室；情节严重的，应当向办案部门或者办案人员发送《案件流程监控通知书》，同时向检察长报告。

3. 统一监管案件法律文书。即对检察官执法办案中需要制作的法律文书，由案件管理办公室进行统一监督和管理。法律文书是执法办案中实施法律的重要手段，也是执法活动的记录载体，因而对检察官执法活动的法律文书进行监督和管理，可以及时有效监督检察官的执法活动，保证其依法公正办案，保证办案的质量。最高人民检察院的有关司法解释对法律文书统一监管作出了明确规定，具体包括以下内容：一是应当由案件管理办公室集中保管、统一开具的法律文书，主要包括涉及人身权利的法律文书（搜查证、拘传证、取保候审决定书和通知书、解除取保候审决定书和通知书、监视居住决定书和通知书、解除监视居住决定书和通知书、拘留决定书和通知书、通缉通知书、逮捕决定书、逮捕通知书、批准逮捕决定书、不批准逮捕决定书、不予批准逮捕决定书、撤销不（予）批准逮捕决定通知书、批准延长侦查羁押期限决定书、不批准延长侦查羁押期限决定书、延长侦查羁押期限决定书和通知书、重新计算侦查羁押期限决定书和通知书、撤销强制措施决定书和通知书、决定释放通知书等)、涉及财产权利的法律文书(查封决定书、解除查封决定书、扣押决定书、解除扣押决定书、退还或返还扣押(调取)物品或文件决定书、处理扣押物品或文件决定书、冻结犯罪嫌疑人存款或汇款通知书、解除冻结犯罪嫌疑人存款或汇款通知书、协助冻结存款通知书、解除冻结存款通知书等)。二是检察官制发的需要报案件管理办公室备案的法律文书,主要包括撤销案件决定书、起诉书、不起诉决定书、刑事抗诉书、刑事申诉复查决定书、刑事赔偿复议决定书、国家赔偿监督意见书、民事抗诉书、行政抗诉书、民事再审检察建议书、纠正不当假释裁定意见书、纠正不当减刑裁定意见书、纠正不当暂予监外执行决定意见书等。上述法律文书经检察长审批后,送案件管理办公室登记编号,并自正式文书印发之日起三个工作日内向案件管理办公室备案。

4. 统一监管扣押、冻结款物。即对检察官执法办案过程中涉及的查封、扣押、冻结的款物,由检察机关内设的财务部门、案件管理办公室等进行统一监督和管理。从检察实践看,检察官在执法办案过程中,往往涉及案件款物的处理,如果不对其进行有效的监督和管理,极容易出现司法腐败现象。为此最高人民检察院制定的有关司法解释,对涉案款物的监管作出了明确规定和要求。例如《案件管理暂行办法》规定,检察官办案中查封、扣押、冻结的涉案款物,应当由本院计划财务装备部门负责保管,案件管理办公室和纪检监察等有关部门负责涉案款物的监督管理工作。检察官查封、扣押、冻结的款物或者接受纪检监察、侦查机关等其他单位随案移送的涉案款物后,应当立即办理入库保管手续,并在三个工作日内持涉案款物清单和保管部门收据向案件管理办公室备案。检察官调用、移送、处理查封、扣押、冻结的涉案款物的,应当按照规定办理审批手续。案件管理办公室对于审批手续齐全的,应当签署意见,由检察官到保管部门办理涉案款物出库手续。案件管理办公室应当会同纪检监察等有关部门对查封、扣押、冻结、保管、处理涉案款物工作进行定期检查,每年至少检查一次。

5. 统一组织办案质量评查。即对于检察官办理的各种案件,案件管理办公室可以组织人员定期进行评查,以监督检察官的办案质量。对检察官办理的案件进行评查,不仅可以了解各个检察官的办案情况,而且可以对检察官的办案质量进行比较分析,有效监督检察官的办案活动。最高人民检察院的司法解释对检察官办案质量评查作出了明确规定,要求案件管理办公室应当对各业务部门检察官办理的案件组织定期评查,对投诉有关检察官办案质量问题的案件,应当组织个案评查。在进行案件质量评查之前,案件管理办公室应当就评查范围、评查方法、评查重点、人员组成等制定工作方案,经检察长审批后组织实施。办案质量评查应当着重从证据采信、事实认定、法律适用、程序规范、风险评估、文书使用和制作、涉案款物处理、办案效果等方面进行，通过审阅案卷、实地调研等，发现、解决办案中存在的问题，实现提高办案质量和效率的目的。办案质量评查可以采取随机评查、重点评查、专项评查等方式进行。

6. 重大典型案件专报。即检察官办理的重大或者典型案件，应当将办案情况及时向本院领导和上级检察机关报告。这种专报制度，不仅有利于上级领导及时行使指令权，而且有利于上级对下级检察官的执法活动进行监督，保证重大典型案件的办案质量。最高人民检察院的司法解释对重大典型案件专报制度作出了明确规定，各级检察官办理重大典型案件时，都应当及时向本院领导和上级检察机关报告。例如，省级检察院的检察官办理下列五类案件，省级人民检察院应当及时向最高人民检察院报告办理情况或结果：一是有关案件备案和报告制度中规定的需要向最高人民检察院备案和报告的案件，如根据最高人民检察院关于大案要案备案的有关规定，地方检察机关对县处级以上干部案件立案侦查的，均要向最高人民检察院备案。二是最高人民检察院列为重点督办的案件，如按照2000年5月24日最高人民检察院办公厅印发的《关于检察机关办理全国人大代表转办案件的若干规定》的要求，最高人民检察院受理的全国人大代表转办案件交由省级检察院办理的，在办结后，由省级院以院发文的形式报最高人民检察院办公厅；对全国人大代表转交的案件，承办单位应于收到案件之日起3个月内办结，重大疑难、在规定期限内不能办结的，应在期满前10日内向最高人民检察院办公厅或上级检察机关说明情况和理由。三是在全国或本地区有重大影响、新闻媒体关注的案件。这类案件社会各界关注，有的甚至引起新闻媒体的炒作，各地及时报告最高人民检察院，有利于最高人民检察院掌握情况。四是人民检察院直接受理立案侦查的县处级以上干部犯罪案件中，作出撤销案件、不起诉决定的案件，以及人民法院判决无罪的案件。五是最高人民检察院要求报告的其他案件。

二、我国检察官监督制约机制存在的主要问题

从上述可见，我国法律和司法解释对检察官监督制约机制作了较全面的规定，但是，从目前检察实践看，各地检察机关和检察官在执法办案中还存在一定的问题，比如违反诉讼程序办案、侵犯当事人诉讼权利等现象还时有发生，甚至出现冤假错案等现象，这些都反映出我国律师监督制约机制、检务公开机制、案件管理机制等检察官监督制约机制尚不完善，还存在一定的问题。

（一）律师监督制约机制存在的问题

从目前检察实践看，律师监督制约机制对检察官执法活动发挥了一定的监督作用，促进了检察官的规范执法。但是，律师监督制约机制尚没有起到应有

的作用，这其中有律师不敢监督、不善监督外，更有检察机关和检察官不愿接受监督的问题。具体来说，检察机关或者检察官在接受律师监督制约方面，主要存在以下三方面的问题：

1. 不重视律师监督制约的作用。在实践中，检察机关和检察官基于职业的习惯，总愿意监督别人，而不习惯别人监督自己，对于律师的监督制约，往往感到不舒服，有的检察官甚至认为这是对自己工作的否定和挑刺，没有把律师的监督制约放在维护法律正确实施、实现司法公正的大局考虑，因而对律师的监督制约存在一定的抵触情绪，不愿意接受律师的监督制约。

2. 对律师的诉讼权利保护不够重视。我国法律赋予了律师广泛的诉讼权利，如阅卷权、会见权、申请调取证据材料权等，同时，最高人民检察院为了保障律师权利的实现，制定了相关的司法解释。但是，在司法实践中，有的检察官在办案中不重视律师的权利，往往对律师要求阅卷故意拖延，对律师要求会见犯罪嫌疑人进行阻碍，对律师申请调取证据不予理会，对律师的意见更是不予采纳等，影响了律师行使诉讼权利。

3. 对律师反映的问题不及时认真处理。在检察实践中，有的律师发现检察官执法办案中存在一定的违法行为时，往往向检察机关或检察官进行反映，检察机关或检察官有时不进行调查也不予处理，有时不认真调查不及时处理，因而难以发挥律师的监督作用。

（二）检务公开机制存在的问题

在目前检察改革中，检察机关不断推进检务公开，扩大公开的内容，完善了有关制度，发挥了检务公开对检察执法的监督作用，但从目前检务公开实施的情况看，检务公开尚存在以下主要问题：

1. 检务公开的内容尚不细化。根据司法公开规律，司法活动公开的内容越具体，越有利于对司法活动的监督，也越有利于保证司法公正。但是，从目前情况看，检务公开都是一般的内容，检察机关的网上公开也主要是一些法律文书，缺乏执法办案的具体信息，因而不利于对检察官执法办案活动进行监督。

2. 检务公开尚不及时。及时是公开有效性的保障，如果公开缺乏及时性，就会难以形成及时有效的监督，甚至会使公开失去意义。因此，要发挥检务公开对检察官执法活动的监督作用，就必须保证检务公开的及时性。然而，从目前检察实践看，检务公开往往不及时，使得当事人的家属和社会公众难以及时了解案件的进展情况，无法及时有效地对检察官的执法活动进行监督。

3. 公开的法律文书说理不强。法律文书具有说理性，是保证法律文书处理结果正确性、树立法律文书权威的基础，也是保证当事人和社会公众了解法律文书作出依据、对法律文书是否正确进行监督的重要措施。然而，从目前检务公开的情况看，检察机关公开的法律文书都缺乏明确和充分的说理，这不仅不利于保证法律文书的正确性，也不利于当事人和社会公众对法律文书进行有效的监督。

（三）案件管理机制存在的问题

从目前检察改革看，案件管理机制改革是检察机关加强内部监督制约的一项重要举措，也是检察改革一项重要内容。最高人民检察院十分重视案件管理工作，不仅要求各级检察机关成立了案件管理办公室，制定了相关的司法解释，而且在全国检察机关建立了统一的办案网络系统，保证了案件管理工作的顺利开展。但是，从目前情况看，案件管理机制在实践运行中尚存在以下问题：

1. 对检察官办案活动的动态监控难以有效落实。根据有关规定，对检察官执法活动的流程监控由案件管理办公室负责，由于案件管理办公室是新成立的内设部门，人员较少且不完全熟悉各业务部门的办理程序，因而难以有效对各业务部门的检察官办案活动实行动态监控。

2. 法律文书备案审查不及时。根据有关规定，案件管理办公室负责法律文书统一监管工作，除一部分法律文书统一由案件管理办公室开具外，其他由检察官制发的法律文书，如撤销案件决定书、起诉书、不起诉决定书、刑事抗诉书等，需要及时报案件管理办公室备案，但由于检察官办案较忙，往往法律文书备案不及时，影响了案件管理办公室对检察官执法活动的监督。

3. 案件评查流于形式。根据有关规定，案件评查由案件管理办公室组织实施，案件管理办公室定期组织人员对检察官所办理的案件进行评查。从目前实践看，由于案件管理办公室的人员有限，再加上其人员不太熟悉各业务部门的办案工作，在进行案件评查时，案件管理办公室往往需要抽调相关检察业务专家、业务骨干等人员参加，这些检察官不仅办案任务较重，很难有精力再进行案件评查工作，而且对其他检察官也较为熟悉，往往不太愿意对其他检察官所办理的案件进行评查，这样就造成了案件评查工作流于形式。

三、完善我国检察官监督制约机制的建议

根据“有权必有责、用权受监督”的原则，检察官拥有相对独立性后，相应的监督制约必须跟上，建立和完善有关的监督制约制度，以便把检察官的相对独立权关进制度的笼子里。具体来说，在建立和完善相关的监督制约制度时，除了充分发挥“检察一体”制对检察官相对独立的监督制约作用外，还应当从以下几方面完善相关制度：

（一）完善和落实律师监督制约制度

通过严格落实和不断完善有关律师监督制约制度，发挥其对检察官执法活动的监督作用，以保证检察官依法独立行使检察权，实现司法公正。从目前检察实践看，要发挥律师对检察官执法活动的监督作用，检察机关和检察官应当做好以下几方面的工作：

1. 要高度重视律师的监督作用。检察机关和检察官应当充分认识到，在刑事诉讼中，虽然检察官与律师的角色和职责不同，但目标是一致的，都是维护当事人合法权益，维护法律正确实施，维护社会公平正义。同时，律师的意见对于完善检察机关外部监督制约，督促、协助检察官严格依法办案，提高检察官的执法工作水平和办案质量，加强检察官队伍建设，都具有重要意义。因此，要从切实保障人权、推进依法治国、提高检察工作水平和质量的高度认识律师的作用和意义，增强保障律师依法执业的自觉性。此外，还应明确律师中的绝大多数是严格依法办案的，违法办案、帮助当事人毁灭、伪造证据或者威胁、利诱他人作伪证的只是极少数，决不能因极少数而怀疑大多数，影响对广大律师依法执业的支持和保护。

2. 要不断完善有关制度，切实保障律师的各项诉讼权利。我国法律赋予了律师广泛的诉讼权利，如律师在诉讼中享有阅卷权、会见通信权、申请回避权、调查取证权①、申请调取证据材料权、接受诉讼文书送达权、参加法庭调查和辩论权、申诉控告权等诉讼权利，检察机关不仅要不断完善相关的制度，切实保障律师的各项诉讼权利在检察环节中能够得到有效实现，而且要加强诉讼监督，发现有关机关在诉讼中有侵犯律师合法权益的行为，要依法监督纠正。要严格区分律师依法行使职业权利、维护当事人合法权益与毁灭、伪造证据、妨害证人作证的界限，切实防止把正当的执业行为作为违法犯罪。但对于律师确属违法犯罪的，要移送有关部门处理。

3. 要高度重视律师对案件的意见，及时和认真处理律师反映检察工作的问题。律师与检察官“形式上对立、目标一致”的特点，决定了律师最了解检察工作特别是公诉工作的薄弱环节和检察机关在保障律师依法执业上的问题和不足。因此，检察机关和检察官要认真听取并高度重视律师对检察工作的意见。例如对律师提出的证明犯罪嫌疑人和被告人无罪、罪轻或者减轻、免除处罚的意见，要认真审查，依法采纳，不予采纳的，要逐一阐明理由。检察官在办案中，还要把律师对案件的意见及自己对律师意见的审查意见，都作为办案

① 根据我国《刑事诉讼法》第 37 条的规定，律师的调查取证权包括律师自己直接调查取证的权利和申请人民检察院、人民法院调查取证的权利两方面内容。

报告的一个部分来写，并具体阐明采纳或者不采纳律师意见的理由，这样有利于检察长和上级检察机关审查监督。同时，在检察实践中，一方面要加强与律师沟通联系，主动征求他们对检察工作和检察队伍建设的意见。另一方面要在各个诉讼环节依法听取律师意见，如在审查批捕、审查起诉、职务犯罪侦查、诉讼监督中，都要依法听取律师的意见。对律师提出的关于检察工作和队伍建设方面的意见，要虚心接受；对律师反映或投诉检察人员违法办案的，要及时认真调查，确属违法违纪的，要依法依纪追究有关人员的法律和纪律责任。通过以上措施，促使检察官强化自我约束，依法履职，公正办案。

（二）完善检务公开制度

我们应当通过完善检务公开制度，进一步深化检务公开工作，以加强对检察官执法活动的监督。在当前司法改革中，针对检务公开存在的问题，应当重点完善检务公开制度的以下内容：

1. 扩大检务公开的内容。为了有效加强对检察官执法活动的监督力度，应当逐步扩大检务公开的内容。从目前情况看，检务公开只公开了检察机关的终结性法律文书，随着司法改革的推进，应当将检务公开内容扩大到具体的办案信息，比如检察官办案采取的侦查措施，案件的进展情况等。

2. 增强检务公开的及时性。为了对检察官的执法活动及时进行监督，应当完善检务公开的及时性。目前检务公开往往不及时，为此应当完善有关规定，明确要求检察官在完成一定执法行为后，在一定的时间内报检察长批准后，将有关案件情况予以公开。同时，案件管理办公室应当加强督促检查，以保证检察官执法办案信息能够及时公开。

3. 加强公开法律文书的说理性。为了加强对法律文书内容的监督，应当加强公开法律文书的说理性。从目前检务公开的情况看，检察机关公开的法律文书都是格式化的，内容十分简单，不利于当事人和社会公众对法律文书进行有效的监督。因此，随着司法改革的不断深入，检察机关的法律文书改革势在必行，其改革的方向应当是加强法律文书的说理性，让案件当事人和社会公众明白其法律文书作出的合理根据。此外，还应当完善检务公开制度的其他内容，比如上访老案听证、深化人民监督员制度改革等，以保证把检察官执法办案的各项权力置于阳光之下和人民群众监督之下。

（三）完善案件管理制度

通过完善案件管理制度，进一步加强对检察官办案情况实行动态管理和过程监控。在当前司法改革过程中，要有效加强对检察官办理案件的监管工作，应当从以下几方面完善案件管理制度：

1. 加强对检察官办案活动的动态监控。根据有关规定，对检察官执法活动的流程监控由案件管理办公室负责，为了加强此项工作，一方面应当完善有关规定，明确对检察官办案活动实时进行动态监控的内容和程序，以实现对检察官办案活动的全程监控。另一方面应当加强案件管理办公室建设，增加人员编制，将有办案经验的优秀检察官配置到案件管理办公室，以保证动态监督工作的落实。

2. 明确法律文书备案审查的时间。为了加强对法律文书的审查监督，应当完善有关规定，明确规定除案件管理办公室统一开具的法律文书外，由检察官制发的法律文书，应当在法律文书发出后的三日内，将法律文书交案件管理办公室备案，以接受监督审查。

3. 完善案件评查程序。针对目前案件评查存在的问题，应当从案件评查人员的组成、案件评查的次数、案件评查的范围等方面完善案件评查程序。关于案件评查人员的组成，为了解决本院案件管理办公室人手紧张、人员熟悉不愿监督的问题，建议上级检察院可以派人参加案件评查，即案件评查小组可以由本院案件管理办公室的检察官、其他业务部门的检察官、上级检察院的检察官组成。关于案件评查的次数，为了不影响检察官办案又保证有一定数量的案件，案件评查的次数不宜太多，建议一年进行两次或三次为宜。关于案件评查的范围，为了兼顾案件评查的数量和质量，案件评查应当确定一定的数量，建议对检察官办结的案件，采取一定比例抽样的方式予以确定；对有举报或申诉的案件，都应当确定为评查案件，以突出评查的重点。

第五节　我国检察官相对独立制度的立法完善

我国检察官相对独立制度涉及检察官的职业保障、检察机关办案组织模式、检察一体制、检察官监督制约机制等方面的内容，因而要在我国确立检察官相对独立的地位，就必须将相关的内容通过法律的形式固定下来，只有这样，才能将检察官相对独立性落实到检察活动和具体的执法办案工作中，使检察官成为真正的办案主体。

一、检察官相对独立职业保障的立法建议

由于检察官职业保障涉及检察职权保障、检察官身份保障、经济保障等许多内容，这些都是检察官相对独立保障的重要内容，因而要通过法律的形式将其固定下来，则需要修改完善许多法律规定，包括《宪法》《刑事诉讼法》《检察官法》等法律。但是，在检察官职业保障方面，最主要的是检察官的职权保障和身份保障。

关于如何完善我国检察官的职权保障，首先，应当正确理解目前我国法律对检察权的配置。关于我国法律对检察权的配置，目前存在不同的认为，有的

认为我国法律是将检察权配给了检察机关，即“以检察机关为检察权行使的主体，以检察长负责制为检察权运行机制的基本内容。”① 有的则认为我国法律将检察权配给了检察官（包括检察长和一般检察官），即根据我国《检察官法》第2条和第6条的规定，“检察官的办案决定权来自法律的直接赋予，而非检察长的授予。”② 我们认为，虽然我国《检察官法》确认检察官“是依法行使国家检察权的检察人员”，但是我国宪法和刑事诉讼法都没有将检察权赋予检察官个人，也没有确认检察官在诉讼法上的独立地位，而是赋予了检察机关，确认检察机关是检察权行使的主体，因此可以认为，目前我国法律只是将检察权配给了检察机关，尚没有明确赋予检察官一定的职权，实践中检察官行使职权是检察长的授权，或者说是代表检察机关行使职权。

其次，在明确目前我国法律对检察权配置的情况下，应当如何修改法律，以赋予检察官一定的职权，确保检察官依法独立行使检察职权。我们认为，应当通过修改法律，明确规定以下三方面的内容：（1）检察长的权力。一般来说，除法律明确规定由检察委员会行使的权力外，检察长可以行使检察机关的所有权力。（2）检察官的权力。对于检察官的权力范围，可以采取以下两种方式予以规定：一是法律可以明确规定检察官应当享有哪些具体办案的权力；二是法律也可以明确规定，检察官的权力来源于检察长的授权，检察长可以根据各个检察官的个人情况和所在的业务部门，将自己可以行使的权力授予检察官，但检察长保留相应的监督权。（3）建立检察官的权力清单。为了建立责任机制，必须明确检察官的权力范围，建立检察官的权力清单。检察官的权力清单可以通过法律明确规定建立，也可以通过检察长授权建立。具体来说，检察官的权力清单主要包括以下内容：案件一般事项的决定权、一般案件的起诉决定权、非强制性侦查行为的决定和实施权、口头检察建议权等。

最后，在明确法律赋予检察官一定职权的前提下，应当通过修改法律，以确保检察官能够依法独立行使检察职权。我们建议，应当通过修改《检察官法》，明确规定检察官具有相对独立的法律地位；并将“检察官依法行使检察职权不受行政机关、社会团体和个人的干涉”作为一项原则加以规定③，使之成为“人民检察院依照法律规定独立行使检察权，不受行政机关、社会团体和个人的干涉”这一宪法原则的一项子原则，并使之与“检察一体”原则一并作为检察活动的原则。同时，为了有效防止有关领导干预检察官的办案活

① 龙宗智：《检察官办案责任制相关问题研究》，载《中国法学》2015年第1期。

② 万毅：《检察改革三忌》，载《政法论坛》2015年第1期。

③ 现行《检察官法》仅将其作为检察官的一项权利加以规定，这显然是不够的。

动，切实保证检察官能够依法独立办案，还应当将《中共中央关于全面推进依法治国若干重大问题的决定》中关于“建立领导干部干预司法活动、插手具体案件处理的记录、通报和责任追究制度。任何党政机关和领导干部都不得让司法机关做违反法定职责、有碍司法公正的事情，任何司法机关都不得执行党政机关和领导干部违法干预司法活动的要求”“司法机关内部人员不得违反规定干预其他人员正在办理的案件，建立司法机关内部人员过问案件的记录制度和责任追究制度”的规定转化为法律规范，以便为检察官相对独立行使职权、不受干涉提供政治和法制环境保障。

关于如何完善我国检察官的身份保障，我们认为，关键在于把握好检察官的入口和出口，即将优秀的人才选入检察官队伍，同时保证检察官的优厚待遇，保障检察官的身份不被任意改变。为此，应当按照党的十八届三中全会对司法改革提出的要求，通过修改《检察官法》等法律，在完善检察官的选任条件、处罚理由和相应程序的基础上，重点应当建立客观中立的检察官遴选委员会和检察官惩戒委员会，以完善检察官的身份保障。具体来说，我们应当借鉴上海、广东、青海等省市进行试点改革的经验，以检察官遴选（惩戒）委员会为专业把关性机构，并由中立、权威、多元、专业人员构成为特点，组建客观中立的检察官遴选（惩戒）委员会。

二、检察官相对独立办案模式的立法建议

检察官办案模式体现了检察权的运行方式，因而影响和决定了检察官办案的独立性。目前我国检察机关“三级审批制”的办案模式虽然具有一定的合理性，但最大的问题是没有确立检察官办案的主体地位，不承认检察官在办案中的独立性。因此，在本轮司法改革中，要求完善检察机关的办案模式，建立检察官办案终身负责制，即“谁办案，谁决定，谁负责”。为了建立检察官责任制，必须对目前检察机关办案模式进行改革完善，以确立检察官相对独立的办案主体地位。

按照上述目标，检察机关办案模式的改革方向是实行检察官办案责任制，即在检察长或检察委员会的领导下，承办检察官对职责内或授权范围内的事项，依法独立行使决定权，并承担相应责任。关于如何完善检察机关的办案模式，实现检察官相对独立办案主体地位的改革目标，我们建议，可以按照以下两步完善检察机关的办案模式：

第一步，建立以主任检察官为核心的办案组，相对独立承担案件。即总结最高人民检察院在北京、河北、上海、湖北、广东、重庆、四川 7 个省（市）17 个市、县检察院开展主任检察官办案责任制试点改革的经验，建立以主任检察官为核心的办案组，相对独立承办案件。其具体做法是，按照一定的标准，在检察业务部门选拔若干名具备良好政治素质和职业道德、具有丰富检察实践经验、工作实绩突出的检察官为“主任检察官”，再按照工作性质和要求，给主任检察官配备若干检察辅助人员（检察官或书记员），组成办案小组，在主任检察官的主持下开展办案工作。当所办案件需要投入较多人员时（如侦查职务犯罪），则由若干名主任检察官和检察辅助人员组成办案组织，由其中一名主任检察官为主负责办理。主任检察官直接向检察长负责，对职责范围内的事项和检察长授权的事项，主任检察官有权作出决定；法律规定应由检察长或检察委员会决定的事项，主任检察官提出处理意见后，报检察长或检察委员会决定。① 在该办案模式下，承担责任的主体如下：承办检察官对案件的事实、证据和自己提出的意见负责；主任检察官则对自己职权范围内所作的决定负责；检察长改变或部分改变主任检察官意见的，改变部分由检察长负责，承办检察官和主任检察官仅对事实和证据负责。

第二步，建立检察官个人相对独立办案的模式。即在检察官素质普遍较高、都能独立承办案件的地方或情况下，直接实行检察官个人办案责任制。具体来说，在经过若干年由主任检察官办案组办案的过渡期，检察官员额制、检察官遴选（惩戒）委员会、检察官职业保障等改革完成后，检察官的素质达到较高水平的情况下，即可实行检察官个人相对独立办案模式。在这种办案模式下，可以为每个检察官配备一至二名书记员或检察官助理，帮助检察官办理案件，检察官对自己所办理的案件直接向检察长负责。同时，为了加强对检察官的监督，检察长可以对检察官所办理的案件进行监督（通过内网进行），如果发现问题或者检察长认为有错误时，检察长可以行使指令权或职务调取权、转移权，而改变检察官对案件的办理，从而保证案件的质量。在这种办案模式下，承担责任的主体如下：由承办检察官对案件负全部责任；如果检察长行使指令权而改变案件处理的，检察长对改变部分负责，承办检察官仅对案件事实、证据负责。

此外，在采取上述两种办案模式的过程中，可以建立主任检察官会议、检察官会议，讨论由主任检察官、检察官提请的案件。即主任检察官或检察官在办案过程中，遇到疑难案件或问题时，可以邀请相关主任检察官、检察官参加主任检察官会议、检察官会议，或者请副检察长或检察长组织主任检察官会议、检察官会议，主持并讨论由主任检察官、检察官提交的案件或问题。主任

① 一般先报分管副检察长，副检察长有权在分工负责或检察长授权的范围内决定案件；分管副检察长因案件重大复杂疑难敏感等原因认为需要报告检察长的，则报检察长决定；检察长认为需提交检察委员会讨论的，由其提交检察委员会讨论决定。

检察官会议、检察官会议讨论提出的意见，仅供主任检察官、检察官参考，最后仍由主任检察官、检察官作出决定。

三、检察官相对独立与检察一体制的立法建议

为了充分发挥“检察一体制”在保证检察官依法独立行使检察权方面的作用，针对目前我国“检察一体制”存在的问题，我们建议，应当在借鉴域外有益做法和总结我国改革经验的基础上，通过修改《人民检察院组织法》《刑事诉讼法》《检察官法》以及《人民检察院刑事诉讼规则（试行）》，完善我国的“检察一体制”，以协调“检察一体制”与检察官相对独立的关系。具体来说，我国法律应当对“检察一体制”进行如下规范：

一是明确上级指令权行使的主体范围。即行使上级指令权的上级所包括哪些具体的检察机关和检察官。对行使上级指令权的主体进行限制，可以有利于防止上级滥用指令权，有效保证办案检察官的独立性。为此我们建议，应当借鉴国外的经验，修改《人民检察院组织法》《检察官法》《人民检察院刑事诉讼规则（试行）》，作出以下明确规定：

“上级人民检察院领导下级人民检察院。上级人民检察院可以对其管辖的下级人民检察院行使指令权，但一般不得越级对下级人民检察院进行指令，也不得对下级人民检察院负责办案的检察官直接发出指令。在人民检察院内部，检察长可以对所有检察官行使指令权，各副检察长和部门负责人可以对其负责部门的所有检察官行使指令权，但不得对其他部门的检察官直接行使指令权。”

二是明确上级指令权的内容底线。即上级在行使指令权时应当坚持的最低限度。上级在对下级行使指令权时，在指令内容上进行限制，可以防止上级滥用指令权，确保检察官办案的独立性。根据实践经验，我们建议，应当修改《检察官法》《人民检察院刑事诉讼规则（试行）》，作出以下明确规定：

“上级在行使指令权时，不得违反法律规定，否则，下级有权拒绝执行。上级在行使指令权时，不得造成冤假错案等错误。下级认为上级的指令可能造成案件错误的，应当向上级反映，请求其修改或撤销指令。如果上级不修改或撤销指令的，上级可以请求上级行使职务调取权或职务转移权，由上级或其他检察机关或检察官办理该案件。”

三是明确上级行使职务收取权、职务移转权的条件。即上级在什么情况下才能行使职务收取权和职务转移权。为了增强检察官办案的相对独立性，有效协调检察官相对独立与检察一体制的关系，我国法律或规则应当明确规定上级行使职务收取权、职务转移权的条件。为此我们建议，应当通过修改《检察官法》和《人民检察院刑事诉讼规则（试行）》等，作出以下明确规定：

“为了保证各级人民检察院和检察官依法独立行使检察权，上级一般不得随意行使职务收取权权、职务转移权。只有在下列情形下，下级人民检察院或检察官行使职权不利于或者难以依法客观公正办案时，上级才能行使职务收取权和职务移转权：

（一）有证据证明下级人民检察院或检察官办理案件或行使检察职务，难以排除阻力、干扰或难以秉持客观公正的；

（二）下级人民检察院或检察官办理案件不利于在较大范围内调集人力、物力，从而影响对案件的依法查证、处理的；

（三）下级人民检察院或检察官对上级的决定有异议，不收取、移转职务不利于依法办案的；

（四）下级人民检察院或检察官主动提出职务收取、职务转移要求，上级认为理由成立且正当的；

（五）其他不利于依法公正处理案件的。”

四是明确上级行使指令权的具体形式。即上级在行使指令权时应当具备的法定形式要件。为了保证指令权的正确行使，防止其影响检察官办案的独立性，不仅应当对上级行使指令权的内容作出明确规定，而且应当对上级行使指令权的具体形式作出明确规定。为此我们建议，应当通过修改《检察官法》和《人民检察院刑事诉讼规则（试行）》等，作出以下明确规定：

“在必要时，上级可以对下级行使指令权。上级在行使指令权时，原则上应当采取书面形式，并附相关理由。在紧急情况下，上级可以先口头发出指令，后补发书面指令，或者承办案件的下级检察机关或检察官对口头指令先进行记录，后由发出指令的上级检察机关盖章或者上级领导签字。”

五是明确下级提出异议的渠道和程序。即下级检察机关或检察官认为上级的指令不正确时，依法可以向谁提出异议及应当遵守的相关程序。从检察一体制与检察官相对独立的关系上看，下级的异议权及其程序也是对上级指令权的一定限制，有助于保持检察官的相对独立性。为此我们建议，应当通过修改《检察官法》和《人民检察院刑事诉讼规则（试行）》等，作出以下明确规定：

“下级人民检察院或者检察官接到上级的指令时，如果认为违法或者错误的，有权向上级提出改正或者撤销指令的意见。下级人民检察院或者检察官提出的意见，应当采取书面的形式，并附相关理由。上级在接到下级书面异议后，应当在15日之内作出是否变更的决定，并及时通知下级人民检察院或者检察官。

如果上级没有改变指令，下级人民检察院或者检察官仍认为上级的指令错误的，可以要求上级人民检察院行使职务收取权或职务转移权，也可以越级报告，向更高一级的人民检察院提出。接受报告的上级，如果认为指令违法或错误的，应当撤销指令；如果认为指令并无不当，可由要求发出指令的人民检察院行使职务收取权或职务移转权。”

四、检察官相对独立监督制约机制的立法建议

为了保证检察官依法独立公正行使职权，应当建立相应的监督制约机制。由于检察官相对独立监督制约机制涉及许多方面的内容，因而应当通过修改《刑事诉讼法》《检察官法》和《人民检察院刑事诉讼规则（试行）》等法律法规，完善对检察官的监督制约机制。具体来说，应当完善以下检察官监督制约制度：

一是完善律师监督制约制度。即通过完善有关的律师监督制约制度，发挥其对检察官执法活动的监督作用，以保证检察官依法独立行使检察权，实现司法公正。为此我们建议，应当通过修改《刑事诉讼法》和《人民检察院刑事诉讼规则（试行）》，明确作出以下规定：

“检察官在办案过程中，应当依法保障律师享有的各项诉讼权利。对于律师提出的证明犯罪嫌疑人和被告人无罪、罪轻或者减轻、免除处罚的意见，检察官应当认真审查，依法采纳，不予采纳的，要逐一阐明理由。对于律师提出的意见，检察官作出的处理决定，都应当作为案件材料存入卷宗。

人民检察院在接到律师反映检察官违法行为的意见后，应当及时审查和处理。经过认真审查后，如果发现检察官存在违法行为的，应当及时进行调查和处理，并将处理结果通知该律师。如果认为检察官没有违反行为的，应当及时通知该律师，并说明理由。”

二是完善检务公开制度。即通过完善检务公开制度，进一步深化检务公开，以加强对检察官执法活动的监督。为此我们建议，应当总结司法改革的经验，通过修改《刑事诉讼法》《人民检察院刑事诉讼规则（试行）》等，作出以下明确规定：

“检察官在办案过程中，除了依法公开终结性法律文书外。在必要的时候，经检察长批准，可以向社会公开对犯罪嫌疑人、被告人采取的强制措施，或者检察官在办案中所采取的侦查措施，以及案件的进展情况等内容。

在检察官办案过程中，如果犯罪嫌疑人、被告人及其近亲属提出要求了解案件有关信息的，检察官在接到该要求后，应当在七日内报检察长批准后，及时将有关案件的信息予以告知。如果不能告知的，应当及时说明理由。”

三是完善案件管理制度。即通过完善案件管理制度，进一步加强对检察官办案情况实行动态管理和过程监控，以保证检察官依法公正行使职权。为此我们建议，应当总结司法改革的经验，通过修改《人民检察院刑事诉讼规则（试行）》等，作出以下明确规定：

“为了加强内部监督制约，案件管理办公室负责对检察官的办案活动进行全程、动态监控。如果发现问题，应当及时向办案的检察官提出。同时，为了加强对法律文书的审查监督，除案件管理办公室统一开具的法律文书外，其他由检察官制发的法律文书，应当在法律文书发出后的三日内，将法律文书交案件管理办公室备案，以接受审查监督。

案件管理办公室负责对检察官所办案件进行评查工作。在进行案件评查之前，经检察长同意，案件管理办公室应当成立案件评查小组。案件评查小组应当由案件管理办公室的检察官、其他业务部门的检察官、上级检察院的检察官等人员组成。案件评查工作一年进行两至三次，对检察官办结的案件，采取一定比例抽样的方式予以确定；对于举报或者申诉的案件，应当确定为评查案件。案件评查结果，应当向检察官公开。”